H. Elisabeth Philipp-Metzen

Soziale Arbeit mit Menschen mit Demenz

Grundwissen und Handlungsorientierung für die Praxis

Mit Beiträgen von Tilman Fey und Martin Kamps

Verlag W. Kohlhammer

Dieses Werk einschließlich aller seiner Teile ist urheberrechtlich geschützt. Jede Verwendung außerhalb der engen Grenzen des Urheberrechts ist ohne Zustimmung des Verlags unzulässig und strafbar. Das gilt insbesondere für Vervielfältigungen, Übersetzungen, Mikroverfilmungen und für die Einspeicherung und Verarbeitung in elektronischen Systemen.

Die Wiedergabe von Warenbezeichnungen, Handelsnamen und sonstigen Kennzeichen in diesem Buch berechtigt nicht zu der Annahme, dass diese von jedermann frei benutzt werden dürfen. Vielmehr kann es sich auch dann um eingetragene Warenzeichen oder sonstige geschützte Kennzeichen handeln, wenn sie nicht eigens als solche gekennzeichnet sind.

1. Auflage 2015

Alle Rechte vorbehalten
© W. Kohlhammer GmbH, Stuttgart
Gesamtherstellung: W. Kohlhammer GmbH, Stuttgart

Print:
ISBN 978-3-17-025199-1

E-Book-Formate:
pdf: ISBN 978-3-17-025200-4
epub: ISBN 978-3-17-025201-1
mobi: ISBN 978-3-17-025202-8

Für den Inhalt abgedruckter oder verlinkter Websites ist ausschließlich der jeweilige Betreiber verantwortlich. Die W. Kohlhammer GmbH hat keinen Einfluss auf die verknüpften Seiten und übernimmt hierfür keinerlei Haftung.

Inhalt

Einleitung 9

1 **Gesellschaftliche Relevanz** 13

2 **Basiswissen zu Demenz** 18
2.1 Klassifikation und Definition 18
2.2 Formen und Diagnose der Demenz 20
2.3 Stadien und Verlauf 23
2.4 Exkurs: Sensitivität und Spezifität von Tests 25
2.5 Prävention 28

3 **Ambulant vor stationär: Die Pflegeversicherung** 33
3.1 Pflegebedürftigkeit und Pflegestufen 33
3.2 Zentrale Leistungen des SGB XI 35
3.3 Leistungen beim Vorliegen einer Demenz 36
3.4 Ambulant vor stationär 38

4 **Zentral für Menschen mit Demenz: Alltagskompetenz und Lebensqualität** 42
4.1 Alltagskompetenzen und Alltagsaktivitäten als Maß für Selbstständigkeit 42
4.2 Alltagskompetenz im Kontext der Pflegeversicherung 44
4.3 Lebensqualität bei Demenz aus Sicht des Deutschen Ethikrates ... 45
4.4 Erfassung von Lebensqualität bei Demenz 47

5 **Nichtmedikamentöse Konzepte und Ansätze für Menschen mit Demenz** 52
5.1 Überblick 52
5.2 Exemplarische Verfahren 55

6 **Kommunikation mit Menschen mit Demenz** 61
6.1 Grundregeln in der Kommunikation mit Menschen mit Demenz 61
6.2 Validation 63
6.3 Einfühlsame Kommunikation 65
6.4 Kommunikation mit Menschen mit Demenz nach Haberstroh & Team 66
6.5 SET (Selbsterhaltungstherapie) 67

7	**Handlungskompetenz im Umgang mit herausforderndem Verhalten von Menschen mit Demenz**	69
7.1	Ausgangssituation	69
7.2	Rahmenempfehlungen zum Umgang mit herausforderndem Verhalten bei Menschen mit Demenz	70
7.3	Herausforderndes Verhalten: Definition, Belastungspotenzial und Methoden im Umgang	71
7.4	Verstehende Diagnostik	74
7.5	Deeskalationsstrategien in Konflikt- und Krisensituationen	75
7.6	Interdisziplinäre Fallkonferenzen	76
8	**Intergenerationelle Soziale Arbeit**	78
8.1	Europäische Forschung zu jungen Menschen mit demenzkranken Großeltern	78
8.2	Lebensweltorientierte Studie zur Enkelgeneration im Kontext mit Demenz	79
8.3	Praxisimplikationen für pädagogische und psychosoziale Bereiche	81
8.4	Intergenerationelle familiale Solidarität im Kontext von Demenz	86
9	**Demenz bei geistiger Behinderung** *(Tilman Fey)*	91
9.1	Epidemiologie	91
9.2	Verschiedene Demenzursachen	91
9.3	Symptomatologie	92
9.4	Diagnostik	93
9.5	Therapie	95
9.6	Medizinische Versorgungssituation	96
10	**Wer pflegt? Familiale Sorgeleistung pflegender Angehöriger**	98
10.1	Begriffsbestimmungen	98
10.2	Merkmale Hauptverantwortlicher in der familialen Pflege und Sorgearbeit	100
10.3	Vereinbarkeit von Pflegeverantwortung und Erwerbstätigkeit	102
10.4	Belastung pflegender Angehöriger	106
10.5	Ressourcen pflegender Angehöriger	110
10.6	Interventionen für pflegende Angehörige	111
10.7	Evaluation und Qualitätskriterien von Angehörigeninterventionen	113
11	**Fokus Beratung: Pflegeberatung mit Case Management, Wohnberatung und Beratung bei Demenz** *(Martin Kamps)*	116
11.1	Pflegeberatung mit Case Management	116
11.2	Wohnberatung und Beratung bei Demenz	119

| 11.3 | Qualität im Beratungsprozess | 120 |
| 11.4 | Zusammenfassung | 121 |

12	**Prävention von Gewalt in der Pflege**	**123**
12.1	Elder Abuse – Misshandlung und Vernachlässigung älterer Menschen	123
12.2	Problematisches Verhalten von Angehörigen in der ambulanten Pflege	125
12.3	Präventionsansätze	128

13	**Vertiefende Aspekte zur Sozialen Arbeit im Kontext mit Demenz**	**132**
13.1	Gerontologisches Grundwissen	132
13.2	Ausgewählte Handlungsfelder	146
13.3	Demenz als soziales Phänomen	157
13.4	Gesundheitsbezogene Gemeinwesenarbeit als zentrale Methode	160
13.5	Eine Basis Sozialer Arbeit: Die Lebenswelt	163

Literaturverzeichnis **172**

Einleitung

Das Themenfeld Demenz erfährt zunehmend Aufmerksamkeit in der Sozialen Arbeit sowie in den angrenzenden pädagogisch-therapeutischen und psychosozialen Berufsfeldern. Mit welchen Methoden und Interventionsmaßnahmen kann Soziale Arbeit dazu beitragen, Menschen mit Demenz ein selbstbestimmtes Leben in Würde und mit Teilhabe an der Gesellschaft zu ermöglichen? Das ist die zentrale Frage der Autorin dieses Bandes in ihren Lehrveranstaltungen an der Fachhochschule Münster im Fachbereich Sozialwesen.

Aktuell wird von knapp 1,5 Millionen Menschen mit Demenz in Deutschland ausgegangen. Doch nicht nur diese gilt es einzubeziehen. Die sozialen Bezugspersonen bzw. pflegenden Angehörigen sind eine weitere zentrale Zielgruppe professioneller Interventionen. Dazu kommt eine wachsende Gruppe von freiwillig Engagierten, welche Anleitung und Befähigung durch Soziale Arbeit erfahren. Neben diesen drei Adressatenkreisen tangieren eine Vielzahl von weiteren Personengruppen und ein breites Spektrum von Tätigkeitsbereichen die Versorgungssituation im Kontext mit Demenz, woraus sich zahlreiche interdisziplinäre Schnittstellen ergeben. Hier sind Handlungskonzepte und Fachkenntnisse von pädagogischen und psychosozialen Berufsgruppen gefragt.

Für diese fachlichen Belange in der beruflichen Praxis und im Studium vermittelt das vorliegende Buch eine facettenreiche Einführung. Dabei beinhaltet es drei übergreifende Zielsetzungen: Erstens wird theoriebasiertes Hintergrund- und Methodenwissen zur Verfügung gestellt. Zweitens werden explizite Praxisbezüge und damit einhergehend Potenziale für den Einsatz in der Sozialen Arbeit und für angrenzende Disziplinen aufgezeigt. Drittens soll es zum fachlichen Positionieren, zum Reflektieren und Argumentieren anregen und befähigen.

Der Aufbau des Buches dient dem konkreten Anwendungsbezug, beginnend mit allgemeinen, Handlungsfeld übergreifenden Querschnittsthemen über speziellere interventionsbezogene Fragestellungen hin zu sozialgerontologisch vertiefenden Ausführungen.

Bei Demenz handelt es sich um ein Krankheitsbild von hoher gesellschaftlicher Relevanz. Das *erste Kapitel* zeigt dies anhand der großen Anzahl betroffener Menschen sowie daraus entstehenden neuen Fragestellungen. Dies betrifft Soziale Arbeit erheblich. Auch durch die zunehmende Bildung von interdisziplinären Teams werden psychosoziale Fachkräfte immer mehr gefordert, sich einzubringen. Zur Entwicklung inklusiver Versorgungsstrukturen ist es ebenso erforderlich, pädagogische und soziale Dimensionen verstärkt in die Dienstleistungen und in den öffentlichen Diskurs zu integrieren. Generell bedarf es eines Basiswissens zum Krankheitsbild, welches im *zweiten Kapitel* vermittelt wird.

Dabei werden auch die in der Lehre und der Praxis häufig nachgefragten Themen ›Güte von Testverfahren bei Demenz‹ und ›Prävention‹ behandelt. *Kapitel 3* führt in die Pflegeversicherung (SGB XI) und damit in ein zentrales Leistungsrecht im Feld von Pflegebedürftigkeit und Demenz ein. Neben der Grundstruktur des SGB XI und den wichtigsten finanziellen Aspekten werden insbesondere niedrigschwellige Angebote mit Einbezug freiwillig Engagierter berücksichtigt, die oftmals zum Aufgabenbereich von Sozialer Arbeit gehören.

Die übergeordnete Zielsetzung professioneller Arbeit im Handlungsfeld Demenz ist die Bewahrung und Steigerung der Lebensqualität von demenziell veränderten Menschen. Ein ressourcen- und lebensweltorientierter Zugang rekurriert dabei auf Alltagskompetenzen demenzerkrankter Personen. Diese stehen auch im Zentrum der demenzspezifischen Leistungen im SGB XI, worauf in *Kapitel 4* eingegangen wird. Interventionen bzw. Maßnahmen für Menschen mit Demenz werden vielfach in medikamentöse und nichtmedikamentöse eingeteilt. Über Letztere gibt das *fünfte Kapitel* einen Überblick. Zur Erschließung der präventiven und rehabilitativen Potenziale bedarf es dabei demenzsensibler Ansätze. Aus der Vielzahl der vorhandenen Konzepte und Projekte werden exemplarisch spezifische Bereiche genannt, mit der Intention, den Blick zu weiten und Interesse an einer Vertiefung zu wecken. Für alle Berufsgruppen ist die Kommunikation mit Menschen mit Demenz eine Kernkompetenz im Handlungsfeld, worauf im *sechsten Kapitel* Bezug genommen wird. Dies betrifft nicht nur den direkten Umgang mit von Demenz Betroffenen, sondern ebenso die Anleitung von freiwillig Engagierten, die Beratung von pflegenden und begleitenden Angehörigen, die Konzeptionierung von Projekten und zahlreiche weitere Aufgabenstellungen.

Orientierungen beim Umgang mit herausforderndem Verhalten von Menschen mit Demenz beinhaltet *Kapitel 7*. Hierbei handelt es sich um vielfach nachgefragte Inhalte in den interdisziplinären Weiterbildungen der Autorin mit medizinisch-therapeutischen, psychosozialen und pädagogischen Berufsgruppen. Vielversprechend sind die Ansätze intergenerationeller Sozialer Arbeit im Kontext mit Demenz, worauf im *achten Kapitel* eingegangen wird. Dies betrifft den Generationendialog sowohl im öffentlichen als auch im familialen Bereich.

Bezogen auf die Zielgruppe der Menschen mit geistigen Behinderungen und Demenz werden in *Kapitel 9* insbesondere medizinisch-diagnostische Aspekte für die interdisziplinäre Zusammenarbeit berücksichtigt. Dr. med. Tilman Fey ist Facharzt für Neurologie und Psychiatrie und als Chefarzt der Abteilung Gerontopsychiatrie in der LWL-Klinik Münster auch der Leiter des Fachbereichs für Menschen mit geistiger Behinderung und psychischen Störungen. Er gibt u. a. Hinweise zur Epidemiologie der Demenz, zu den verschiedenen Ursachen sowie den diagnostischen und therapeutischen Aspekten bei demenziellen Erkrankungen im Kontext mit einer geistigen Behinderung.

Auch pflegende Angehörige sind Adressaten Sozialer Arbeit. Sie benötigen zielgruppenspezifische Interventionen mit einer Ausrichtung an individuellen Lebenswelten. *Kapitel 10* führt in das Themenfeld familialer Pflege- und Sorgeaufgaben, einschließlich den damit einhergehenden zentralen Belastungsfaktoren, ein. Ein ressourcenorientierter Zugang bildet die Basis für wirkungsbezogene Interventionen.

Einen Überblick über die multidimensionalen Beratungsaufgaben in der Fachberatung schildert der Gerontologe Martin Kamps in *Kapitel 11*. Das Tätigkeitsgebiet umfasst Pflegeberatung sowie Beratung bei Demenz und beinhaltet auch einen Blick auf die Wohnsituation. In diesem Kapitel wird weiterhin über prozessorientierte Beratungsqualität informiert.

Kapitel 12 behandelt als einen Problembereich mit besonderem Handlungsbedarf Gewalt gegenüber alten, pflegebedürftigen und demenziell erkrankten Menschen. Auch problematische Handlungen ausgehend von pflegenden Angehörigen werden angesprochen. Die Thematik beinhaltet Schutzbedarfe eines ausgesprochen vulnerablen Personenkreises, welcher verstärkt durch Soziale Arbeit im Rahmen präventiver Interventionen berücksichtigt werden sollte.

Vertiefende sozialgerontologische Hintergründe zum Themenfeld Demenz in der Sozialen Arbeit werden in *Kapitel 13* aufgeführt. Dieser Abschnitt vermittelt wissenschaftliche Begründungen für eine breite Skala von Vorhaben sowohl in planerisch-konzeptionellen als auch in anwendungsbezogenen Arbeitsbereichen. Ausgewählte Handlungsfelder verweisen auf die Vielfalt pädagogischer und sozialer Tätigkeitsgebiete mit Bezugnahme auf demenzielle Erkrankungen. Inklusion und Förderung der Partizipation sind hierbei zentrale Prämissen. Ein besonderes Potenzial birgt der Transfer einer originären Methode Sozialer Arbeit, der Gemeinwesenarbeit, in demenzspezifische bzw. gesundheitsbezoge Arbeitsfelder. Auch der Lebensweltansatz hat sich als zielgruppengerechter Zugang bewährt. Diese vertiefenden Darstellungen dienen Studierenden und Praktikern zur selbstständigen Übertragung von Grundprinzipien auf ihre speziellen Fragestellungen, beispielsweise zur Konzeptionierung eigener Interventionen und Projekte.

Da die Idee zu diesem Buch im Rahmen der Lehrtätigkeit der Autorin an der Fachhochschule Münster entstand, haben die Interessen und Bedarfe der Studierenden zur Schwerpunktsetzung beigetragen. Die Inhalte basieren dabei auf persönlicher langjähriger Berufspraxis in der Altenhilfe und der beruflichen Weiterbildung sowie auf einschlägiger Forschungserfahrung.

Im Rahmen der Ausführungen wurde sofern möglich eine geschlechterneutrale Sprache gewählt. Bei geschlechterzuweisenden Formulierungen ist, falls sie aufgrund des Leseflusses gewählt wurden und nicht inhaltlich begründet sind, das jeweils andere Geschlecht mit berücksichtigt.

1 Gesellschaftliche Relevanz

Demenz bezeichnet eine erworbene Beeinträchtigung der geistigen Leistungsfähigkeit mit schwerwiegenden Einbußen in den Bereichen Gedächtnis, Orientierung, Urteilsfähigkeit und Sprachvermögen und einem zunehmenden Verlust von Alltagskompetenzen (► Kap. 2). Es handelt sich auch aufgrund der Häufigkeit um ein Krankheitsbild von hoher gesellschaftlicher Relevanz.

Häufigkeiten

Die Prävalenz bezeichnet die Anzahl der Erkrankten in der Bevölkerung zu einem bestimmten Zeitpunkt. Nach Bickel leben in Deutschland zurzeit ungefähr 1,5 Millionen Menschen mit Demenz. Bei ca. zwei Drittel von ihnen wird von der Alzheimer-Erkrankung ausgegangen (vgl. Bickel, 2014, S. 1). Tabelle 1.1 gibt einen Überblick über die geschätzte Anzahl der an Demenz erkrankten Menschen in der Bundesrepublik im Jahr 2012.

Tab. 1.1: Geschätzte Anzahl demenziell erkrankter Menschen in Deutschland 2012

Altersgruppe	Geschätzte Krankenzahl in Deutschland Ende des Jahres 2012		
	Männer	Frauen	Insgesamt
65–69	33.700	29.200	62.900
70–74	72.300	97.000	169.300
75–79	109.100	155.600	264.700
80–84	129.900	233.000	362.900
85–89	85.000	271.800	356.800
90 und älter	39.300	217.200	256.500
65 und älter	469.200	1.003.900	1.473.100

(Bickel, 2014, S. 2)

Bei Demenzen handelt es sich um sogenannte alterskorrelierte Erkrankungen. Das geschätzte Vorkommen steht in direktem Zusammenhang mit dem Anteil älterer Menschen in einem Land, einer Region oder einer Kommune. Um Schätzwerte bezogen auf Altersgruppen und Geschlechtszugehörigkeiten zu ermitteln, können die Prävalenzraten aus Tabelle 1.2 zugrunde gelegt werden.

Tab. 1.2: Prävalenzrate der Demenz in Abhängigkeit vom Alter

Altersgruppe	Mittlere Prävalenzrate nach EuroCoDe (%)		
	Männer	Frauen	Insgesamt
65–69	1,79	1,43	1,60
70–74	3,23	3,74	3,50
75–79	6,89	7,63	7,31
80–84	14,35	16,39	15,60
85–89	20,85	28,35	26,11
90 und älter	29,18	44,17	40,95
65 und älter	6,56	10,51	8,82

(Bickel, 2014, S. 2)

Demenzielle Erkrankungen vor dem 65. Lebensjahr treten vergleichsweise selten auf. Man schätzt die Anzahl von Menschen mit früh beginnender Demenz in der Bundesrepublik auf ca. 20.000 (vgl. ebd., S. 2).

Geschlechterunterschiede bei Anzahl und Prävalenzrate zeigen auf, dass Frauen häufiger als Männer demenziell erkranken. Die Hauptursache liegt in der höheren durchschnittlichen Lebenserwartung von Frauen, die somit in den stark von Demenz betroffenen Altersgruppen von hochbetagten Personen stärker vertreten sind. Weiterhin scheinen demenziell erkrankte Frauen länger zu überleben als betroffene Männer. Auch besteht bei weiblichen Personen in den höchsten Altersstufen ein leicht erhöhtes Risiko der Neuerkrankung (vgl. ebd., S. 4).

Zunahme der Anzahl

Bei der geschätzten Zunahme der Krankenzahl in Deutschland vom Jahr 2010 bis zum Jahr 2050 geht man von 300.000 Neuerkrankungen im Jahr aus, d. h. die jährliche Inzidenz liegt bei 300.000. Sofern keine neuen Maßnahmen in Prävention und Therapie entwickelt werden, muss – abzüglich der Sterbefälle – mit einem durchschnittlichen *Anstieg* der Zahl der Betroffenen um 40.000 pro Jahr ausgegangen werden. Dieser beträgt täglich mehr als 100 Fälle. Die Zahl von Menschen mit Demenz wird sich in Deutschland unter diesen Umständen bis zum Jahr 2050 ungefähr verdoppeln und eine Summe von über drei Millionen erreichen, was Tabelle 1.3 verdeutlicht (vgl. ebd., S. 4).

Tab. 1.3: Geschätzte Zunahme der Anzahl an Demenz erkrankter Menschen in der Bundesrepublik

Jahr	Geschätzte Anzahl von über 65-Jährigen in Millionen	Geschätzte Krankenanzahl
2010	16,8	1.450.000
2020	18,7	1.820.000
2030	22,3	2.150.000
2040	23,9	2.580.000
2050	23,4	3.020.000

Schätzung auf der Basis der 12. Koordinierten Bevölkerungsvorausschätzung (Variante 1-W2) (Bickel, 2014, S. 4)

Weltweite Relevanz

Das Krankheitsbild Demenz ist auch von globaler Relevanz. Nicht nur auf die einzelnen Menschen, auch auf die Gesellschaften und die Volkswirtschaften der Nationen sind die Auswirkungen enorm. Die Weltgesundheitsorganisation und Alzheimer's Disease International führen aus, dass bezogen auf das Jahr 2010 global von 35,6 Millionen demenziell erkrankter Menschen ausgegangen werden kann und für 2050 ein Anstieg der Krankheitsfälle auf 115,4 Millionen prognostiziert wird. Man rechnet mit 7,7 Millionen jährlichen Neuerkrankungen, das entspricht alle vier Sekunden einem neuen Fall weltweit: »The total number of people with dementia worldwide in 2010 is estimated at 35.6 million and is projected to nearly double every 20 years, to 65.7 million in 2030 and 115.4 million in 2050. The total number of new cases of dementia each year worldwide is nearly 7.7 million, implying one new case every four seconds« (World Health Organization & Alzheimer's Disease International, 2012, S. 2). Die geschätzten volkswirtschaftlichen Gesamtkosten wurden dabei für das Jahr 2010 weltweit auf 604 Milliarden US-Dollar veranschlagt (vgl. ebd.).

Demenz und Pflegebedürftigkeit als interdisziplinäre Themenfelder

Der demografische Wandel verändert die Altersstruktur der Bevölkerung durch die Zunahme der Zahl älterer Personen. Insbesondere die Gruppe hochbetagter Menschen wird deutlich an Gewicht gewinnen. Dies hat Konsequenzen für die Versorgungslandschaft und eine Vielzahl von interdisziplinären Aufgaben im Dienstleistungssektor gerontologischer Handlungsfelder (vgl. Karl, 2008, S. 271 ff). Die Nachfrage von Personen mit Pflegebedürftigkeit und Demenz geht heute schon über eine rein medizinische und pflegerische Versorgung, wie sie z. B. in Kliniken und Altenheimen geleistet wird, hinaus. Sogenannte »vorgelagerte Angebotsformen wie z. B. betreutes Wohnen [...], betreute Wohngruppen für Demenzkranke und ein Case Management zur Gestaltung häuslicher Pflegearrangements« (Engels, 2008, S. 75) ermöglichen Menschen mit

Demenz oder Pflegebedarf den Verbleib im sowie die Inklusion ins Wohnquartier (▶ Kap. 13.2.3). Diese Versorgungsleistungen werden aus volkswirtschaftlicher Sicht und aufgrund der Anliegen Betroffener in den kommenden Jahren quantitativ und qualitativ zu optimieren sein, unter Einbezug der entsprechenden psychosozialen, kulturbezogenen und pädagogischen Professionen (vgl. ebd.).

Der öffentliche Diskurs

Menschen mit Demenz und ihre Versorgungssituation sind oftmals Gegenstand der öffentlichen Wahrnehmung und medialen Rezeption. Vertreter Sozialer Arbeit sind in der Arbeitspraxis vielfach aufgefordert, Positionen zu beziehen und diese zu begründen.

Diskursthemen können sich beziehen auf:

- die Finanzierbarkeit der Versorgung bei Pflegebedürftigkeit,
- die Lebensqualität von Menschen mit Demenz,
- prominente Betroffene (Ronald Reagen, Walter Jens, Rudi Assauer etc.),
- die Qualität der Altenheime,
- den Umgang mit Erkrankten
- und viele weitere Aspekte.

Exemplarisch genannt werden kann das Buch von Martina Rosenberg (2012) »Mutter, wann stirbst du endlich? Wenn die Pflege der kranken Eltern zur Zerreißprobe wird.« In dem Buch beschreibt sie ihre Pflegesituation mit einer an Demenz erkrankten Mutter und einem Vater, der an Depression leidet. Gemeinsam mit ihrem Mann und ihrer Tochter lebt sie mit ihren Eltern in einem Mehrfamilienhaus. Die immer schwieriger werdende Organisation des Alltags überfordert letztendlich ihre eigenen Ressourcen. Ihr Fall und ihre Medienpräsenz sind ein Beispiel für die kontrovers geführten Debatten zum Thema Pflegebedürftigkeit und Demenz in der Öffentlichkeit.

Die Alzheimer Gesellschaft Baden-Württemberg hat in einer Kampagne mit sogenannten »Verständniskärtchen für Menschen mit einer beginnenden Demenz« über die Situation demenzkranker Menschen in einer frühen Phase aufgeklärt (▶ Abb. 1.1). Die Karten sehen aus wie Visitenkarten, nur mit einem anderen Aufdruck. Auf der Website der Alzheimer Gesellschaft Baden-Württemberg sind sie abgebildet.

Ich bitte um Verständnis!

Mein Kopf lässt mich manchmal im Stich.

Alzheimer Gesellschaft Baden-Württemberg e. V.

Abb. 1.1: Verständniskärtchen für Menschen mit einer beginnenden Demenz (Alzheimer Gesellschaft Baden-Württemberg e. V., o. J.)

Es wird davon ausgegangen, dass Menschen mit einer anfänglichen Demenz mittlerweile vielfach im öffentlichen Raum anzutreffen sind, z. B. an einer Kasse, an einem Bankschalter, im Bus etc. Hier sieht man mit den Verständniskärtchen ein simples Instrument zur Kontaktaufnahme und Verständigung. Auf der Website heißt es: »Menschen mit einer Demenz, die noch nicht weit fortgeschritten ist, sind überall in der Öffentlichkeit anzutreffen. [...] Mit vielem kommen die Menschen trotz ihrer Einschränkungen noch sehr gut zurecht – bei anderen Gelegenheiten stoßen sie an Grenzen oder auf Unverständnis, vor allem wenn nicht alles so einfach und schnell klappen will wie bei anderen. Niemand kann und möchte in solchen Situationen lange Erklärungen abgeben. [...] Aber oftmals wäre durch einen kleinen Hinweis geholfen oder die Situation erklärt« (Alzheimer Gesellschaft Baden-Württemberg e. V., o. J.).

Ein reflektierender Diskurs beinhaltet u. a. folgende Aspekte:

- Wie kann der Einsatz solcher Kärtchen konkret in den alltäglichen Lebenswelten der betroffenen Menschen aussehen?
- Welches sind Pro- und Contra-Argumente für eine Kampagne dieser Art?

Es handelt sich hierbei nur um eines von zahlreichen Themen, die, sofern dies möglich ist, vorrangig mit Menschen mit Demenz selber (zu Partizipation ▶ Kap. 13) erörtert und von diesen hinsichtlich der Alltagspraktikabilität bewertet werden sollten.

2 Basiswissen zu Demenz

Bezogen auf das Krankheitsbild Demenz gibt es verschiedene Systematiken der Erfassung bzw. Diagnostik zum Erhalt von Leistungen. Hierzu gehören einerseits Klassifikationssysteme, die einen direkten Bezug zu medizinisch-therapeutischen Leistungen der Krankenversicherung – SGB V – haben, eine weitere Klassifikation in Deutschland begründet nach § 45 SGB XI Leistungen aus der Pflegeversicherung (▶ Kap. 3).

2.1 Klassifikation und Definition

Demenz ist ein Oberbegriff für Einbußen der geistigen Leistungsfähigkeit. Eine demenzielle Erkrankung ist eine Schädigung des Gehirns mit einem breiten Spektrum an Beeinträchtigungen. Neben den kognitiven Fähigkeiten betrifft dies auch Bereiche wie Wahrnehmung, Affektivität, Persönlichkeitsmerkmale und Willen. Dies hat gravierende Einschränkungen der Alltagskompetenz zur Folge (vgl. Gutzmann & Zank, 2005, S. 25).

Zur Klassifikation und Systematik

Die beiden wichtigsten international gebräuchlichen Klassifikationssysteme sind die ICD (International Statistical Classification of Diseases and Related Health Problems – Internationale statistische Klassifikation der Krankheiten und verwandter Gesundheitsprobleme 10. Revision) und das DSM (Diagnostic and Statistical Manual of Mental Disorders – Diagnostisches und Statistisches Manual psychischer Störungen) der American Psychiatric Association. Vom ICD gibt es unterschiedliche Fassungen: In Deutschland werden Diagnosen nach ICD-10 kodiert (vgl. Gunzelmann & Oswald, 2005, S. 27). »Die mit wenigen Ausnahmen deskriptiven (beschreibenden) Diagnosesysteme umfassen Ein- und Ausschlusskriterien sowie neben Symptomen und Schweregradabstufungen auch zeitbezogene und/oder Verlaufskriterien (zum Beispiel Mindestdauer, für die bestimmte Symptome bestehen müssen; Zunahme des Schweregrads von Symptomen im zeitlichen Verlauf). Darüber hinaus werden Entscheidungs- und Verknüpfungsregeln formuliert« (ebd., S. 28). Im ICD werden soziale Kriterien für eine Diagnosestellung in der Regel vermieden, um eine globale Anwendbarkeit zu gewährleisten. Damit unterscheidet es sich vom DSM, welches primär als nationale Klassifikation für die Vereinigten Staaten entwickelt wurde (vgl. ebd., S. 29).

Beispielhaft wird nachfolgend die Systematik des ICD kurz erläutert. Vertreter Sozialer Arbeit, die sich ein Bild vom Aufbau des Klassifikationssystems machen möchten, können dies u. a. über den Internetauftritt des Deutschen Instituts für Medizinische Dokumentation und Information (DIMDI) erlangen. Das DIMDI ist laut Beschreibung auf seiner Website eine nachgeordnete Behörde des Bundesministeriums für Gesundheit und hat als Aufgaben die Informationsvermittlung aus dem gesamten Gebiet der Medizin an eine fachlich interessierte Öffentlichkeit (vgl. DIMDI, o. J.; sowie unter: http://www.dimdi.de/static/de/klassi/¬icd-10-gm/).

Demenz in der Systematik der ICD-10

In Kapitel V werden Demenzen unter »Psychische und Verhaltensstörungen«, in Kapitel VI unter »Krankheiten des Nervensystems« aufgeführt. Kapitel V beispielsweise beinhaltet eine Reihe psychischer Krankheiten mit einer Hirnfunktionsstörung als Ursache, welche primär, als Ersterkrankung, oder sekundär, d. h. infolge einer vorausgehenden Erkrankung, auftreten können. Demenzen sind in diesem Kapitel in folgender Systematik aufgeführt (Auszug):

»Kapitel V Psychische und Verhaltensstörungen (F00-F99)

- Organische, einschließlich symptomatischer psychischer Störungen (F00-F09)
  - F00 Demenz bei Alzheimer-Krankheit
  - F01 Vaskuläre Demenz
  - F02 Demenz bei anderenorts klassifizierten Krankheiten
  - F03 Nicht näher bezeichnete Demenz« (ebd.)

In der ICD-10 heiß es zu Demenz: »Demenz (F00-F03) ist ein Syndrom als Folge einer meist chronischen oder fortschreitenden Krankheit des Gehirns mit Störung vieler höherer kortikaler Funktionen, einschließlich Gedächtnis, Denken, Orientierung, Auffassung, Rechnen, Lernfähigkeit, Sprache und Urteilsvermögen. Das Bewusstsein ist nicht getrübt. Die kognitiven Beeinträchtigungen werden gewöhnlich von Veränderungen der emotionalen Kontrolle, des Sozialverhaltens oder der Motivation begleitet, gelegentlich treten diese auch eher auf. Dieses Syndrom kommt bei Alzheimer-Krankheit, bei zerebrovaskulären Störungen und bei anderen Zustandsbildern vor, die primär oder sekundär das Gehirn betreffen« (ebd.). Ein Demenzsyndrom kann somit nach folgenden, in Tabelle 2.1 genannten Kriterien erfasst werden:

Tab. 2.1: Kriterien einer Demenz

1. Störung des Gedächtnisses
2. Störung des Denkvermögens
   – Störung des Ideenflusses
   – Störung des Urteilsvermögens
3. Störung der Alltagskompetenz
4. Störung der Informationsverarbeitung
5. Störung der Aufmerksamkeit
6. *Keine* Störung des Bewusstseins
7. Dauer mindestens 6 Monate

Nach der International Classification of Diseases ICD-10 (Gutzmann & Zank, 2005, S. 25)

Bei der Diagnosestellung wird in einem ersten Schritt das Demenzsyndrom bzw. das Symptommuster der Demenz erfasst. Dann wird zweitens die Ursache der Demenz und in einem dritten Schritt werden individuelle Problematiken und Ressourcen ermittelt (vgl. Haupt, 2012, S. 1 f). Nachfolgend sind die zentralen Formen der Demenz kurz aufgeführt.

2.2 Formen und Diagnose der Demenz

Der Oberbegriff Demenz umfasst verschiedene Krankheitsbilder mit unterschiedlicher Ursache (Ätiologie). Schätzwerte zur Häufigkeit von Demenz variieren je nach der zugrundeliegenden Forschungsstudie. Zusammenfassen kann man folgende grobe Richtwerte:

- Die häufigste Form ist die *Demenz vom Alzheimer Typ*, sie betrifft ungefähr 2/3 aller Demenzerkrankungen. Die Angaben in einzelnen Studien schwanken zwischen 45 und 80 % (vgl. Hofmann, 2012, S. 763).
- *Vaskuläre Demenzen* aufgrund von Durchblutungsstörungen machen ca. 20 % der Fälle aus. Hier werden in den verschiedenen Erhebungen 10–35 % genannt (vgl. ebd., S. 765).
- Es wird nach Hofmann davon ausgegangen, dass es sich bei der *frontotemporalen Demenz* (auch *Morbus Pick* genannt) um die dritthäufigste Form mit gut 10 % aller Demenzen handelt (vgl. ebd., S. 766).
- Quantitativ an vierter Stelle aller Demenzerkrankungen scheint mit geschätzten knapp 10 % die *Demenz bei Morbus Parkinson*, der Parkinsonerkrankung, zu stehen (vgl. ebd., S. 767).

- Das Vorkommen der *Lewy-Körperchen Demenz* wird uneinheitlich angegeben, die Schätzungen schwanken zwischen 0,5 und 30 %. Es dürfte sich um die fünfthäufigste Form aller Demenzen handeln. Erschwert werden die Schätzungen, da es sich oftmals um gemischte Pathologien, also Erkrankungen, handelt (vgl. ebd.).
- Sonstige Formen der Demenz belaufen sich auf ca. 5–10 % (vgl. ebd., S. 763 ff; Schneider-Schelte & Deutsche Alzheimer Gesellschaft e. V., 2011).

Alzheimer Demenz

Charakteristisch für eine Demenz vom Typ Alzheimer sind der langsam fortschreitende Untergang von Neuronen und Synapsen sowie typische Eiweißablagerungen (Amyloid-Plaques). Gedächtnis- und Orientierungsstörungen, Sprachstörungen, Störungen des Denk- und Urteilsvermögens sowie Veränderungen der Persönlichkeit werden bei den Erkrankten intrapersonell und interpersonell in unterschiedlichem Maße und mit zunehmender Ausprägung im Verlauf der Erkrankung verzeichnet (vgl. Gutzmann & Zank, 2005, S. 37 ff).

Vaskuläre Demenz

Aufgrund von Durchblutungsstörungen des Gehirns kommt es bei der vaskulären Demenz zu einem Absterben von Neuronen. Die Schwere des Krankheitsbildes steht im Zusammenhang mit diesen Durchblutungsstörungen (vgl. ebd., S. 94 ff). »Die vaskuläre Demenz entwickelt sich meist sehr schnell nach einer Reihe von Schlaganfällen« (Hofmann, 2012, S. 765). Zu den Fähigkeiten, die eingeschränkt sind, gehören Orientierung, Aufmerksamkeit, Sprache, Abstraktionsvermögen und motorische Kontrolle.

Demenz bei Morbus Parkinson

Nach der ICD-10 handelt es sich hierbei um eine Demenz, die sich im Laufe einer Parkinsonkrankheit entwickelt. Die Demenz bei Morbus Parkinson ist gekennzeichnet von Beeinträchtigungen u. a. der Aufmerksamkeit, der exekutiven Funktionen (wie Planen), der räumlichen Orientierung, des Gedächtnisses und der Sprache (vgl. ebd., S. 767).

Lewy-Körperchen Demenz

Die Lewy-Körperchen Demenz beinhaltet u. a Parkinson- Syndrome und häufige Halluzinationen, wobei das Gedächtnis zu Beginn der Erkrankung oftmals noch relativ gut erhalten ist. Hier sind insbesondere Aufmerksamkeit, exekutive Funktionen und Alltagskompetenzen betroffen (vgl. ebd., S. 767 f).

Frontotemporale Demenz (FTD)

Kennzeichnend für die frontotemporale Demenz (FTD) bzw. Morbus Pick ist ein Abbau von Nervenzellen zunächst im Stirn- und Schläfenbereich des Gehirns, in welchem u. a. Emotionen und Sozialverhalten gesteuert werden. Das Auftreten der Erkrankung erfolgt in der Regel früher als bei der Alzheimer-Krankheit (häufig zwischen dem 50. und 60. Lebensjahr). Für Angehörige stark belastend sind Veränderungen der Persönlichkeit und des Sozialverhaltens wie Enthemmung, Aggressivität, übermäßiges Essen etc. (vgl. Gutzmann & Zank, 2005, S. 87 ff).

Da die frontotemporale Demenz (FTD) überwiegend bereits im mittleren Erwachsenenalter auftritt, wird sie oftmals durch das Umfeld verkannt. Für Betroffene ist es nicht selten ein langer Weg, bis eine korrekte fachärztliche Diagnosestellung erfolgt ist. Der Zeitraum zwischen dem ersten Auftreten der Symptome und dem klärenden Erhalt der Diagnose kann für erkrankte Menschen und deren soziale Bezugspersonen mit starken Belastungen einhergehen. Dass Einbußen im Sozialverhalten stärker als Beeinträchtigungen der Gedächtnisleistungen zutage treten, erschwert das Erkennen einer dahinter liegenden Krankheit bei den beteiligten Personen.

Box 2.1: Zwei Fallbeispiele für eine frontotemporale Demenz

> **Zwei Fallbeispiele für eine frontotemporale Demenz**
>
> *Im Café*
> Eine junge Frau geht mit ihrer Mutter, welche an FTD leidet, ins Café. Zu ihrem Entsetzen steht ihre Mutter plötzlich auf, greift sich am Nachbartisch ein Kuchenstück und stopft es sich in den Mund.
>
> *Hässliche Schuhe*
> Eine Studentin sitzt an der Bushaltestelle. Sie trägt rote Sneakers. Eine elegant gekleidete Dame geht an ihr vorbei und murmelt deutlich: »Was für hässliche Schuhe. Wie kann man nur rote Turnschuhe tragen, scheußlich.« Die Studentin ist irritiert.
>
> (Fallbeispiele aus eigener beruflicher Beratungspraxis)

Es bedarf speziell bei der frontotemporalen Demenz noch verstärkt der Sensibilisierung der Umwelt, z. B. durch Öffentlichkeitsarbeit.

Das diagnostische Verfahren verläuft prozesshaft. In einem ersten Schritt wird die Symptomatik des Demenzsyndroms, d. h. das Erscheinungsbild der Erkrankung, erfasst. Dann folgt die Zuordnung nach den ursächlich dahinterliegenden Erkrankungen, d. h. die Demenzätiologie.

Tab. 2.2: Demenzformen und Diagnose der Demenzätiologie

Erste Stufe: Demenzsyndrom

Labor, Bildgebung, Zusatzuntersuchung	Ausschlussdiagnostik und »reversible« Demenzen				

Zweite Stufe: Demenzätiologie

Alzheimer Demenz	Vaskuläre Demenz	Frontotemporale Demenz	Demenz bei Morbus Parkinson	Lewy-Körperchen Demenz	Andere
(AD)	(VD)	(FTD)	(PDD)	(LBD)	
50 %	20 %	10 %	10 %	5 %	5 %

(Hofmann, 2012, S. 764)

Die Diagnostik der Demenz ist eine primär medizinische bzw. psychologische Aufgabenstellung. Das Verfahren wird jedoch oftmals sozialarbeiterisch flankiert, beispielsweise in Gedächtnissprechstunden bzw. Memory-Kliniken und weiteren Bereichen der klinischen Sozialarbeit und der Beratung (▶ Kap. 13.2.2). Tabelle 2.2 verdeutlicht die erforderliche Vielzahl der Untersuchungen und die Wichtigkeit von Ausschlussdiagnostik zur Identifizierung von anderen, heilbaren Krankheitsursachen im Sinne von ›reversiblen‹, d. h. heilbaren, Demenzen.

Insbesondere in der Altenarbeit oder in Beratungssettings sollte man um eine der zentralen Differenzialdiagnosen wissen, die Depression. Eine Depression und die damit einhergehenden Gedächtnisbeeinträchtigungen sind im Unterschied zu einer Demenz kurativ therapierbar (vgl. MDS, 2009, S. 36 f).

2.3 Stadien und Verlauf

Demenz wird als Schwellenerkrankung charakterisiert, da vor dem klinisch relevanten Stadium oftmals eine Phase mit minimalen Symptomen durchlaufen wird, welche noch keine gravierenden Auswirkungen auf die Alltagskompetenzen haben.

Schweregrade und Verläufe von Demenzen werden in der Literatur unterschiedlich beschrieben. Gebräuchlich ist beispielsweise die Einteilung nach dem *Clinical Dementia Rating – CDR*, welches fünf Schweregrade unterscheidet. Parameter sind hierbei u. a. Gedächtnis, Orientierungsvermögen und Körperpflege.

Tab. 2.3: Einteilung der Demenzstadien nach CDR

Stadium	Symptome
CDR 0 – keine Demenz	Gesunde Personen
CDR 0,5 – mögliche Demenz	Erste Gedächtniseinbußen und Orientierungsstörungen
CDR 1 – leichte Demenz	Deutliche kognitive Einbußen und Beeinträchtigungen der Alltagskompetenzen (z. B. im Haushalt, bei finanziellen Angelegenheiten etc.). Probleme bei Routinehandlungen.
CDR 2 – mittelschwere Demenz	Neue Informationen werden nicht mehr abgespeichert. Zunehmender Bedarf an Unterstützung bei Hobbies, Körperpflege etc.
CDR 3 – schwere Demenz	Kaum mehr Zugang zur eigenen Lebensgeschichte, komplette Hilfebedürftigkeit bei allen Alltagshandlungen.

(vgl. Engel, 2012, S. 27 f)

Medikamentöse Behandlung

»Bei der Alzheimer-Krankheit tragen zum Zustandekommen der Symptome Veränderungen in zwei chemischen Signalübertragungssystemen bei: aufgrund des Untergangs von Nervenzellen in einem Kerngebiet an der Basis des Stirnhirns besteht ein Mangel an Acetylcholin, und der Zerfall von Nervenzellen in der Hirnrinde führt zu einer übermäßigen Ausschüttung von Glutamat. Beide Veränderungen können durch Medikamente teilweise ausgeglichen werden« (Kurz & Grimmer, 2012, S. 1). Medikamente zur Verbesserung der geistigen Leistungsfähigkeit und Alltagsbewältigung zielen u. a. darauf ab, entweder einen Mangel an Acetylcholin (Cholinesterase-Hemmer mit den chemischen Namen: Donepezil, Galantamin, Rivastigmin) auszugleichen oder einer übermäßigen Ausschüttung von Glutamat (Memantine) entgegenzuwirken.

Cholinesterase-Hemmer werden zur Behandlung der Alzheimer-Krankheit üblicherweise in der frühen bis zur mittelschweren Phase eingesetzt. Der Behandlungserfolg besteht in einer geringfügigen Steigerung der kognitiven Leistungsfähigkeit während der ersten neun bis zwölf Behandlungsmonate, anschließend sinkt sie wieder auf das Ausgangsniveau. Alltagskompetenzen bleiben während der Behandlungsphase stärker erhalten. Der Wirkstoff Memantine, welcher Nervenzellen vor dem übermäßigen Einstrom von Glutamat schützt, kommt hingegen bei mittelschwerer bis schwerer Alzheimer-Demenz zur Anwendung. Auch diese Substanz wirkt bei den behandelten Patienten verzögernd auf den Verlauf der Erkrankung. Wichtig ist generell eine sorgfältige individuelle Kontrolle zur Überprüfung, wie der Patient auf die einzelne Substanz bzw. das jeweilige Medikament reagiert (vgl. ebd., S. 1 f) (▶ Kap. 9.5).

Bei vaskulären Demenzen steht die ursächliche Bekämpfung der Durchblutungsstörungen im Vordergrund, u. a. durch die Behandlung von Bluthochdruck, Diabetes mellitus und Übergewicht. Häufig existieren Mischformen von Alzheimer und vaskulärer Demenz, was bei einer medikamentösen Therapie berücksichtigt werden sollte. In der Regel können Demenzen nicht kurativ behandelt werden: Zu den wenigen Fällen, in denen eine Demenz ursächlich medikamentös therapiert werden kann, gehören »Schilddrüsenunterfunktion, Vitaminmangelzustände, bestimmte Infektionen und seltene Autoimmunerkrankungen« (ebd., S. 3).

2.4 Exkurs: Sensitivität und Spezifität von Tests

Zur Diagnose des Symptommusters einer Demenz, d. h. zum ersten Schritt der Erfassung, können unterschiedliche *Tests* eingesetzt werden: »Weit verbreitet sind der Mini Mental Status Test, der Uhrentest und der DemTect. Diese Tests erheben mit jeweils unterschiedlichen Fragen und Aufgaben die wichtigsten Hirnleistungen. Bei dem ersten Untersuchungsschritt erhält der Arzt Klarheit darüber, ob die Beschwerden und Symptome des Kranken Anzeichen für eine Demenz sind, ob sie auf eine andere psychische Störung hindeuten, oder ob sie mit dem normalen Altern vereinbar sind« (Haupt, 2012, S. 1). Dabei gilt es zu beachten: »Diagnostische Entscheidungen aufgrund psychometrischer Verfahren können nicht mit absoluter Sicherheit getroffen werden. Psychische Phänomene sind nicht eindeutig messbar wie etwa die Körpergröße oder das Gewicht. Vielmehr ist aufgrund eines Testwertes von einer gewissen Wahrscheinlichkeit auszugehen, dass tatsächlich eine Krankheit oder Störung vorliegt oder nicht« (Gunzelmann & Oswald, 2005, S. 30).

Die Begriffe Sensitivität und Spezifität bezeichnen die Treffsicherheit (Gütekriterien) eines Tests:

- *Sensitivität*: Erkrankte Personen werden aufgrund des Testverfahrens als krank diagnostiziert.
- *Spezifität*: Gesunde Personen werden aufgrund des Testverfahrens als gesund diagnostiziert.

Alle Tests besitzen »*Cut-Off-Werte*« (ebd., S. 30): Ab einem gewissen Summenscore (Gesamtpunktewert) wird von einer Erkrankung sowie gewissen Schweregraden ausgegangen.

Im Praxiskontext werden Sensitivität und Spezifität von psychometrischen Tests häufig mit ›richtig positiv‹ und ›richtig negativ‹ bzw. ›falsch positiv‹ und ›falsch negativ‹ bezeichnet. Ein Diagramm verdeutlicht die Zuordnungen am Beispiel einer Demenzerkrankung:

Tab. 2.4: Gütekriterien von Tests und ihre Praxisbezeichnungen

Sensitivität Es liegt eine Demenz vor. Diese wurde diagnostiziert. = *richtig positiv*	Es liegt eine Demenz vor. Diese wurde nicht diagnostiziert. = *falsch negativ*
Spezifität Es liegt keine Demenz vor. Es wurde auch keine diagnostiziert, d. h. der untersuchte Mensch zu Recht als gesund identifiziert. = *richtig negativ*	Es liegt keine Demenz vor. Es wurde jedoch fälschlicherweise eine demenzielle Erkrankung diagnostiziert. = *falsch positiv*

(Eigene Zusammenstellung)

Treffsicherheit von Tests in Interdependenz der Gütekriterien

Sensitivität und Spezifität stehen in einem Zusammenhang. Gunzelmann und Oswald (vgl. 2005, S. 30 ff) machen am Beispiel des SIDAM-Testverfahrens zur Demenzdiagnostik deutlich, wie folgenschwer jede Grenzziehung eines Cut-Off-Wertes für die Betroffenen ist. Beim SIDAM-Test liegt der empfohlene Cut-Off-Wert bei 34 Punkten. Dies bewirkt eine Sensitivität von 94 % und eine Spezifität von 98 %, was bedeutet:

- 94 % der untersuchten Personen werden richtig als demenziell erkrankt diagnostiziert. Davon ausgehend, dass aufgrund der Prävalenzrate ca. 60 von 1.000 untersuchten Personen über 65 Jahre erkrankt sind, würden 56 Personen korrekt als erkrankt diagnostiziert. Zwei Prozent der 940 gesunden Personen, d. h. 19 Personen, würden fälschlicherweise als krank diagnostiziert.
- Würde der Cut-Off-Wert auf 32 Punkte gesenkt, läge die Spezifität bei 100 %, d. h. keine Person würde mehr fälschlicherweise mit Demenz diagnostiziert. Die Prozentzahl der ›falsch negativen‹ Diagnosen stiege jedoch auf 16 %, eine höhere Anzahl von Erkrankten würde diagnostisch übersehen (vgl. ebd., S. 30 f).

Die Schlussfolgerung von Gunzelmann und Oswald zur Entwicklung von Tests lautet: Kann eine ernsthafte Erkrankung erfolgreich behandelt werden und eine fehlende Diagnose hätte schwerwiegende Auswirkungen, sollte eine möglichst hohe Sensitivität (richtig positiv) angestrebt werden. Die Rate der fälschlicherweise als krank diagnostizierten Personen wäre hier jedoch höher. Sind jedoch die Heilungschancen gering und eine Fehldiagnose im Sinne ›falsch positiv‹ hätte schwerwiegende Konsequenzen für die fälschlicherweise als krank diagnostizierte Person, sollte eine hohe Spezifität erwirkt werden. Hier ist die Rate der kranken Personen, die nicht erfasst werden, jedoch höher (vgl. ebd., S. 31).

Mini Mental Status Examination (MMSE)

Bei wenig zeitintensiven Reihentestungen, den »Screening-Verfahren« (ebd., S. 130), ist die Mini Mental Status Examination (MMSE, u. a. nach Folstein) die gebräuchlichste. Hierbei werden u. a. Aufgaben zur zeitlichen und örtlichen Orientierung, Merkfähigkeit, Aufmerksamkeit, Rechenfähigkeit und Sprache gestellt. Beispiel: Ausgehend von 100 muss in Siebenerschritten bis 65 zurück gezählt werden. Maximal können 30 Punkte erreicht werden, ein Wert von weniger als 23 Punkten soll auf eine mögliche Demenz hinweisen. Problematisch ist aber, dass dabei weder alters- noch bildungsspezifische Aspekte berücksichtigt werden. Zur Verbesserung der Sensitivität und Spezifität wird dieser Test häufig in Kombination mit anderen Verfahren, z. B. dem Uhrentest, durchgeführt (vgl. Gunzelmann & Oswald, 2005, S. 130 ff).

DemTect

Beim DemTect (nach Calabrese & Kessler) werden Kritikpunkte am MMSE berücksichtigt. So wurden unterschiedliche Cut-Off-Werte für Personen bis 60 Jahre und für über Sechzigjährige eingeführt. Hier wird neben den in der MMSE berücksichtigten Bereichen auch die Wortflüssigkeit im Rahmen einer sogenannten ›Supermarkt-Aufgabe‹ abgefragt. Eine testimmanente Gedächtnisaufgabe enthält eine Wortliste mit zehn Wörtern, die es zu wiederholen gilt. Im Vergleich zur MMSE (mit einer Aufstellung von drei Wörtern) trägt dies zu einer besseren Differenzierung von Personen mit geringeren Einbußen bei (vgl. Gunzelmann & Oswald, 2005, S. 132).

Uhrentest

Weit verbreitet ist auch der Uhrentest (u. a. nach Shulman). Die Probanden werden gebeten, in einen vorgegebenen Kreis ein Ziffernblatt sowie die Zeiger einer Uhr einzuzeichnen. Die dazu genannte Uhrzeit beträgt ›zehn nach elf‹. Hierbei werden räumlich-visuelle Fähigkeiten sowie Gedächtnisleistungen geprüft. Aufgrund seiner geringen Sensitivität und Spezifität sollte dieses Verfahren nicht als einziges Testinstrument eingesetzt werden (vgl. ebd., S. 132 f).

Die Diagnose Demenz sowie die damit meist einhergehende Phase der Besorgnis und Unsicherheit können zu den besonders belastenden Lebenssituationen für Menschen mit Demenz und auch für ihre Angehörigen gezählt werden. Soziale Arbeit kann u. a. informieren, begleiten und beraten und somit wesentlich zur Entlastung beitragen. Hintergrundwissen zu den Gütekriterien von Tests ist nicht nur für die klinische Sozialarbeit, sondern für eine Vielzahl von psychosozialen, pädagogischen und therapeutischen Handlungsfeldern von Interesse.

2.5 Prävention

2.5.1 Begriffsbestimmungen

Der Begriff Prävention kommt aus dem medizinischen Bereich: »Prävention (Krankheitsverhütung) sucht [...] eine gesundheitliche Schädigung durch gezielte Aktivitäten zu verhindern, weniger wahrscheinlich zu machen oder zu verzögern« (Walter & Schwartz, 2003, S. 189).

Häufig werden drei Formen der Prävention aufgeführt, die oftmals nicht scharf voneinander abgegrenzt werden können:

- Primärprävention (Vermeidung)
- Sekundärprävention (Verhinderung des Fortschreitens)
- Tertiärprävention (Reduktion der Folgeschäden).

Primärprävention

Die »Primärprävention umfasst alle spezifischen Aktivitäten vor Eintritt einer [...] Schädigung« (ebd.). Das Ziel ist die Senkung der Inzidenzrate (Rate der Neuerkrankungen) in einer Population oder die Minderung der Eintrittswahrscheinlichkeit bei einem Individuum.

Sekundärprävention

Die Sekundärprävention enthält »Maßnahmen zur Entdeckung klinisch symptomloser Krankheitsfrühstadien (Gesundheitscheck, Vorsorgeuntersuchungen, Früherkennungsmaßnahmen)« (ebd.) und wirkt als erfolgreiche Frühtherapie.

Tertiärprävention

Nach Ausbruch der Erkrankung gilt die Tertiärprävention als Maßnahme zur Verhütung von Spätfolgen oder Spätschäden beim Patienten, beispielsweise durch medikamentöse Therapie (vgl. ebd., 2003, S. 189).

Risikofaktoren

Zu den Grundlagen präventiver Arbeit gehört das Wissen um Risikofaktoren:

- Risikofaktoren sind Faktoren, deren Vorhandensein die Wahrscheinlichkeit des Auftretens einer bestimmten Erkrankung oder eines problematischen sozialen Phänomens erhöhen.
- Risikofaktoren beschreiben ein relatives bzw. statistisches Risiko, ermittelt meist anhand einer repräsentativen Stichprobe.

- Sie machen keine Aussage über den konkreten Einzelfall.
- Risikofaktoren sind keine direkten Ursachen. Sie führen im Einzelfall nicht zwangsläufig zu einer Folgeerscheinung.

In der präventiven Sozialarbeit sollten Risikofaktoren daher deutlich von Indikatoren im Einzelfall, dem Vorliegen tatsächlicher Hinweise bei einer konkreten Person, unterschieden werden.

2.5.2 Aktuelle Präventionsansätze bei Demenz

Mittlerweile werden neben dem biologischen Alter auch weitere Risikofaktoren (bzw. im Umkehrschluss Schutzfaktoren) genannt. Die Deutsche Alzheimer Gesellschaft fasst die Möglichkeiten der Prävention von Demenzerkrankungen folgendermaßen zusammen:

Tab. 2.5: Prävention von Demenzerkrankungen: Allgemeine Vorbeugung

»Bislang ist eine gezielte Vorbeugung durch Medikamente oder eine bestimmte Lebensweise nicht möglich. Das schließt aber Möglichkeiten einer allgemeinen Vorbeugung nicht aus« (Deutsche Alzheimer Gesellschaft, 2009a, 14).

Zielsetzungen einer allgemeinen Prävention sind:
- »Widerstandsfähigkeit des Gehirns gegen den Krankheitsprozess zu erhöhen,
- Faktoren auszuschalten, die die Krankheit begünstigen
- und Schädigungen des Gehirns durch zusätzliche Erkrankungen zu vermeiden« (ebd.).

Exemplarisch werden folgende *Schutzfaktoren* angeführt:
Körperliche Aktivität
- Sport und Bewegung haben positive Effekte auf die geistige Leistungsfähigkeit
- Gartenarbeit, Spazierengehen etc. mind. 3 x pro Woche

Geistige und soziale Aktivität
- Effekte von *adäquaten* kognitiven Trainings wurden in zahlreichen Studien nachgewiesen: ›use it or loose it‹
- Besser als das Praktizieren von isolierten Teilleistungen (wie Kreuzworträtsel) ist das Einüben von Alltagsfähigkeiten (Merken der Einkaufslisten, Telefonnummern, Gebrauch von exekutiven Funktionen wie Planen und zielgerichtetes Initiieren etc.)
- Wichtig: Ansprache verschiedener Hirnareale (Lernen einer neuen Sprache, eines Instrumentes etc.)
- Lernen in Gruppen und im Rahmen *sozialer Aktivitäten* hat positive Effekte
  - Soziale Kontakte sowie Interaktionen beinhalten vielfältige Stimulationen
  - Informationen verbunden mit Emotionen werden dauerhafter abgespeichert

Ernährung
Empfohlen werden eine vitaminreiche Kost und die sogenannte Mittelmeerdiät:
- Ausreichend Vitamin C und E
- Viel Obst und Gemüse
- Mindestens einmal wöchentlich Fisch

Tab. 2.5: Prävention von Demenzerkrankungen: Allgemeine Vorbeugung – Fortsetzung

- Kalt gepresstes Olivenöl
- Mäßig Alkohol

Behandlung von Bluthochdruck und Diabetes mellitus
Wichtig ist die Behandlung von Durchblutungsstörungen bzw. Bluthochdruck sowie Diabetes mellitus.

(vgl. Deutsche Alzheimer Gesellschaft, 2009a, S. 14 ff)

Risikofaktoren für eine vaskuläre Demenz

Weyerer führt an, dass u. a. folgende Faktoren das relative Risiko einer vaskulären Demenz, d. h. einer Demenz bedingt durch Durchblutungsstörungen, erhöhen:

- Bluthochdruck
- koronare Herzkrankheit
- Diabetes mellitus
- chronischer Alkoholmissbrauch
- Fettstoffwechselstörung
- Übergewicht
- Rauchen.

Ein hoher Bildungsgrad scheint das Risiko, an einer vaskulären Demenz zu erkranken, zu verringern (vgl. Weyerer, 2005, S. 10).

Risikofaktoren in der Diskussion

Diskutiert werden weitere Risikofaktoren für die Entstehung einer Demenz. Dazu gehören neben den sogenannten Lebensstilfaktoren, wie z. B. problematische Ernährung und fehlende soziale, körperliche und geistige Aktivität, auch die Kategorien ›psychologischer Stress‹ sowie ›traumatische Erlebnisse im früheren Lebenslauf‹. Bei den letztgenannten beiden Untersuchungsbereichen gibt es anfängliche Hinweise, jedoch ist die Forschungslage nicht einheitlich. Beispielsweise gibt es erste indirekte Indizien dafür, dass Stress eine Bedeutung für das Demenzrisiko hat, u. a. da Stress neben weiteren Faktoren eine *Depression* mit verursachen kann, welche wiederum das Demenzrisiko erhöht. Dabei gilt es zu berücksichtigen, dass eine Depression häufig mit problematischen Lebensstilfaktoren wie ungünstiger Ernährung, mangelnder Bewegung etc. einhergeht, welche schon als singuläre Faktoren negative Effekte haben können (vgl. Loef, 2013, S. 332 f). Traumatische Erfahrungen können möglicherweise das Risiko, eine Demenz zu entwickeln, erhöhen. So »deuten biografische Untersuchungen von Alzheimer Patienten auf eine Traumatisierung in der seelischen Entwicklung hin, von der man vermutet, dass sie zu einer Überanpassung des Individuums und psychosozialer Inaktivität führt, die in einem geringeren Grad synaptischer Plastizität und damit höherer Anfälligkeit für die AD [d. h. Alzheimer Demenz] resultiert« (Loef, 2013, S. 328).

2.5.3 Exemplarisch: Bewegung und Sport

Beispielhaft kann an Bewegung und Sport das Präventionspotenzial verdeutlicht werden, welches hochaltrige, pflegebedürftige und demenziell erkrankte Menschen aktuell bei Weitem nicht ausschöpfen. Studien und Modellprojekte verdeutlichen zunehmend den positiven Einfluss von körperlicher Aktivität nicht nur auf Demenz, sondern beispielsweise auch auf Depressionen (vgl. Neumann & Frasch, 2008, S. 28 ff).

Kruse und Wahl (2010) fassen den Paradigmenwechsel zu Sport und Bewegung im Alter zusammen:

Box 2.2: Paradigmenwechsel zu Sport und Bewegung im Alter

> **Paradigmenwechsel zu Sport und Bewegung im Alter**
>
> »Den alternden Körper auch noch mit Fitnessübungen zu ›traktieren‹, das schien vor noch nicht allzu langer Zeit als nicht angebracht oder sogar als gefährliche Erhöhung des Verletzungsrisikos. Krafttraining im Alter oder gar mit Pflegeheimbewohnerinnen und -bewohnern – das galt lange Zeit als absurd. Heute hat sich die Meinung auf diesem Gebiet diametral verändert, und dies hat vor allem damit zu tun, dass in kaum einem anderen Bereich der Interventionsgerontologie so viele unterstützende und vielversprechende Trainingsbefunde auf der Grundlage von großen und nicht selten auch längsschnittlich untersuchten Stichproben bzw. auf der Grundlage von RCTs vorliegen« (Kruse & Wahl, 2010, S. 258).

Mit dem Kürzel ›RCT‹ wird ›randomized controlled trial‹ und somit eine randomisierte kontrollierte Studie bezeichnet. Damit ist ein Forschungsdesign gemeint, welches eine Versuchsgruppe (oder Interventionsgruppe bzw. Experimentalgruppe) und eine Kontrollgruppe (oder Vergleichsgruppe) umfasst. Erstere erhält eine Intervention (Maßnahme) und kann mit Letzterer, welche die Maßnahme nicht erhält, hinsichtlich der Wirkung verglichen werden. Die Gruppen werden – vereinfacht ausgedrückt – nach dem Zufallsprinzip gebildet und benötigen einen bestimmten Stichprobenumfang, um verallgemeinerbare Aussagen machen zu können. In der Regel wird bei diesen Forschungsbedingungen von einem ›Goldstandard‹ gesprochen.

Regelmäßige körperliche Bewegung von etwa dreimal eine Stunde Training pro Woche

- kann nach Kruse und Wahl dazu beitragen, die allgemeine körperliche Leistungsfähigkeit erheblich zu erhöhen,

- hat weiterhin eine Schutzfunktion bezüglich der Entstehung schwerwiegender Erkrankungen (z. B. Herz-Kreislauf-Erkrankungen, Diabetes oder Karzinomerkrankungen)
- und senkt das Risiko chronischer Erkrankungen (vgl. Kruse & Wahl, 2010, S. 258).

Es bestehen Korrelationen (Wechselbeziehungen) zwischen Sport bzw. Bewegung und Wohlbefinden, Depression und Alltagskompetenzen. Körperorientierte Trainingsprogramme bei älteren Menschen zeigen signifikante Effekte über die reine Steigerung der körperlichen Leistungsfähigkeit und die Prävention von Krankheiten hinausgehend. Sie tragen in der Regel zu einer Erhöhung des Wohlbefindens, einer positiven emotionalen Verfassung und einer Reduktion von Depressivität bei. Auch die geistige Leistungsfähigkeit sowie alltagspraktische Fähigkeiten werden positiv beeinflusst (vgl. ebd., S. 259).

Krafttrainings etwa können zur Primär-, Sekundär- und Tertiärprävention auch bei Pflegebedürftigkeit und mit demenziell erkrankten Menschen eingesetzt werden. Die Befunde vielfacher Studien beweisen, dass solche Trainings vor allem die Geh- und Balancefähigkeit fördern und damit erheblich zur Sturzprophylaxe beitragen. »Wenn man überlegt, dass etwa jede zweite Person jenseits von 80 Jahren mindestens einmal pro Jahr stürzt und derartige Stürze nicht nur mit immensen Folgekosten, materiell und immateriell, sondern auch in erheblichem Maße mit Todesgefahr verbunden sind, dann wird der Wert derartiger Trainings unmittelbar deutlich« (ebd. S. 261). Vielversprechend sind die Potenziale von Bewegungstrainings vor allem auch bei der Zielgruppe der Hochbetagten (vgl. ebd.). Daher lautet die zentrale Botschaft von Kruse und Wahl:

Box 2.3: Nicht ›ob‹, sondern ›wie‹

Nicht ›ob‹, sondern ›wie‹

»Die zentrale Forschungsfrage ist heute im Grunde nicht mehr, ob körperliche Trainings bedeutsam für gewichtige Endpunkte wie körperliche Gesundheit und Mortalität sind, sondern mit welchen Methoden ältere Menschen (aber natürlich auch jüngere) dazu gebracht werden können, ihren häufig sehr passiven Lebensstil zu verändern. Denn etwa 80 % der Älteren pflegen den ›sitzenden Lebensstil‹« (Kruse & Wahl, 2010, S. 258 f).

Insbesondere beim Krankheitsbild Demenz ist es wichtig, Betroffenen durch einen aktiven und konstruktiven Umgang mit ihrer Erkrankung zu einer besseren Bewältigung des Krankheitsgeschehens zu verhelfen. Sportangebote für Menschen mit Demenz sind bei Interesse eine sehr wirkungsvolle Interventionsmaßnahme. Sie werden mittlerweile in vielen Orten, z. B. bei Alzheimer Gesellschaften, Sportvereinen und Wohlfahrtsverbänden, angeboten.

3 Ambulant vor stationär: Die Pflegeversicherung

Neben der in Kapitel 2 dargestellten medizinischen Diagnostik gibt es noch eine weitere Systematik zur Erfassung einer Demenz: die Pflegeversicherung. Diese dient auch der Leistungszuweisung. Demenzielle Erkrankungen gehen oftmals im späteren Verlauf mit einer Pflegebedürftigkeit im Sinne der Pflegeversicherung einher. Auf den Begriff der Pflegebedürftigkeit wird nachfolgend als Erstes eingegangen.

3.1 Pflegebedürftigkeit und Pflegestufen

In der Pflegeversicherung nach § 14 SGB XI werden dauerhafte Einbußen der Alltagskompetenz berücksichtigt: »Pflegebedürftig sind Personen, die wegen einer körperlichen, geistigen oder seelischen Krankheit oder Behinderung für die gewöhnlichen und regelmäßig wiederkehrenden Verrichtungen im Ablauf des täglichen Lebens auf Dauer, voraussichtlich für mindestens sechs Monate, in erheblichem oder höherem Maße (§ 15 SGB XI) der Hilfe bedürfen« (Klie, 2009, S. 311).

Regelmäßig wiederkehrende Verrichtungen werden in vier Bereiche unterteilt, die Tabelle 3.1 wiedergibt.

Tab. 3.1: Pflegebedürftigkeit - Hilfebedarf in vier Bereichen

Gewöhnliche und regelmäßig wiederkehrende Verrichtungen nach § 14 Abs. 4 SGB XI	
1. Körperpflege	Waschen, Duschen, Zahnpflege, die Darm- oder Blasenentleerung etc.
2. Ernährung	Mundgerechtes Zubereiten oder die Aufnahme der Nahrung
3. Mobilität	Selbstständiges Aufstehen, An- und Auskleiden, Gehen, Verlassen der Wohnung
4. Hauswirtschaftliche Versorgung	Einkaufen, Kochen, Reinigen der Wohnung etc.

(vgl. Klie et al., 2014, 244)

Für den Erhalt von Pflegestufe I beispielsweise ist ein Hilfebedarf von insgesamt mindestens 90 Minuten täglich erforderlich, wobei mindestens 46 Minuten pro Tag sich auf die Bereiche 1 bis 3, die sogenannte Grundpflege, beziehen müssen (vgl. Klie, 2009, S. 315).

Den benötigten Zeitaufwand je Pflegestufe zeigt im Überblick Tabelle 3.2. Der Aufwand bezieht sich auf Familienangehörige oder andere nicht als Pflegekraft ausgebildete Personen.

Tab. 3.2: Wöchentlicher Zeitaufwand im Tagesdurchschnitt je Pflegestufe nach § 15 Abs. 3 SGB XI

Pflegestufe I	Mindestens 90 Minuten insgesamt davon Grundpflege (1–3) mind. 46 Minuten
Pflegestufe II	Mindestens drei Stunden insgesamt davon Grundpflege (1–3) mind. zwei Stunden
Pflegestufe III	Mindestens fünf Stunden insgesamt davon Grundpflege (1–3) mind. vier Stunden

(Auszug aus § 15 Abs. 3 SGB XI, in: Bundesministerium der Justiz und für Verbraucherschutz, o. J. a, sowie unter: http://www.gesetze-im-internet.de/sgb_11/__15.html)

Zu Beginn umfasste das Leistungsspektrum der Pflegeversicherung die Pflegestufen I bis III, ohne einen speziellen Bezug auf Krankheitsbilder wie Demenz zu nehmen. Hierdurch wurden Hilfebedarfe, die häufig quantitativ einen erheblichen Zeitumfang ausmachten, aber im qualitativen Sinne außerhalb der Kriterien des Pflegeversicherungsgesetzes lagen, nach SGB XI noch nicht ausreichend erfasst. Eine »Beaufsichtigung und Anleitung« (BMFSFJ, 2002, S. 334) konnte nur marginal und in stark limitierten Tätigkeitssegmenten geltend gemacht werden. Folglich übten Experten Kritik an der rechtlichen Eingrenzung von Leistungen auf eine »enge Verrichtungsbezogenheit« (ebd., S. 334) sowie an der fehlenden Expansion des Leistungsspektrums auf eine allgemeine Betreuung und wiesen auf die besondere Problematik der pflegerischen Versorgung beim Krankheitsbild Demenz hin (vgl. ebd.; Jansen, 1999, S. 604 ff). Zurzeit existieren mit dem Pflege-Neuausrichtungs-Gesetz (PNG) und den §§ 123 und 124 SGB XI Übergangsregelungen (vgl. Bundesgesetzblatt, 2012). Das aktuelle Leistungsspektrum sowie der momentan noch benutzte Pflegebedürftigkeitsbegriff werden reformiert. Daher sind mittelfristig grundlegende Änderungen, insbesondere auch das Krankheitsbild Demenz betreffend, zu erwarten.

3.2 Zentrale Leistungen des SGB XI

Wesentliche Leistungen des SGB XI für den pflegebedürftigen Menschen sind Pflegesachleistungen und Pflegegeld bei ambulanter Pflege, Aufwendungen für die Nutzung von *Tagespflege* im teilstationären Bereich sowie Leistungen für die vollstationäre Versorgung. Dies wird im vierten Kapitel des SGB XI ausgeführt.

Ein weiterer Abschnitt dieses Kapitels bietet Leistungen für Pflegende. Der fünfte Abschnitt beschreibt u. a. Vergütungen für Versicherte mit erheblichem allgemeinem Betreuungsbedarf, worunter auch Menschen mit Demenz subsumiert werden.

Die Pflegeversicherung finanziert in unterschiedlichen Anteilen auch Komponenten der pflegerischen Infrastruktur, beispielsweise Pflegestützpunkte nach § 92c SGB XI, oder nach § 45d SGB XI die Förderung ehrenamtlicher Strukturen sowie der Selbsthilfe.

Tab. 3.3: Leistungen der Pflegeversicherung im Überblick

Viertes Kapitel: Leistungen der Pflegeversicherung	
Dritter Abschnitt	Leistungen
Erster Titel	Leistungen bei häuslicher Pflege § 36 Pflegesachleistung § 37 Pflegegeld für selbst beschaffte Pflegehilfen § 38 Kombination von Geldleistung und Sachleistung (Kombinationsleistung) § 38a Zusätzliche Leistungen für Pflegebedürftige in ambulant betreuten Wohngruppen § 39 Häusliche Pflege bei Verhinderung der Pflegeperson § 40 Pflegehilfsmittel und wohnumfeldverbessernde Maßnahmen
Zweiter Titel	Teilstationäre Pflege und Kurzzeitpflege § 41 Tagespflege und Nachtpflege § 42 Kurzzeitpflege
Dritter Titel	Vollstationäre Pflege § 43 Inhalt der Leistung
Vierter Titel	Pflege in vollstationären Einrichtungen der Hilfe für behinderte Menschen § 43a Inhalt der Leistung
Vierter Abschnitt	Leistungen für Pflegepersonen § 44 Leistungen zur sozialen Sicherung der Pflegepersonen § 44a Zusätzliche Leistungen bei Pflegezeit § 45 Pflegekurse für Angehörige und ehrenamtliche Pflegepersonen
Fünfter Abschnitt	Leistungen für Versicherte mit erheblichem allgemeinem Betreuungsbedarf und Weiterentwicklung der Versorgungsstrukturen § 45a Berechtigter Personenkreis § 45b Zusätzliche Betreuungsleistungen § 45c Weiterentwicklung der Versorgungsstrukturen § 45d Förderung ehrenamtlicher Strukturen sowie der Selbsthilfe

(Auszug aus dem Inhaltsverzeichnis des SGB XI, in: Klie et al., 2014, S. 10 f)

Gute und aktuelle Informationen bieten kostenlose Informationsbroschüren von einschlägigen Institutionen. Beim Bundesministerium für Gesundheit beispielsweise können unentgeltlich Informationsbroschüren zur Pflegeversicherung in gedruckter Form oder als Download bezogen werden (vgl. BMG, 2014).

3.3 Leistungen beim Vorliegen einer Demenz

3.3.1 Leistungen bei erheblichem allgemeinem Betreuungsbedarf

Die Pflegeversicherung beinhaltet mit § 45a SGB XI eine von den medizinischen Klassifikationen unabhängige Erfassung von Personen mit »demenzbedingten Fähigkeitsstörungen, geistigen Behinderungen oder psychischen Erkrankungen« (§ 45a SGB XI Abs. 1, Satz 2, in: Klie et al., 2014, S. 617), welche »Auswirkungen auf die Aktivitäten des täglichen Lebens« (ebd.) haben. Um Leistungen der Pflegeversicherung erhalten zu können, wird von Gutachtern des Medizinischen Dienstes überprüft, ob ein »erheblicher Bedarf an allgemeiner Beaufsichtigung und Betreuung« (Klie et al., 2014, S. 617) vorliegt bzw. wesentliche »Einschränkungen der Alltagskompetenz« (ebd.) gegeben sind (vgl. § 45a SGB XI, in: Klie et al., 2014, S. 617 f). Tabelle 3.4 zeigt die Kriterien für den Erhalt von Vergütungen.

Tab. 3.4: Kriterien für erhebliche Einschränkung der Alltagskompetenz

Kriterienkatalog des § 45a Abs. 2 SGB XI zur Erfassung einer erheblichen Einschränkung der Alltagskompetenz
»Für die Bewertung, ob die Einschränkung der Alltagskompetenz auf Dauer erheblich ist, sind folgende Schädigungen und Fähigkeitsstörungen maßgebend:
1. Unkontrolliertes Verlassen des Wohnbereiches (Weglauftendenz);
2. Verkennen oder Verursachen gefährdender Situationen;
3. unsachgemäßer Umgang mit gefährlichen Gegenständen oder potenziell gefährdenden Substanzen;
4. tätlich oder verbal aggressives Verhalten in Verkennung der Situation;
5. im situativen Kontext inadäquates Verhalten;
6. Unfähigkeit, die eigenen körperlichen und seelischen Gefühle oder Bedürfnisse wahrzunehmen;
7. Unfähigkeit zu einer erforderlichen Kooperation bei therapeutischen oder schützenden Maßnahmen als Folge einer therapieresistenten Depression oder Angststörung;

Tab. 3.4: Kriterien für erhebliche Einschränkung der Alltagskompetenz – Fortsetzung

Kriterienkatalog des § 45a Abs. 2 SGB XI zur Erfassung einer erheblichen Einschränkung der Alltagskompetenz
8. Störungen der höheren Hirnfunktionen (Beeinträchtigungen des Gedächtnisses, herabgesetztes Urteilsvermögen), die zu Problemen bei der Bewältigung von sozialen Alltagsleistungen geführt haben;
9. Störung des Tag-/Nacht-Rhythmus;
10. Unfähigkeit, eigenständig den Tagesablauf zu planen und zu strukturieren;
11. Verkennen von Alltagssituationen und inadäquates Reagieren in Alltagssituationen;
12. ausgeprägtes labiles oder unkontrolliert emotionales Verhalten;
13. zeitlich überwiegend Niedergeschlagenheit, Verzagtheit, Hilflosigkeit oder Hoffnungslosigkeit aufgrund einer therapieresistenten Depression«.

(Klie et al., 2014, S. 617 f)

Die Alltagskompetenz gilt als erheblich eingeschränkt, wenn wenigstens zwei Kriterien erfüllt werden, von denen eine in den Bereich 1–9 gehört. Versicherte können dann 1.200 € im Jahr unabhängig von einer Pflegestufe erhalten.

Eine erhöhte Einschränkung der Alltagskompetenz ist gegeben, wenn zusätzlich mindestens eine weitere Bedingung vorliegt, welche einem der Kriterien 1, 2, 3, 4, 5, 9 oder 11 entspricht. Die jährliche Leistung steigt dann auf 2.400 € (vgl. § 45b SGB XI, in: Bundesministerium der Justiz und für Verbraucherschutz, o. J. a, sowie unter: http://www.gesetze-im-internet.de/sgb_11/¬_45b.html).

Diese Vergütungen können nur zweckgebunden eingesetzt werden. Abgerechnet werden können nach § 45b SGB XI folgende Leistungen:

- Tages- oder Nachtpflege
- Kurzzeitpflege
- zugelassene Pflegedienste
- nach Landesrecht anerkannte niedrigschwellige Betreuungsangebote (vgl. ebd.) (▶ Kap. 3.3.4)

3.3.2 Pflegestufe Null, Verhinderungspflege und erhöhter Anspruch

Die Pflegestufe 0 wurde mit dem Pflege-Neuausrichtungs-Gesetz (PNG) eingeführt. Seit dem Jahr 2013 haben Personen mit erheblich eingeschränkter Alltagskompetenz zusätzlich zu den oben aufgeführten Leistungen nach § 45a ein Anrecht auf verbesserte Pflegeleistungen (vgl. Bundesgesetzblatt, 2012). Nach § 123 Abs. 2 SGB XI haben auch Versicherte ohne Pflegestufe ein Anrecht auf Pflegegeld und Pflegesachleitungen, die sogenannte Pflegestufe 0.

Pflegestufe 0 umfasst monatlich u. a. folgende Leistungen:

- Pflegegeld bei Angehörigenpflege (120 €)
- Pflegesachleistungen bei der Leistungserbringung durch Pflegedienste (bis zu 225 €)
- Eine Kombination beider Leistungsarten (vgl. Klie et al., 2014, S. 1272)

Menschen mit erheblich eingeschränkter Alltagskompetenz werden zudem bei der Leistungsart Verhinderungspflege entweder mit bis zu 120 € (bei Erbringung durch nahe Angehörige) oder 1.550 € (bei Erbringung durch sonstige Personen) berücksichtigt (vgl. ebd., S. 1272; S. 487 ff).

Weiterhin haben Personen mit erheblich eingeschränkter Alltagskompetenz einen erhöhten Anspruch bei Vorliegen der Pflegestufen I und II. Nach § 123 SGB XI erhöhen sich bei Pflegestufe I das Pflegegeld um 70 € auf 305 € und die Pflegesachleistungen um 215 € auf bis zu 665 €. Für Pflegebedürftige der Pflegestufe II steigen das Pflegegeld um 85 € auf 525 € und die Pflegesachleistungen um 150 € auf bis zu 1.250 € (ebd., 2014, S. 1271 f).

3.4 Ambulant vor stationär

3.4.1 Vorrang der häuslichen Pflege

Konzeptionell wurde seit Inkrafttreten der ersten Version der Pflegeversicherung 1994 die ambulante Versorgung als dominante Form präferiert. Hier gehen die gesetzlichen Regelungen d'accord mit den Vorlieben der Nutzerinnen und Nutzer (vgl. Klie, 2009, S. 308). In § 3 SGB XI wird der Vorrang der häuslichen Pflege betont, was in Box 3.1 wiedergegeben wird.

Box 3.1: Ambulant vor stationär als Leitgedanke im SGB XI

Ambulant vor stationär als Leitgedanke im SGB XI

§ 3 SGB XI: »Die Pflegeversicherung soll mit ihren Leistungen vorrangig die häusliche Pflege und die Pflegebereitschaft der Angehörigen und Nachbarn unterstutzen, damit die Pflegebedürftigen möglichst lange in ihrer häuslichen Umgebung bleiben können. Leistungen der teilstationären Pflege und der Kurzzeitpflege gehen den Leistungen der vollstationären Pflege vor« (Bundesministerium der Justiz und für Verbraucherschutz, o. J. a, sowie unter: http://¬www.gesetze-im-internet.de/sgb_11/__3.html).

3.4.2 Familie als ›Pflegedienst der Nation‹

Der Stellenwert der ambulanten Versorgung von Menschen mit Pflegebedarf ist in Deutschland hoch. So zeigt die Pflegestatistik für 2011, dass von 2,5 Millionen pflegebedürftigen Menschen insgesamt 1,76 Millionen zu Hause versorgt werden, was ca. 70 % entspricht. Hiervon wird der größte Teil (1,18 Millionen) ausschließlich von Angehörigen oder durch weitere informelle, d. h. nicht institutionalisierte, Pflege, versorgt. Die restlichen 576.000 ambulant versorgten Menschen mit Pflegebedarf erhalten Pflegesachleistungen, was bedeutet, dass sie in unterschiedlichem Umfang von professionellen Pflegediensten betreut werden (vgl. Statistisches Bundesamt, 2013, S. 5). Auch hier wird die häusliche Pflegesituation in der Regel durch familiale und weitere private Netzwerke gestützt (vgl. BMFSFJ, 2005, S. 313). In dieser Statistik sind Menschen mit Demenz ohne Pflegestufe noch nicht berücksichtigt. Tabelle 3.5 zeigt die statistischen Daten im Überblick.

Tab. 3.5: Anzahl pflegebedürftiger Menschen 2011 nach Versorgungsart

Pflegebedürftige 2011 nach Versorgungsart		
2,5 Millionen Pflegebedürftige insgesamt		
zu Hause versorgt: 1,76 Millionen (70 %)		in Heimen vollstationär versorgt: 743.000 (30 %)
durch Angehörige: 1,8 Millionen Pflegebedürftige	zusammen mit/ durch ambulante Pflegedienste: 576.000 Pflegebedürftige	
	durch 12.300 ambulante Pflegedienste mit 291.000 Beschäftigten	in 12.400 Pflegeheimen* mit 661.000 Beschäftigten

* Einschl. teilstationäre Pflegeheime (Statistisches Bundesamt, 2013, S. 5)

Angesichts der hohen Zahlen involvierter Angehöriger bilanziert auch Schneekloth die Ergebnisse einer repräsentativen Studie über die ›Möglichkeiten und Grenzen selbstständiger Lebensführung (MuG III) in privaten Haushalten‹ mit: »Der ›größte Pflegedienst in Deutschland‹ ist und bleibt die Familie« (Schneekloth, 2006b, S. 408). Dies entspricht sowohl den Präferenzen der pflegebedürftigen Menschen selber als auch den Vorstellungen der Angehörigen: »Die Versorgungspräferenzen der Menschen liegen eindeutig nicht bei vollstationärer Versorgung. Man zieht nicht freiwillig in eine Institution, sondern dies erfolgt, weil Erschwernisfaktoren in der Pflege bestehen und/oder Stressoren im privaten Unterstützungsnetzwerk einen krisenförmigen Verlauf in Gang setzen« (Schmidt, 2010, S. 176).

Nach Angaben der Statistischen Ämter des Bundes und der Länder wird eine Zunahme von Pflegebedürftigkeit ausgehend von 2,247 Mio. im Jahr

2007 auf 3,371 Mio. im Jahr 2030 erwartet (vgl. Statistische Ämter des Bundes und der Länder, 2010). Deutlich wird durch diese Zahlen die gesellschaftliche Relevanz familialer Pflege, wie in Abbildung 3.1 dargestellt. Diese Prognose veranschaulicht die dringende Notwendigkeit sozialpolitischer Lösungen für eine qualitativ und quantitativ ausreichende pflegerische Versorgung auch für die Zukunft.

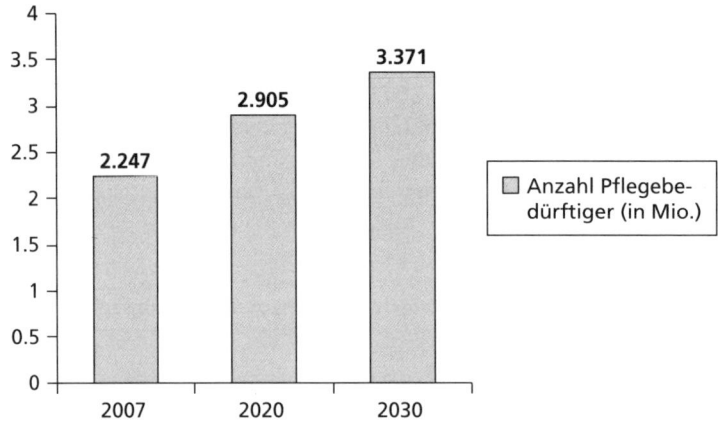

Abb. 3.1: Prognostizierte Pflegebedarfe (Statistische Ämter des Bundes und der Länder, 2010, S. 29)

3.4.3 Freiwilliges Engagement im SGB XI

Ein sozialpolitischer Lösungsansatz in der Versorgung von pflegebedürftigen und demenziell erkrankten Menschen liegt in der Integration von freiwilligem Engagement in das Versorgungsgeschehen. Auch die Pflegeversicherung baut konzeptionell auf dem Gedanken des freiwilligen (bzw. bürgerschaftlichen, zivilgesellschaftlichen oder ehrenamtlichen) Engagements auf (▶ Kap. 13.2.7).

Die Zielsetzung der Pflegeversicherung ist laut § 8 Abs. 2 SGB XI eine »neue Kultur des Helfens« (Klie et al., 2014, S. 172) durch die Förderung der »Bereitschaft zu einer humanen Pflege und Betreuung durch hauptberufliche und ehrenamtliche Pflegekräfte sowie durch Angehörige, Nachbarn und Selbsthilfegruppen« (ebd.).

Nach Einführung der Pflegeversicherung 1994 wurde im Versorgungssegment Pflege ein Rückzug der Träger von Dienstleitungen im Altenhilfesektor hinsichtlich des freiwilligen Engagements mit dem Hinweis auf die »Alleinzuständigkeit der Pflegeversicherung« (Enquête-Kommission »Zukunft des bürgerschaftlichen Engagements«, 2002, S. 252) beobachtet. Dies entsprach jedoch nicht dem Bedarf. Der Vierte Altenbericht konstatierte 2002, dass »multiprofessionelle Netze im Bereich der ambulanten Versorgung unter Einbeziehung freiwillig Engagierter« (BMFSFJ, 2002, S. 365) benötigt würden. In einer Reform der Pflegeversicherung, dem Pflegeleistungs-Ergänzungsgesetz, welches am 01.01.2002 in Kraft trat, wurden u. a. niedrigschwellige Betreuungsangebote für Menschen mit eingeschränkter Alltagskompetenz implementiert.

3.4.4 Niedrigschwellige Betreuungsangebote

Niedrigschwellige Betreuungsangebote im Sinne der §§ 45b und 45c SGB XI sind »Betreuungsangebote, in denen Helfer und Helferinnen unter pflegefachlicher Anleitung die Betreuung von Pflegebedürftigen mit erheblichem Bedarf an allgemeiner Beaufsichtigung und Betreuung in Gruppen oder im häuslichen Bereich übernehmen sowie pflegende Angehörige entlasten und beratend unterstützen.« (Klie et al., 2014, S. 632) (▶ Kap. 13.2.7). Details zu den niedrigschwelligen Betreuungsangeboten regeln Rechtsverordnungen der Landesregierungen.

Nach § 45c Abs. 3 SGB XI gehören grundsätzlich dazu:

- »Betreuungsgruppen für Demenzkranke,
- Helferinnenkreise zur stundenweisen Entlastung pflegender Angehöriger im häuslichen Bereich,
- die Tagesbetreuung in Kleingruppen oder Einzelbetreuung durch anerkannte Helfer,
- Agenturen zur Vermittlung von Betreuungsleistungen für Pflegebedürftige im Sinne des § 45a SGB XI
- sowie Familienentlastende Dienste« (ebd.).

In den Rechtsverordnungen der Landesregierungen werden teilweise weitere Angebotsformen genannt. Auch sind hier zusätzliche Rahmenbedingungen zur Anerkennung enthalten, wie die nötige Stundenanzahl zur Qualifizierung der ehrenamtlich Helfenden sowie deren *Versicherungsschutz*. Bei Interesse an einer Initiierung eines niedrigschwelligen Betreuungsangebots wird ein Antrag bei der zuständigen Landesbehörde gestellt. Diesem ist ein Konzept zur Qualitätssicherung des Betreuungsangebots beizufügen (vgl. ebd.).

Beginnend im Jahr 2015 werden schrittweise zwei Pflegestärkungsgesetze eingeführt werden. In einem ersten Schritt werden ab 2015 die Leistungen für pflegebedürftige Menschen und ihre Angehörigen ausgeweitet. Zu einem späteren Zeitpunkt ist im Rahmen des zweiten Pflegestärkungsgesetzes die Einführung eines neuen Pflegebedürftigkeitsbegriffs und eines neuen Begutachtungsverfahrens geplant. Weitere Informationen wird zeitnah u. a. das Bundesgesundheitsministerium bereithalten unter http://www.bmg.bund.de/.

4 Zentral für Menschen mit Demenz: Alltagskompetenz und Lebensqualität

Kenntnisse über die Erfassung von Alltagskompetenzen sind für Vertreter Sozialer Arbeit in mehrfacher Hinsicht zielführend. In der klinischen Sozialarbeit, der Beratung sowie im Case Management ist es sinnvoll, Wissen über medizinisch-diagnostische Assessments zu besitzen und diese im Bedarfsfalle erläutern zu können.

4.1 Alltagskompetenzen und Alltagsaktivitäten als Maß für Selbstständigkeit

Wie im vorherigen Kapitel ausgeführt, werden Leistungen der Pflegeversicherung auch ohne Vorliegen einer der Pflegestufen von I bis III gewährt. Es handelt sich um Leistungen für Personen mit *erheblichem allgemeinem Betreuungsbedarf*. Maßgeblich für die Einschätzung des Medizinischen Dienstes der Krankenkassen ist nach § 45a Abs. 1; 2 SGB XI die dauerhafte erhebliche *Einschränkung der Alltagskompetenz* (für voraussichtlich mindestens 6 Monate).

Das Erfassen von Alltagskompetenzen bzw. Alltagsaktivitäten gehört zu den zentralen Aufgaben in medizinisch-pflegerischen und psychosozialen Versorgungssegmenten für alte Menschen, da das selbstständige Bewältigen des Alltags zu den Kernanliegen hilfe- und pflegebedürftiger alter Menschen zählt (vgl. Gunzelmann & Oswald, 2005, S. 91).

Hinsichtlich der Beurteilung von Alltagsaktivitäten bzw. Alltagskompetenzen liegen eine Reihe von Assessments vor, die sich in der Regel nicht explizit auf das Krankheitsbild Demenz beziehen. Exemplarisch genannt werden soll hier der im Handlungsfeld Pflege relativ verbreitete *Barthel-Index*. Dabei handelt es sich um ein langjährig bekanntes und einschlägiges Verfahren zum Einschätzen von basalen Alltagshandlungen. Der Barthel-Index ist eine Fremdbeurteilungsskala, bei der die Beurteilung auf der Grundlage von Aussagen von Therapeuten oder des Pflegepersonals vorgenommen wird. Durch das Bewerten einzelner Aktivitäten ergibt sich eine Summe, die mit zunehmendem Wert einen höheren Grad an Selbstständigkeit abbildet (vgl. ebd.) (▶ Tab. 4.1).

Eine Erweiterung des Barthel-Index bildet die *IADL-Skala von Lawton und Brody* (1969 – instrumental activities of daily living) ab. Es werden neben den basalen auch *instrumentelle* Alltagsaktivitäten aufgeführt, deren Umfang

4.1 Alltagskompetenzen und Alltagsaktivitäten als Maß für Selbstständigkeit

Tab. 4.1: Basale Alltagsaktivitäten des Barthel-Index

»Aktivitäten des täglichen Lebens im Barthel-Index (Mahoney & Barthel, 1965; jeweils mit Punktzahl zur Bewertung der Alltagsaktivitäten	
Essen:	
Unabhängig, isst selbstständig, benutzt Geschirr und Besteck	10
Braucht etwas Hilfe, z. B. Fleisch oder Brot schneiden	5
Nicht selbstständig, auch wenn o. g. Hilfe gewährt wird	0
Bett/(Roll-) Stuhltransfer:	
Unabhängig in allen Phasen der Tätigkeit	15
Geringe Hilfen oder Beaufsichtigung erforderlich	10
Erhebliche Hilfen beim Transfer, Lagewechsel, Liegen/Sitzen selbstständig	5
Nicht selbstständig, auch wenn o. g. Hilfe gewährt wird	0
Waschen:	
Unabhängig beim Waschen von Gesicht, Händen; Kämmen, Zähneputzen	5
Nicht selbstständig bei o. g. Tätigkeit	0
Toilettenbenutzung:	
Unabhängig in allen Phasen der Tätigkeit (inkl. Reinigung)	10
Benötigt Hilfe, z. B. wegen unzureichenden Gleichgewichtes oder bei Kleidung/Reinigung	5
Nicht selbstständig, auch wenn o. g. Hilfe gewährt wird	0
Baden:	
Unabhängig bei Voll- oder Duschbad in allen Phasen der Tätigkeit	5
Nicht selbstständig bei o. g. Tätigkeit	0
Gehen auf Flurebene bzw. Rollstuhlfahren:	
Unabhängig beim Gehen über 50 m, Hilfsmittel erlaubt, nicht Gehwagen	15
Geringe Hilfe oder Überwachung erforderlich, kann mit Hilfsmittel 50 m gehen	10
Nicht selbstständig beim Gehen, kann aber Rollstuhl selbstständig bedienen, auch um Ecken und an einen Tisch heranfahren, Strecke mindestens 50 m	5
Nicht selbstständig beim Gehen oder Rollstuhlfahren	0
Treppensteigen:	
Unabhängig bei der Bewältigung einer Treppe (mehrere Stufen)	10
Benötigt Hilfe oder Überwachung beim Treppe steigen	5
Nicht selbstständig, kann auch mit Hilfe nicht Treppe steigen	0
An- und Auskleiden:	
Unabhängig beim An- und Auskleiden (ggf. auch Korsett oder Bruchband)	10
Benötigt Hilfe, kann aber 50 % der Tätigkeit selbstständig ausführen	5
Nicht selbstständig, auch wenn o. g. Hilfe gewährt wird	0
Stuhlkontrolle:	
Ständig kontinent	10
Gelegentlich inkontinent, maximal einmal/Woche	5
Häufiger/ständig inkontinent	0
Urinkontrolle:	
Ständig kontinent, ggf. unabhängig bei Versorgung eines DK/Cystofix	10
Gelegentlich inkontinent, maximal einmal/Tag, Hilfe bei externer Harnableitung	5
Häufiger/ständig inkontinent«	0

(Gunzelmann & Oswald, 2005, S. 93 ff)

komplexer ist. Hierzu gehören beispielsweise die Bedienung des Telefons, das Fahren mit öffentlichen Verkehrsmitteln, die eigenständige Einnahme der Medikation und das Kümmern um finanzielle Angelegenheiten (vgl. Gunzelmann & Oswald, 2005, S. 95).

4.2 Alltagskompetenz im Kontext der Pflegeversicherung

Wie in Kap. 3.3.1 aufgeführt, wird die Einschätzung der Beeinträchtigung von Alltagskompetenzen im Sinne der Pflegeversicherung nach den Kriterien des Katalogs des § 45a Abs. 2 SGB XI durchgeführt. Im SGB XI werden die einzelnen Items (= Kriterien) aufgeführt.

Die dazugehörigen Details erfährt der Medizinische Dienst der Pflegekassen durch die Richtlinien der Spitzenverbände der Pflegekassen (vgl. MDS, 2006). Zur Feststellung einer erheblich eingeschränkten Alltagskompetenz sowie eines erheblichen Betreuungsbedarfs wird eine Begutachtung der Pflegekasse durch den Medizinischen Dienst der Krankenkassen durchgeführt.

Beispielsweise sind die Fragen in Tabelle 4.2 durch den Medizinischen Dienst der Krankenkassen (MDK) bei der Begutachtung des Patienten eindeutig mit ›ja‹ oder mit ›nein‹ zu beantworten.

Wie oben gesagt, ist in vielen Handlungsfeldern Sozialer Arbeit das Wissen um die Kriterien zum Erhalt von Leistungen nach SGB XI beim Vorliegen von Einbußen der Alltagskompetenz von großer Bedeutung, beispielsweise im Rah-

Tab. 4.2: Richtlinien der Spitzenverbände der Pflegekassen (Auszug)

»**1. Unkontrolliertes Verlassen des Wohnbereiches (Weglauftendenz)**
Ein ›ja‹ ist zu dokumentieren, wenn der Antragsteller seinen beaufsichtigten und geschützten Bereich ungezielt und ohne Absprache verlässt und so seine oder die Sicherheit anderer gefährdet. Ein Indiz für eine Weglauftendenz kann sein, wenn der Betroffene z. B.:

- aus der Wohnung heraus drängt,
- immer wieder seine Kinder, Eltern außerhalb der Wohnung sucht bzw. zur Arbeit gehen möchte,
- planlos in der Wohnung umherläuft oder sie dadurch verlässt.

2. Verkennen oder Verursachen gefährdender Situationen
Ein ›ja‹ ist zu dokumentieren, wenn der Antragsteller z. B.:

- durch Eingriffe in den Straßenverkehr, wie unkontrolliertes Laufen auf der Straße, Anhalten von Autos oder Radfahrern sich selbst oder andere gefährdet,
- die Wohnung in unangemessener Kleidung verlässt und sich dadurch selbst gefährdet (Unterkühlung).

Tab. 4.2: Richtlinien der Spitzenverbände der Pflegekassen (Auszug) – Fortsetzung

3. Unsachgemäßer Umgang mit gefährlichen Gegenständen oder potenziell gefährdenden Substanzen
Ein ›ja‹ ist zu dokumentieren, wenn der Antragsteller z. B.:

- Wäsche im Backofen trocknet, Herdplatten unkontrolliert anstellt, ohne diese benutzen zu können/wollen, Heißwasserboiler ohne Wasser benutzt,
- unangemessen mit offenem Feuer in der Wohnung umgeht,
- Zigaretten isst,
- unangemessen mit Medikamenten und Chemikalien umgeht (z. B. Zäpfchen oral einnimmt),
- verdorbene Lebensmittel isst.

4. Tätlich oder verbal aggressives Verhalten in Verkennung der Situation
Ein ›ja‹ ist zu dokumentieren, wenn der Antragsteller z. B.:

- andere schlägt, tritt, beißt, kratzt, kneift, bespuckt, stößt, mit Gegenständen bewirft,
- eigenes oder fremdes Eigentum zerstört,
- in fremde Räume eindringt,
- sich selbst verletzt,
- andere ohne Grund beschimpft, beschuldigt.«

(MDS, 2006, S. 154 ff)

men der Pflegeberatung. Es ermöglicht den Betroffenen, die für sie nötige Unterstützung zu erhalten.

Dies sollte aber nicht dazu führen, einen ausschließlich defizitorientierten Blick auf den betroffenen Menschen einzunehmen. Es ist im Gegenteil die Zielsetzung zu betonen, diese Einschränkungen durch fachlich-methodisches Handeln und eine adäquate Gestaltung der Umwelt zu kompensieren. Die Gerontologen Andreas Kruse und Hans-Werner Wahl beschreiben dies am Beispiel des Arbeitsfelds Pflege: »Die heute bestehenden Pflegekonzepte können den Anspruch erheben, personen- und kompetenzorientiert zu sein. Zum einen werden in diesen Konzepten die verschiedenen Dimensionen des Menschen sowie deren Bezüge zur räumlichen und sozialen Umwelt berücksichtigt. Zum anderen wird in den Pflegekonzepten der Erhaltung und Förderung von Funktionen und Fertigkeiten (durch Aktivierung und Mobilisierung sowie durch Schaffung einer anregenden räumlichen und sozialen Umwelt) große Bedeutung beigemessen« (Kruse & Wahl, 2010, 463 f).

4.3 Lebensqualität bei Demenz aus Sicht des Deutschen Ethikrates

In seiner Stellungnahme »Demenz und Selbstbestimmung« widmet der *Deutsche Ethikrat* (2012) dem Thema Lebensqualität ein eigenes Kapitel. Gefordert wird ein Perspektivenwechsel, sodass Lebensqualität nach Maßstäben der erkrankten Menschen bewertet werden kann.

Zur Wahrnehmung von Lebensqualität bei kompetenzeingeschränkten Menschen führt der Ethikrat aus: »Die Konfrontation mit dem Krankheitsbild der Demenz erinnert den Menschen an eine Dimension, die in seinem Streben nach Selbstständigkeit und Selbstbestimmung oft in Vergessenheit geraten ist: die Dimension der Abhängigkeit. Das Erkennen und die Annahme dieses Angewiesenseins auf die Solidarität und Hilfe anderer Menschen durch den Demenzbetroffenen selbst sowie durch die Pflegenden und Angehörigen stellt die Grundlage für einen vorurteilsfreien Kontakt mit dem Betroffenen dar« (Deutscher Ethikrat, 2012, S. 24 f).

Der Deutsche Ethikrat macht auf aktuelle Forschung zur Lebensqualität aufmerksam, die ein einseitig verzerrtes Bild von Menschen mit Demenz korrigiert. Lebensqualitätsforschung, wie z. B. am Institut für Gerontologie der Universität Heidelberg, basiert auf der Ansicht, dass die Lebensqualität vieler Menschen mit Demenz vielfach aufgrund inadäquater Kommunikation mit den Erkrankten und zu geringem Einfühlungsvermögen vonseiten des Umfelds unnötig niedrig ist. Oftmals führen kognitive Defizite demenziell Erkrankter im Praxishandeln zum Fehlschluss, Demenzbetroffene seien zur Kommunikation nicht mehr in der Lage. Das Team des Heidelberger Instituts zeigt jedoch durch seine Forschungen auf, wie differenziert selbst Menschen mit Demenz selbst im späteren Stadium auf soziale Kontexte reagieren: »Auch im fortgeschrittenen Stadium der Demenz ist die Fähigkeit, positive Emotionen zu erleben und nonverbal auszudrücken, gegeben« (ebd., S. 25).

Fazit des Deutschen Ethikrates zur Lebensqualität bei Menschen mit Demenz

Der Deutsche Ethikrat schließt: »Die Lebensqualität der Betroffenen hängt erheblich davon ab, wie gut es den ihnen nahestehenden Personen und Pflegenden gelingt, die emotional-affektive Situation der Demenzbetroffenen wahrzunehmen und darauf einzugehen« (ebd.). Analysen der Mimik demenziell erkrankter Menschen ermöglichten den Zugang zum emotionalen Befinden: »Auf dieser Grundlage lassen sich individuell bestimmte Alltagssituationen, die zum Erleben positiver Emotionen beitragen, identifizieren und systematisch herstellen. Dadurch erhöhen sich nach den vorliegenden Untersuchungen die Lebensqualität der Demenzbetroffenen und ihre Möglichkeiten zu einer möglichst selbstbestimmten Lebensweise« (ebd.). Zwar könne die emotionale Verfassung nicht immer umfassend positiv beeinflusst werden, es könne aber »zumindest eine Verminderung von Symptomen, wie Unruhe, Agitiertheit und vieler Aspekte dessen, was als Aggression erscheint, erreicht werden« (ebd.).

Über diese Ausführungen des Deutschen Ethikrates besteht Konsens in Praxis und Forschung. Der Stellenwert von Kommunikation (▶ Kap. 6) und nichtmedikamentösen Interventionen (▶ Kap. 5) wird allgemein sowie speziell beim Umgang mit sogenanntem herausforderndem Verhalten nicht infrage gestellt (▶ Kap. 7).

4.4 Erfassung von Lebensqualität bei Demenz

4.4.1 Traditionen der Herleitung von Lebensqualität

Lebensqualität wird von der Weltgesundheitsorganisation (WHO) als die subjektive Wahrnehmung eines Menschen über seine Stellung im Leben in Relation zu den ihn umgebenden kulturellen und normativen Bezugssystemen sowie hinsichtlich seiner individuellen Zielsetzungen und Erwartungen gesehen. Zwei wesentliche wissenschaftliche Traditionen können hierbei unterschieden werden. Ein Traditionsstrang stützt sich auf die Bedeutung *objektiver* Lebensbedingungen, während der andere das subjektive Wohlbefinden als primären Faktor für wahrgenommene Lebensqualität betont (vgl. MDS, 2009, S. 16).

Lebensqualität wird nicht einheitlich konzeptionalisiert. Gebräuchlich in diesem Themenfeld ist der Rekurs auf Lawton (1991), einem einschlägigen Autor im Rahmen der Entwicklung von Lebensqualität. Das multidimensionale Konzept der Lebensqualität von Lawton umfasst physisches, psychisches und soziales Wohlbefinden (vgl. ebd., S. 16) und berücksichtigt vier Dimensionen, welche Tabelle 4.3 aufführt.

Tab. 4.3: Multidimensionales Konzept der Lebensqualität nach Lawton

Vier Dimensionen der Lebensqualität	
Verhaltenskompetenz:	Sozial-normative Bezüge
Objektive Umwelt:	Strukturelle Umwelt
Subjektives Wohlbefinden:	Individuell erlebtes Befinden
Erlebte Lebensqualität:	Beurteilung personaler Lebensfaktoren und Kompetenzen

(vgl. Pohlmann, 2011, S. 214f)

Nach Pohlmann werden jedoch diese »außerordentlich viel versprechenden Forschungsbefunde und Handlungsansätze in der Sozialen Arbeit weitgehend vernachlässigt« (Pohlmann, 2011, S. 215). Es fehle im fachlichen Diskurs und der praktischen Arbeit zurzeit noch an einer »klaren Bezugnahme auf Lebensqualität« (ebd.). Soziale Arbeit müsse in Zukunft verstärkt auf wissenschaftlich validierte Konzepte wie das der Lebensqualität rekurrieren.

Seit den 1990er Jahren werden zunehmend Instrumente zur gesundheitsbezogenen Lebensqualität spezifische Erkrankungen betreffend eingesetzt. Demenzspezifische Instrumente können die besondere Lebenssituation erfassen und sind dazu geeignet, die Effekte von Interventionen zu evaluieren.

Verwendet werden drei Hauptformen der Datenerhebung:

- Selbsteinschätzung
- Fremdeinschätzung
- Beobachtung.

4 Zentral für Menschen mit Demenz: Alltagskompetenz und Lebensqualität

Zusätzlich gewinnt die Dokumentenanalyse als Methode zur Datengewinnung an Bedeutung (vgl. MDS, 2009, S. 16).

Es gibt eine Vielzahl von englischsprachigen Instrumenten zur Erfassung von Lebensqualität bei Demenz (vgl. ebd., S. 18 ff). Zwei einschlägige, in Deutschland verbreitete Verfahren sind DCM (Kitwood, 2000) und H.I.L.DE. (Kruse & Wahl, 2010; Becker et al., 2011), auf die hier nachfolgend Bezug genommen wird.

4.4.2 DCM – Dementia Care Mapping

Dementia Care Mapping wurde in Großbritannien an der University of Bradford von Tom Kitwood und Kathleen Bredin entwickelt. Geschulte Fachkräfte beobachten und begleiten Menschen mit Demenz bei ihren täglichen Aktivitäten und beurteilen und dokumentieren deren Wohlbefinden anhand ihres Verhaltens, der Körpersprache, Mimik etc. Das Verfahren basiert auf der personenzentrierten Pflege von Tom Kitwood, der durch seine Bezugnahme auf grundlegende Bedürfnisse wie soziale Verbundenheit, Geborgenheit, Nähe etc. maßgeblich einen verstehenden Umgang mit Menschen mit Demenz geprägt hat (vgl. MDS, 2009, 20 ff).

Bei DCM handelt es sich um ein Assessmentinstrument für die Evaluation der Pflegequalität bei Demenz, welches vier Dimensionen beinhaltet. Beobachtet werden Personen mit Demenz in öffentlichen Bereichen stationärer Einrichtungen. Ein Beobachter (d.h. ein sogenannter Mapper) hält sich ebenfalls in diesem Bereich auf (vgl. Riesner, 2005, S. 17). Die Dimensionen werden in Tabelle 4.4 aufgeführt.

Tab. 4.4: Dimensionen des Dementia Care Mapping

Dimensionen des Dementia Care Mapping
»Beobachtet und festgehalten werden:
1. Das Verhalten der einzelnen Teilnehmer mittels eines Kodierungsverfahrens, bei dem 24 Verhaltenskategorien (›Behaviour Category Coding‹/BCC) zur Verfügung stehen. Die Kodierung erfolgt in Fünf-Minuten-Takten.
2. Das relative Wohlbefinden (Well- or Ill-Being/WIB) der einzelnen Teilnehmer. Hier stehen sechs Stufen von +5 bis –5 zur Verfügung. Kodiert wird gemeinsam mit den Verhaltenskategorien in Fünf-Minuten-Takten.
3. Positive Ereignisse (Positive Event Recording/PER) werden als qualitative Beobachtung unkodiert aufgezeichnet, wenn sie auftreten. Positive Ereignisse halten einen wertschätzenden Kontakt im Rahmen des person-zentrierten Ansatzes fest und belegen damit die positiven Potenziale der betreuenden Personen. Die PERs werden im Feedback wiedergegeben, um durch diese positiven Beispiele konkrete Ansätze einer benignen Sozialpsychologie aufzuzeigen.
4. Personale Detraktionen (Personal Detraction Coding/PDC) werden als kodierte Beobachtung festgehalten. Personale Detraktionen sind Handlungen, die die Anerkennung des Gegenübers als Persönlichkeit mindern. Zur Kodierung der sog. Personalen Detraktionen stehen 17 Kategorien in je vier Schweregraden zur Verfügung.«

(Riesner, 2005, S. 17)

Beispielsweise kann mit den Verhaltenskategorien (Behaviour Category Coding/ BCC) erfasst werden, wie ein Mensch mit Demenz seine Zeit verbracht hat. Die DCM-Methode ist in einen wertschätzenden Umgang mit Menschen mit Demenz integriert (vgl. ebd.).

Bei der DCM-Methode spielt die Interpretation des Beobachters eine nicht unerhebliche Rolle. Daher ist eine vorausgehende Schulung erforderlich (vgl. Gunzelmann & Oswald, 2005, S. 212 f).

4.4.3 H.I.L.DE. – Heidelberger Instrument zur Erfassung der Lebensqualität Demenzkranker

H.I.L.DE. ist ein praxistaugliches Instrument zur Erfassung der Lebensqualität demenzkranker Menschen in der stationären Altenpflege. Ausgegangen war man bei der Entwicklung von der Annahme, »dass auch in fortgeschrittenen Stadien der Erkrankung Emotionen erlebt und auf der Grundlage des mimischen Ausdrucks gedeutet werden können« (Becker et al., 2005, S. 108). Um ein multidimensionales und praxistaugliches Instrument zur Erfassung der Lebensqualität von Menschen mit Demenz in der stationären Versorgung zu entwickeln, hat sich das Team des ›Heidelberger Instruments zur Erfassung der Lebensqualität Demenzkranker in stationären Pflegeeinrichtungen‹ an einer Definition von Lawton orientiert: Lebensqualität sieht er als »the multidimensional evaluation, by both intra-personal and social-normative criteria, of the person-environment system of an individual in time past, current, and anticipated« (Lawton, 1991, S. 6, zit. in: Becker et al., 2005, S. 109). Es wurde anfänglich von acht Dimensionen von Lebensqualität ausgegangen: Räumliche Umwelt, soziale Umwelt, Betreuungsqualität, Verhaltenskompetenz, medizinisch-funktionaler Status, kognitiver Status, Psychopathologie und Verhaltensauffälligkeiten sowie subjektives Erleben und emotionale Befindlichkeit (vgl. Becker et al., 2005, S. 109).

Im fertigen Manual werden sechs Erfassungsbereiche bzw. Dimensionen abgefragt, was in Tabelle 4.5 aufgeführt wird.

Tab. 4.5: Dimensionen im H.I.L.DE.-Manual

Dimensionen im H.I.L.DE.-Manual
• Medizinische Versorgung und Schmerzerleben
• Räumliche Umwelt
• Aktivitäten
• Soziales Bezugssystem
• Emotionales Erleben und Lebenszufriedenheit
• Kompetenzgruppen

(vgl. Becker et al., 2011, 34 ff)

Innerhalb der Dimensionen werden verschiedene Phänomene wahrgenommen, etwa das Schmerzerleben des Bewohners oder der Bewohnerin, welches u. a. durch Jammern und Schreien oder einen verzerrten Gesichtsausdruck geäußert werden kann. Oder es werden Kontextinformationen, z. B. zu den Räumlichkeiten, abgefragt. Hierbei wird u. a. überprüft, ob Geländer oder Handläufe vorhanden sind, Bodenbeläge rutschfrei gestaltet sind oder die Lichtstärke angemessen ist. Auch die Lieblingsplätze der erkrankten Menschen werden berücksichtigt. Die Dimension ›Aktivitäten‹ wird in »Vom Haus angebotene und angeleitete Aktivitäten« (Becker et al., 2011, S. 130) und »Selbstständig vom Bewohner ausgeübte Aktivitäten« (ebd., S. 131) unterschieden. ›Emotionalität‹ fragt z. B. ab, in welchen Situationen sich der demenzkranke Mensch besonders wohlfühlt und wie häufig er diese Situationen erlebt (vgl. ebd., S. 136).

Das Manual zu H.I.L.DE. ermöglicht den Anwendern selbstständig, ohne weitere Schulungen oder Zertifizierungen, eine Evaluation von Lebensqualität demenzkranker Menschen in der stationären Pflegeversorgung vorzunehmen, unabhängig vom Grad der Demenz. H.I.L.DE. als evidenzbasiertes Verfahren zeigt darüber hinaus auch einer allgemeinen Öffentlichkeit die Potenziale von Lebensqualität bei schwer beeinträchtigten demenzkranken Menschen auf. Es kann somit argumentativ für allgemeine Debatten im Rahmen der Öffentlichkeit oder für institutionelle Diskurse herangezogen werden.

4.4.4 Lebensqualität beeinflussende Faktoren: Autonomie und soziale Integration

Auch in einer australischen Studie (Moyle et al., 2011) wurden Einflussfaktoren für die Lebensqualität von Menschen mit Demenz in der stationären Versorgung ermittelt. Hierfür wurden mit 32 demenziell erkrankten Menschen qualitative Interviews durchgeführt. Einschlusskriterien waren das Vorliegen der Diagnose Demenz und die Fähigkeit, an einem Interview teilnehmen zu können. Auf diese Weise wurde die persönliche Einschätzung der Betroffenen in Bezug auf die Wohnform ›Altenheim‹ ermittelt.

Die Studienteilnehmenden berichteten darüber, sich oftmals nutzlos und daher tendenziell wertlos für die Gesellschaft zu fühlen. Es wurden jedoch auch positive Einflussfaktoren für die Lebensqualität genannt.

Positive Einflussfaktoren für die Lebensqualität

- Beziehungen zur Familie und anderen Menschen zu unterhalten,
- Kontrolle über das eigene Leben zu haben,
- integriert in die Gemeinde zu sein bzw. zum Gemeindeleben beitragen zu können (vgl. ebd.).

Unabhängig von speziellen Assessments wie Dementia Care Mapping oder H.I.L.DE. sollten daher diese Faktoren generell Berücksichtigung finden.

Lebensqualität im Altenheim – Orientierung für die Soziale Arbeit

- Die Relevanz von sozialen Beziehungen für die Lebensqualität von Menschen mit Demenz sollte beachtet werden.
- Nach dem Umzug ins Altenheim sollten demenzkranke Menschen unterstützt werden, Beziehungen aufrecht zu erhalten und zu festigen.
- Selbstbestimmung bei Menschen mit Demenz ist von großer Wichtigkeit.
- Möglichkeitsräume für selbstbestimmtes Handeln sollten hergestellt werden.

Insgesamt sollte Lebensqualität in den Handlungsfeldern Altenarbeit und Altenhilfe als Parameter stärker einbezogen werden. Hier kann die Soziale Arbeit relevante Impulse durch die Interventionsgerontologie erhalten, die nach Kruse und Wahl »eine Vielzahl von theoretisch begründeten und empirisch geprüften Maßnahmen zur Verbesserung von Lebensqualität im Alter anbieten kann« (Kruse & Wahl 2010, S. 247). Insbesondere ambulante Settings sollten verstärkt fokussiert werden.

5 Nichtmedikamentöse Konzepte und Ansätze für Menschen mit Demenz

5.1 Überblick

Die Behandlung (bzw. Therapie oder Intervention) beim Krankheitsbild Demenz wird häufig in einen medikamentösen und einen nichtmedikamentösen Bereich unterteilt. Eine Heilung durch medikamentöse Therapien ist zurzeit noch nicht möglich. (Auf medikamentöse Therapien zur Verzögerung des Fortschreitens der Erkrankung wird in Kapitel 2.3 eingegangen.) Dementsprechend sind nichtmedikamentöse Interventionsansätze zur Behandlung, d. h. zur Beeinflussung der Alltagskompetenzen und der Lebensqualität von Menschen mit Demenz, von besonderer Relevanz. Ergebnisse eines Literaturreviews (d. h. einer Forschungsarbeit zur systematischen Strukturierung und Auswertung von vorhandener Literatur zu einer Thematik) von Weidekamp-Maicher zeigen auf: »Nichtmedikamentöse Verfahren haben ein großes Potenzial, die Lebensqualität Demenzkranker zu verbessern« (Weidekamp-Maicher, 2013, S. 143). In ihrer Untersuchung wertete sie 51 Interventions- und Längsschnittstudien aus. Es konnten bei dem überwiegenden Teil der untersuchten Maßnahmen signifikante positive Effekte auf die Lebensqualität der Erkrankten aufgezeigt werden. Interventionen scheinen im frühen Stadium der Erkrankung generell empfehlenswert, aber auch in späteren Phasen der Krankheit sind soziale Aktivierung und Freizeitaktivierung erfolgversprechend (vgl. ebd., S. 134 ff). Grundsätzlich wird der Einsatz nichtmedikamentöser Interventionen auch aus medizinischer Sicht, beispielsweise in ärztlichen Leitlinien, empfohlen (vgl. DEGAM, 2008). Tabelle 5.1 gibt einen Überblick über die Ansätze.

Tab. 5.1: Übersicht über nichtmedikamentöse Interventionsansätze bei Demenz

Therapieansatz	Ziele
Demenzkrankenbezogene Ansätze	
Kognitive Ansätze, z. B. Realitätsorientierungstraining (ROT), Gedächtnistraining, kognitive Aktivierung	Aktivierung/Reaktivierung kognitiver Funktionen
Verhaltenstherapeutische Ansätze, z. B. Verhaltenstherapie, verhaltenstherapeutisches Kompetenztraining	Verhaltensmodifikation, Alltagsbewältigung

Tab. 5.1: Übersicht über nichtmedikamentöse Interventionsansätze bei Demenz – Fortsetzung

Therapieansatz	Ziele
Emotionsorientierte Ansätze, z. B. Validationstherapie, emotionsorientierte Pflege und Kommunikation	Erhaltung des Selbstwerts, Erhaltung der Kommunikation
Selbsterhaltungsbezogene Ansätze, z. B. Selbsterhaltungstherapie, Reminiszenztherapie, biographiebezogene Arbeit	Erhaltung persönlicher Identität, Kontinuität und Kohärenz
Sinnesorientierte Ansätze, z. B. multisensorische Stimulation, Freizeitprogramme	Aktivierung, Beruhigung (Reduktion von Apathie oder Unruhezuständen)
Körperbezogene Ansätze, z. B. Training spezifischer körperlicher Funktionen, Gleichgewichts- und Krafttraining	Erhaltung körperlicher Funktionsfähigkeit
Musik-, Tanz- und Kunsttherapie	Aktivierung, Krankheitsbewältigung
Ergotherapie, Physiotherapie	Erhaltung der Selbstständigkeit im Alltag
Aromatherapie	Beruhigung
Umgebungsbezogene Ansätze	
Milieutherapie	Vermittlung von Orientierung, Sicherheit, Geborgenheit, Unterstützung vorhandener Kompetenzen
Lichttherapie	Stimmungsaufhellung, Normalisierung des Schlaf-Wach-Rhythmus
Wohnumwelt, z. B. ›special care units‹	Ganzheitliche Konzepte der Wohngestaltung«

(Auszug aus: Weidekamp-Maicher, 2013, S. 135)

Es existieren zahlreiche Einzelkonzepte zu den Bereichen Kommunikation, Aktivierung und adäquate Förderung von Menschen mit Demenz. Bewährt haben sich neben den oben aufgeführten Verfahren u. a. auch:

- Personenzentrierte Pflege nach Kitwood (vgl. Kitwood, 2000) (▸ Kap. 6.3 und ▸ Kap. 13.3.1)
- Basale Stimulation nach Fröhlich/Bienstein (vgl. MDS, 2009, S. 126)
- Zehn-Minuten-Aktivierung (vgl. ebd., S. 135)

Körperbezogene Ansätze werden auch in Kapitel 2.5.3 thematisiert.

Implementierung am Beispiel von musikalischer Betätigung

Nichtmedikamentöse Maßnahmen können vielfältig implementiert werden. Sie sind in der Regel im Rahmen der zwei grundlegenden Methoden Sozialer Arbeit, der Einzel(fall)hilfe und der sozialen Gruppenarbeit (vgl. Deutscher Verein für öffentliche und private Fürsorge e. V., 2011a, S. 220; 794 f) sowie oftmals auch mittels der dritten Methode, der Gemeinwesenarbeit (vgl. Müller, 2013, S. 355) anwendbar.

Einzelhilfe

Das gemeinsame Singen von beliebten Liedern bei einer Eins-zu-eins-Betreuung einer demenziell erkrankten Bewohnerin im Altenheim ist ein Anwendungsbeispiel für Einzelhilfe mit inhaltlichem Bezug zur Musik. Die Einzelhilfe als »klassisches Konzept der Methoden« (Deutscher Verein für öffentliche und private Fürsorge e. V., 2011a, S. 220) beinhaltet dabei die »helfende Beziehung« (ebd.) zwischen der Fachkraft und dem Adressaten. »Wissen, methodisches Können und professionelle Haltung« (ebd.) gehören zu den Standards der »Feld- und Fachkompetenz« (ebd.). Gerade im musisch-kulturellen Bereich findet durch Weiterbildungen oftmals eine Spezialisierung auf spezielle Vermittlungsformen und Themenbezüge statt, welche in die Einzelhilfe eingebracht werden. Auch basiert Einzel(fall)hilfe oftmals auf dem Lebensweltansatz (▶ Kap. 13.5) bzw. integriert Netzwerkarbeit (▶ Kap. 13.4).

Soziale Gruppenarbeit

Das Organisieren und Durchführen von wöchentlichen Gruppenveranstaltungen mit Singen zur Klavierbegleitung ist eine typische Aktivität in dieser Kategorie. Fokussiert wird dabei vielfach ein aktuelles Motto wie ›Frühling‹, ›Verreisen‹, ›Ernten‹ etc. Die verwendeten Begrifflichkeiten in der Literatur sind uneinheitlich, teilweise wird anstelle von sozialer Gruppenarbeit von »Arbeiten mit Gruppen« (ebd., S. 795) gesprochen. Dies hat u. a. die Intention, weitere Bereiche, z. B. die Bildungsarbeit, und damit eine Reihe von gruppenpädagogischen und sozialtherapeutischen Angeboten bis hin zu Selbsthilfegruppen in diese Methodik zu integrieren. Die Abgrenzung zur Gemeinwesenarbeit ist unscharf (vgl. ebd.).

Gemeinwesenarbeit

Die kulturelle Teilhabe durch Musik im Rahmen eines öffentlichen Stadtteilkonzertes, welches explizit auch für Menschen aus den stationären Einrichtungen und mit Demenz organisiert wird, ist ein klassisches Beispiel für eine nichtmedikamentöse Intervention mit Bezug zur Musik in Form der Gemeinwesenarbeit. Eine ausführliche Behandlung von Gemeinwesenarbeit enthält Kapitel 13.4.

5.2 Exemplarische Verfahren

5.2.1 Biografisches Arbeiten bzw. Erinnerungspflege

Biografiearbeit wird von Weidekamp-Maicher unter die selbsterhaltungsbezogenen Ansätze subsumiert. Sie ist ein zentraler integraler Bestandteil sozial-kultureller Arbeit mit Menschen mit Demenz. Bezug genommen wird dabei auf kulturelle Aspekte der kollektiven sowie der individuellen Biografie (vgl. Hartogh & Wickel, 2008, S. 37). Das kollektive biografische Gedächtnis umfasst relevante historische Ereignisse der jeweiligen Kohorte bzw. Altersgruppe oder Generation. Bezogen auf derzeit hochbetagte Menschen sind dies beispielsweise der Zweite Weltkrieg und die nachfolgende Zeit des Wiederaufbaus, welche oftmals mit Hunger, Bombeneinschlägen und vielfältigen Verlusterlebnissen verknüpft sind. Positiv erlebt wurden in vielen Fällen Volkslieder und Gedichte bekannter deutscher Dichter, welche häufig auswendig gelernt wurden. *Individuelle biografische Faktoren* beziehen sich auf die personale Sozialisation, berufliche und familiale Umstände sowie zentrale und unter Umständen auch kritische Lebensereignisse.

Konkrete Interventionen mit einer Integration biografischer Aspekte können sein:

- *Kollektive Biografie:* Besuch eines Heimatmuseums mit demenziell erkrankten Menschen (handwerkliche Bezüge in Schusterwerkstatt, Kulturtechniken in Kaufmannsladen, Bildungsaspekte in alter Schulklasse etc.), ›Tanz in den Mai‹ mit altem Liedgut usw.
- *Individuelle Biografie:* Betrachten von Postkarten und Urlaubsfotos von durchgeführten Reisen, Besichtigung eines alten Werksgeländes etc.

Es gibt eine Vielzahl von biografisch basierten Interventionsformen, die je nach Grad der demenziellen Beeinträchtigung variiert werden können. Zu den Methoden gehört es, Gegenstände zu betrachten und herumzureichen, Theater zu spielen, Ausflüge zu unternehmen, zu malen und musizieren etc. (vgl. Osborn et al. 2012, S. 5 ff). Erinnerungspflege entwickelt sich dabei oftmals als »gemeinsames Lernprojekt« (Vincentz Network, 2007, S. 6).

Biografiearbeit kann auch bei schwer beeinträchtigten Menschen, z. B. im Rahmen *basaler Stimulation*, erfolgen (vgl. Buchholz & Schürenberg, 2005, S. 90 ff). Hier werden beispielsweise die »sinnlichen Gewohnheiten des alten Menschen« (ebd., S. 100) in pflegerische Handlungen und Interaktionen integriert.

Um bei der Planung von Angeboten Menschen mit Demenz gerecht werden zu können, sollten lebensgeschichtliche Aspekte auch bei der Beratung von Angehörigen berücksichtigt werden. Oft sind mit den Erkrankten persönlich aufgrund der eingeschränkten Kommunikationsmöglichkeiten biografische Spezifika nicht oder kaum zu eruieren. Diese liefern jedoch nicht selten »einen Schlüssel zum Verständnis« (Pohlmann, 2011, S. 224) von Menschen mit Demenz, insbesondere zu ihren Ressourcen bzw. zu präferierten oder abgelehnten Aktivitäten. Auch für familiale Bezugspersonen kann die Retrospektive von Gewinn sein und zu einem besseren Verständnis heutiger Verhaltensweisen führen (vgl. ebd.).

5.2.2 MAKS – Motorisches, alltagspraktisches und kognitives Aktivierungstraining für Menschen mit Demenz

Bei dem MAKS-Programm handelt es sich um ein multimodales ganzheitliches Aktivierungskonzept nach Eichenseer und Gräßel, welches im Rahmen des Projekts MAKS-aktiv an der Psychiatrischen Universitätsklinik in Erlangen entwickelt wurde (Leuchtturmprojekt ›Demenz‹) (vgl. Eichenseer & Gräßel, 2011). Dieses Aktivierungskonzept kombiniert den praktischen Einbezug verbliebener Alltagsressourcen mit kognitiver Aktivierung und körperbezogenen Ansätzen.

Zielsetzung der MAKS-Therapie ist die Förderung von Menschen mit Demenz mit leichten bis mittelgradigen Beeinträchtigungen. Die Methode kann im stationären, teilstationären und ambulanten Bereich von professionell Tätigen und auch Angehörigen angewendet werden.

Die vier therapeutischen Komponenten enthalten motorische, alltagspraktische, kognitive und spirituelle Aktivierungs formen. Hierdurch werden die Körperwahrnehmung und die Bewegungssicherheit positiv beeinflusst, weiterhin werden alltagspraktische Kompetenzen erhalten, geistige Fähigkeiten durch bedarfsgerechte Aktivierung angesprochen und die Wahrnehmung intensiviert. Im Rahmen der Therapie werden beispielsweise Abbildungen wie z. B. eine große Pfingstrose in Form eines Puzzles in mehrere Einzelstücke unterteilt, die passgenau zusammengesetzt werden können. Oder es wird gemeinschaftlich ein Obstsalat zubereitet (vgl. ebd., S. 3 ff).

Das MAKS-Aktivierungstraining wurde wissenschaftlich auf Effekte evaluiert. Im Rahmen einer 12-monatigen Verlaufsstudie gab es drei Erhebungszeitpunkte: Vor Beginn der Studie, nach 6 Monaten und nach 12 Monaten. Die Probanden waren Menschen mit Demenz aus fünf Pflegeheimen mit einer Gesamtzahl von 96 Personen (n = 96), die weniger als 24 Punktwerte im MMST (Mini Mental Status Test) aufwiesen (▶ Kap. 2.4). Die Studienteilnehmenden wurden in eine Interventionsgruppe von 31 Personen, welche eine Aktivierung nach MAKS erhielten, und eine Kontrollgruppe eingeteilt. Die Kontrollgruppe bestand aus 30 Personen, die alle weiteren Angebote der Pflegeheime nach eigener Wahl nutzen konnten. Die Stichprobenziehung, d. h. die Verteilung auf die Interventions- und Kontrollgruppe, erfolgte nach dem Zufallsprinzip (vgl. ebd., S. 5 f).

Zu den *Ergebnissen* gehörte, dass kognitive und alltagspraktische Fähigkeiten bei den Teilnehmenden der Interventionsgruppe länger auf gleichem Niveau blieben als bei denen der Kontrollgruppe. Auch verzeichnete man eine Abnahme depressiver Symptome und herausforderndern Verhaltens in der Interventionsgruppe, im Unterschied zu gleichbleibender Symptomatik in der Kontrollgruppe. Zu den Befunden gehörte auch eine Zunahme sozialer Aktivität durch häufigere Kontaktaufnahmen mit anderen Personen in der Interventionsgruppe (vgl. ebd.).

5.2.3 Musikgeragogische Ansätze

Musik kann als anthropologische Konstante gewertet werden, die zum Wesen des Menschseins gehört. Bislang sind keine Kulturen ohne Musik bekannt, sie begleitet die Menschen durch die Menschheitsgeschichte (vgl. Hartogh & Wickel, 2008, S. 20). Musik ist ein zentrales Medium zum Erhalt oder zur Erhöhung der Lebensqualität bei Menschen mit Demenz. Eine wesentliche Zielsetzung Sozialer Arbeit besteht darin, Menschen mit Demenz durch Musik soziale und kulturelle Teilhabe zu ermöglichen. Darunter fällt z. B. auch, Gemeinschaftserleben und soziale Prozesse zu initiieren und den Austausch zu ermöglichen sowie den Menschen mit Demenz nicht als passiven Konsumenten wahrzunehmen, sondern als Individuum, welches aktiv partizipieren, sich also selber einbringen und mitgestalten kann. Musizieren mit Menschen mit Demenz ist bei dieser breiten Zielsetzung ein Bestandteil der Musikgeragogik, die sich »mit der Unterstützung und Aneignung musikalischer Kompetenzen im Alter beschäftigt« (vgl. ebd., S. 22). Praxiserfahrungen zeigen, dass musikgeragogische Arbeit, d. h. die Initiierung und Begleitung musikalischer Aktivitäten, Wohlbefinden steigern kann. Sie trägt zur besseren Bewältigung von Lebenskrisen bei, ermöglicht Gemeinschaftserleben, erweitert oder erhält länger das Kommunikations- und Ausdrucksvermögen und wirkt sozialer Isolation entgegen (vgl. ebd., S. 22 f).

Ausgewählte Prinzipien und Haltungen der Musikgeragogik

- Biografie- und Lebensweltorientierung
- Bezugnahme auf kollektive und individuelle Ereignisse, d. h. jeweils nicht nur auf objektive Daten und Geschehnisse, sondern ebenso auf subjektives Erleben
- angemessenes Leistungsniveau
- Einbezug der musikalischen Vorlieben des älteren Personenkreises durch jüngere Gruppenleitungen
- Kompetenzorientierung
- Fokussierung auf die verbliebenen Fähigkeiten, nicht auf Defiziten
- dialogische Orientierung bzw. validierende Orientierung
- gemeinsame, interaktive Zielsetzung und Gestaltung des Prozesses (Beispiel: Ist für einen erkrankten Menschen das passive Erleben von Musik wohltuend, so sollte eine aktive Betätigung nicht unangemessen forciert werden)
- akzeptierende und bestätigende Haltung gegenüber der Gefühlswelt anstelle von Berichtigung von realitätsfernen Äußerungen
- Wertschätzung und annehmende Bestätigung der Person trotz Realitätsferne der Gefühls- und Gedankenwelt der Erkrankten (vgl. ebd., 2008, S. 34 ff).

Für die Handlungsfelder Sozialer Arbeit kann dabei auf die Grundzüge klientenzentrierter Interaktion nach Rogers zurückgegriffen werden: Positive Wertschätzung, Kongruenz in der eigenen Haltung (Echtheit) und Empathie (einfühlendes Verstehen) (vgl. ebd.). Mittlerweile gibt es ein breites Spektrum von musikgeragogischen Angeboten, welche sich explizit oder implizit an Menschen mit Demenz richten (vgl. Wickel & Hartogh, 2011), u. a.:

- Musizieren mit der Veeh-Harfe für Menschen mit Demenz nach Hoedt-Schmidt (2010) (aktives Betätigen mit Einsatz eines speziellen Instrumentes) (vgl. auch Wickel & Hartogh, 2011, S. 35 ff)
- Klavierunterricht für demenziell erkrankte Menschen (vgl. ebd., S. 49 ff)
- »Der Klangwagen kommt« (ebd., S. 58), ein mobiles Angebot für an Demenz Erkrankte
- Singen und Musizieren mit Klang- und Rhythmusinstrumenten im Pflegeheim (vgl. ebd., S. 196).

Musikalische Betätigung mit alten und demenzkranken Menschen geht über das Musizieren im engeren Sinne hinaus: »Vielmehr geht es um das Inszenieren von Erfahrungsräumen, die in der musikalischen Biografie der Beteiligten verankert sind, und in denen sich jeder einzelne Teilnehmer auf seinen individuellen Weg macht, um seine eigene musikalische Biografie fortzuschreiben – und sei diese noch so rudimentär« (ebd., S. 23). Dieser Ansatz erfordert von der Gruppenleitung nicht nur musikalische, sondern auch personale Kompetenzen: »Basis ist eine wertschätzende Haltung gegenüber allen Beteiligten, die durch Toleranz, Respekt und Authentizität gekennzeichnet ist. Auch bei Beeinträchtigungen, Krankheiten und Behinderungen sollte eine tolerante und respektvolle Grundeinstellung gewährleisten, dass der alte Mensch als eigenständige Persönlichkeit wahrgenommen wird« (ebd.). Ein musikalisches *Leistungsdenken*, das den Menschen aus dem Blick verliert, wäre fachlich nicht adäquat und *kontraproduktiv*.

5.2.4 Weitere Ansätze aus der künstlerisch-kulturellen Praxis

Bildende Kunst

Ressourcenorientierung im künstlerischen Bereich ist ein wichtiges Element zur kulturellen Teilhabe von Menschen mit Demenz, im Gegensatz zur Ausrichtung auf Defizite (vgl. Piechotta-Henze et al. 2011). Dies kann exemplarisch am Beispiel von Carolus Horn (1921–1992), einem bekannten Werbegrafiker, dargestellt werden. Er erkrankte 60-jährig an der Alzheimer-Demenz. Die Wanderausstellung ›Wie aus Wolken Spiegeleier werden‹ dokumentiert seine weitere künstlerische Betätigung. Deutlich gehen daraus die auch nach der Erkrankung noch vorhandenen Ressourcen hervor, auch wenn z. B. Wolken nicht mehr in der differenzierten Form und der vorher verwendeten Technik dargestellt werden, sondern mittlerweile an Spiegeleier erinnern (vgl. Maurer & Maurer 2001, S. 14; 30).

Der Künstler Oliver Schultz betont neben dem praktischen Schaffen auch die kommunikativen Aspekte künstlerischer Arbeit mit Menschen mit Demenz:

»Vor einigen Wochen fragte ich in einer meiner Malgruppen für Menschen mit Demenz, ob ich ein Märchen vorlesen dürfe. Frau B. rief sogleich: ›Die Bremer Stadtmusikanten!‹ Frau B. stammt aus Bremen. Kein Wunder also, dass sie dieses Märchen aussuchte. Ich fing an zu lesen und war gerade bis zu der Stelle gekommen, wo es von dem Esel heißt, dass ›[…] seine Kräfte aber nun zu Ende gingen, sodass er zur Arbeit immer untauglicher ward‹, als mir Frau B. ins Wort fiel und ausrief: ›Wie wir!‹« (Schultz, 2013, S. 325). Er begleite seit elf Jahren Menschen mit Demenz beim Malen und er sei immer wieder überrascht über die Begegnungen mit ihnen, so Schultz. Die Art und Weise, wie in diesem Beispiel das Gehörte anschließend malend umgesetzt wurde, war ihm zufolge individuell und mit hoher Aussagekraft, z. B. was Farben und Stimmung des Bildes betraf (vgl. ebd., S. 325 ff).

Museumsbesuche

Kunst- und Kulturvermittlung für Menschen mit Demenz wird mittlerweile vielerorts in Museen angeboten. Sehr prominent ist z. B. das Programm ›Meet me at MoMA‹, welches vom Museum of Modern Art in New York (MoMA) durchführt wird. Hier werden einmal im Monat Gruppenführungen angeboten, wenn das Museum geschlossen ist. Diese haben so einen hohen Beliebtheitsgrad, dass oftmals bis zu sechs Gruppen parallel angeboten werden. Die Gäste werden dabei mit Klapphockern, Gehhilfen bzw. Rollstühlen und Namensschildern ausgestattet. Museumspädagoginnen und Museumspädagogen führen sie zu einigen Gemälden und erläutern Hintergründe zum Bild und zum Maler, auch stellen sie anregende Fragen. Die Evaluation ergab, dass die persönliche Art und die Haltung der Museumspädagogen viel zur positiven Resonanz der Führungen beiträgt. Ihre wertschätzende Art und das »ehrliche Interesse an den Kommentaren der Besucher« (Nebauer & de Groote, 2012, S. 108) trage u. a. zur Erhöhung des Selbstwertgefühls der Erkrankten bei. Auch wird die intellektuelle Stimulation, das Gemeinschaftserlebnis, die sozialen Interaktionen sowie das akzeptierende Umfeld positiv bewertet (vgl. ebd.). Diese genannten Faktoren können als Kriterien für die Planung von Veranstaltungen dieser Art dienen.

Theaterspielen

Evaluationen künstlerisch-kultureller Aktivitäten mit von Demenz betroffenen Menschen nennen häufig die Effekte auf die Personen mit Demenz. Eine Studie aus London beschäftigt sich dagegen mit den Auswirkungen, die das Theaterspielen im Altenheim mit demenzkranken Bewohnern auf das Pflegepersonal hat.

Die Theatergruppe ›Ladder to the Moon‹ ist spezialisiert auf interaktives Theater mit sozial benachteiligten Menschen. Sie hat in einem Londoner Pflegeheim ein zweiwöchiges interaktives Projekt durchgeführt, in das neben den Menschen mit Demenz auch Pflegekräfte integriert wurden. Interessanterweise bewirkte das Projekt bei den meisten Mitarbeitenden eine Einstellungsveränderung. Folgende Aussagen wurden vor dem Projekt verneint: »Menschen mit Demenz können neue Fertigkeiten lernen, sie verfügen über die ganze Bandbreite von Gefühlen, sie können Zufriedenheit mit sich empfinden, sie wissen, wer sie sind« (Nebauer & de Groote, 2012, S. 113). Nach dem Projekt wurden diese Aussagen bejaht. Den involvierten Pflegekräften kam anschließend eine wichtige Vorbildfunktion zu (vgl. ebd., S. 136 ff).

Generell kann auch für pflegende Angehörige eine künstlerisch orientierte Betätigung bei der Bewältigung des Betreuungsprozesses unterstützend wirken (vgl. Winkel, 2006).

5.2.5 Tiergestütztes Arbeiten

Vielfach haben Menschen im Laufe ihres Lebens positive Erfahrungen mit Tieren gemacht: »Sie vermitteln uns Wärme, spenden Trost und geben Anlass zur Freude« (Türke, 2011, S. 121). Tiergestützte Aktivitäten können bei demenziell erkrankten Menschen die Lebensqualität positiv beeinflussen, den Kontakt und die Kommunikation erleichtern, sozialer Isolation entgegenwirken und zu Aktivität motivieren. In vielen Fällen werden Hunde für diese Aufgabe eingesetzt, beispielsweise in Verbindung mit freiwillig engagierten Hundehalterinnen und Hundehaltern. Im Kölner Projekt ›4 Pfoten für Sie‹ werden von Demenz betroffene Menschen in der privaten Häuslichkeit mit Hunden besucht, sodass Angehörige eine stundenweise Entlastung erfahren. Als Aufwandsentschädigung erhalten die freiwillig Helfenden von der besuchten Familie 10 € pro Einsatz, welche diese durch Leistungen der Pflegekasse für niedrigschwellige Angebote rückerstattet bekommen kann. In Schulungskursen werden die Hundehaltenden hierfür qualifiziert (vgl. ebd., S. 121 ff).

Tiere werden zunehmend auch in der stationären Versorgung eingesetzt. Zu diesem Spektrum des tiergestützten Arbeitens gehört auch das Angebot, dass einziehende Bewohner sich von ihrem Haustier nicht mehr trennen müssen. Darüber hinaus werden Tiere auch therapeutisch eingesetzt. ›Tiergestützte Therapie‹ beinhaltet, dass ein von dem Bewohner als nicht bedrohlich respektive positiv wahrgenommenes Tier eine therapeutische Kraft bei ihren Zielen unterstützt bzw. zur gelungenen Kommunikation und sozialen Integration beiträgt. Dies kann als integraler Bestandteil des Behandlungsprozesses verstanden werden (vgl. MDS, 2009, S. 138).

In Studien werden positive physiologische Effekte tiergestützten Arbeitens beschrieben. Der direkte haptische Kontakt und die dadurch oft entstehende Bewegung, das Spazierengehen, führen tendenziell zu Muskelentspannung und Beruhigung, andererseits auch zu Stimulation und zu vermehrter Herz-Kreislauf-Aktivität. Vielfach können biografische Bezüge und somit vertrauensbildende Momente entwickelt werden. Tiere können u. U. auch den empfundenen Stress von Mitarbeitenden verringern und die Arbeitsatmosphäre verbessern (vgl. ebd., 137 ff).

6 Kommunikation mit Menschen mit Demenz

6.1 Grundregeln in der Kommunikation mit Menschen mit Demenz

Wie in Kapitel 2 ausgeführt, sind die Hauptsymptome einer Demenz Gedächtnis-, Konzentrations- und Orientierungsstörungen, sprachliche Probleme und Verhaltensänderungen. Eine adäquate Kommunikation berücksichtigt diese Einbußen und ist im Arbeitsfeld mit Menschen mit Demenz von zentraler Bedeutung.

Warum stellen die beiden folgenden Fallbeispiele ungünstige Interaktionssequenzen für Menschen mit Demenz dar?

Problematische Kommunikation

Fallbeispiel Eins

Die Partnerin eines demenziell erkrankten Mannes fragt diesen nach seinen Wünschen: »Was möchtest du trinken: Tee, Kaffee, warme Milch oder Kakao? Wir haben auch Orangensaft, Zitronenlimonade und Mineralwasser. Wäre dir etwas Kaltes lieber? Oder möchtest du im Moment noch nichts trinken und nur ein Stück Kuchen essen?«

Fallbeispiel Zwei

Die Bedienung in einem Café schildert das Angebot: »Heute haben wir Schwarzwälder Kirschtorte, Eierlikörtorte, Marmorkuchen, Streuselkuchen und gedeckten Apfelkuchen im Angebot. Besonders empfehlen kann ich den Rhabarberkuchen, den gibt es bei uns nur in der Saison. Der Frankfurter Kranz, der auf der Speisekarte steht, ist nicht mehr zu haben. Den bekommen Sie nächsten Sonntag wieder.« Die Begleitperson des Menschen mit Demenz ergänzt: »Hier bekommt man sehr leckere Rhabarberschorle. Letztens war ich mit Jan hier, da haben wir uns einen großen Cappuccino bestellt.«

Das erste Fallbeispiel zeigt eine ungünstige Aufzählung. In kurzer Zeit werden zu viele Informationen ohne adäquate Pausen vermittelt. Im zweiten Beispiel wird dies noch durch eine zweite Person, welche Gesprächsinhalte hinzufügt, verstärkt. Hierbei verwirren auch gedankliche Sprünge vom aktuellen Vorhaben zu vergangenen Situationen. Diese Beispiele verdeutlichen Grundregeln in der Kommunikation mit Menschen mit Demenz.

Grundregeln in der Kommunikation: Interaktions-, Beratungs- und Anleitungskompetenz

Grundregeln in der Kommunikation beziehen sich auf die erschwerte Informationsaufnahme und -verarbeitung bei Menschen mit Demenz. Sie sind einerseits relevant für die direkte Interaktion mit demenziell erkrankten Personen, dienen im Feld der Sozialen Arbeit andererseits auch als Hintergrundwissen zur Beratung von Angehörigen, zur Arbeit in interdisziplinären Teams und zur Anleitung von freiwillig Engagierten in niedrigschwelligen Angeboten. Die nachfolgend in Tabelle 6.1 genannten Grundregeln beinhalten wesentliche Regeln und Grundsätze, welche konzeptübergreifend angewendet werden.

Tab. 6.1: Grundregeln in der Kommunikation mit Menschen mit Demenz

Grundregeln in der Kommunikation mit Menschen mit Demenz
• Freundlich und geduldig sein
• Langsam und deutlich sprechen
• Begleitend auf Gegenstände und in Richtungen zeigen
• Einfache und kurze Sätze bilden
• Möglichst nahe an die Person herangehen
• Blickkontakt herstellen
• Anerkennen und wertschätzen (»Das ist ja gut geworden«)
• Unnötiges Verbessern vermeiden
• Ihr/ihm genug Zeit lassen zu reagieren
• Verständnis signalisieren (»Das kann jedem einmal passieren«)
• Versuchen, möglichst vieles mit Humor zu nehmen, und gemeinsam über Missgeschicke zu lachen
• Unnötige Hintergrundgeräusche ausschalten

(vgl. Philipp-Metzen, 2011b, S. 32)

Grundsätzliche Haltungen: Respekt und Verständnis

Die angemessene Kommunikation mit demenziell erkrankten Menschen ist ein transnationales Thema. Ein anerkennender und verständnisvoller Umgang stehen dabei global im Zentrum. Die Alzheimer Gesellschaft UK beispielsweise verdeutlicht in einem Informationsblatt die Relevanz einer respektvollen Haltung gegenüber Menschen mit Demenz (Alzheimer's Society UK, 2013). Hier heißt es, dass es sich bei der von Demenz betroffenen Person trotz ihrer Erkrankung um einen einzigartigen und wertvollen Menschen handelt. Wertschätzung sollte dem Menschen in der Gegenwart und bezüglich seiner Vergangenheit entgegengebracht werden. Hilfreich im Umgang sind z. B. Flexibilität und Toleranz, regelmäßige Gespräche und gemeinsame Aktivitäten. Ein Auszug aus dem Originaltext verdeutlicht diese Einstellung: »It's very important that people with dementia are treated with respect. It is important to remember that a person with dementia is still a unique and valuable human being, despite their illness. [...] The person with dementia needs to feel respected and valued for who they are now, as well as for who they were in the past. There are many things that the people around them can do to help, including:

- trying to be flexible and tolerant
- making time to listen, have regular chats, and enjoy being with the person
- showing affection in a way they both feel comfortable with
- finding things to do together, like creating a life history book« (Alzheimer's Society (UK), 2013, S. 1)

Insbesondere werden auch der Respekt vor kulturell geprägten Wertvorstellungen und Gewohnheiten (z. B. Speisen), Höflichkeit und die Achtung der Privatsphäre hervorgehoben (vgl. ebd.).

6.2 Validation

Validation wurde in den USA von Naomi Feil entwickelt. Es handelt sich bei Validation um eine Gesprächstechnik, die einen Zugang zum Erleben von Menschen mit Demenz ermöglicht. Nach Feil benötigten von Demenz Betroffene Hilfe von außen, um ihre Vergangenheit bewältigen zu können. Validation könne derartige Aufarbeitungsprozesse unterstützen. Mittels praktischer Methoden wird verbal und nonverbal vor allem ein emotionaler, Vertrauen erwirkender Zugang gesucht, wobei das subjektive Empfinden der erkrankten Menschen im Zentrum steht. »Die Kommunikation mit dem Demenzkranken findet weniger auf der Inhalts- als vielmehr auf der Beziehungsebene statt« (MDS, 2009, S. 118).

Auf folgendem Grundmuster basiert Validation:

- Die Frage nach dem dahinterliegenden Gefühl bzw. dem Antrieb für ein Äußerung oder Handlung von Menschen mit Demenz
- Dieses grundlegende Gefühl wird angenommen bzw. akzeptiert und wertschätzend unterstützt (= validiert)
- Mittels Sprichwörtern, Volksweisheiten, passendem Liedgut etc. erfolgt eine allgemeine Einordnung (vgl. ebd., S. 120).

In Deutschland entwickelte u. a. Nicole Richard die Technik zu einer »Integrativen Validation« (Richard, 2010, S. 4) weiter. Sie konkretisiert die Vorgehensweise an einem Beispiel wie folgt:

Fallbeispiel einer Frau mit Demenz (ehemalige Lehrerin)

Die demenzerkrankte Frau ist unruhig und ruft: »Ich muss zu meinen Kindern, die Schule. Ich hab den Schlüssel« (ebd., S. 6).

- Erster Schritt: Gefühle und Antriebe werden erfasst, wie beispielsweise Angst, Pflichtbewusstsein, Verlässlichkeit etc.
- Zweiter Schritt: Die vermuteten Gefühle und Motive werden akzeptiert und wertschätzend verbalisiert: »Sie sind sehr in Sorge. [...] Auf Sie kann man sich verlassen« (ebd.)
- Dritter Schritt: Durch verallgemeinernde Kommentare, Sprichwörter, Lieder etc. werden diese Wahrnehmungen bestätigt: »Kleine Kinder, kleine Sorgen, große Kinder, große Sorgen« (ebd.)
- Vierter Schritt: Lebensthemen des Menschen mit Demenz werden aufgegriffen, beispielsweise ein Bezug zum Beruf der Lehrerin hergestellt (vgl. ebd.).

Unabhängig davon, ob eine spezielle Form der Validation angewendet wird, kann prinzipiell eine validierende Grundhaltung empfohlen werden, wie sie in Tabelle 6.2 aufgeführt ist. Bei dieser Grundhaltung werden die in Tabelle 6.2 aufgeführten Aspekte in den Interaktionen mit Menschen mit Demenz berücksichtigt.

Tab. 6.2: Validierende Grundhaltung

Validierende Grundhaltung
Freundliche Ansprache
Empathische, verständnisvolle Haltung
Kein Fokussieren auf Defizite
Vermeiden von Korrekturen auf der Sachebene
Wahrnehmen der Person auf der Gefühlsebene
Anerkennen und Bestätigen der Gefühle

(vgl. MDS, 2009, S. 120)

Eine validierende Gesprächshaltung setzt dabei voraus, dass die Anwendenden über kommunikative Grundfähigkeiten wie Empathie verfügen: »Der Demenzkranke benötigt Signale, um sich aufgehoben zu fühlen. Im Gespräch muss ihm durch klare Anteilnahme das Signal vermittelt werden, dass sein Gesprächspartner seine Situation versteht und nachempfinden kann. Dies bedeutet, dem Menschen mit Demenz auf gleicher Augenhöhe zu begegnen und seine Persönlichkeit anzuerkennen. Demenzkranke besitzen auch bei starker Verwirrung ein sehr feines Gefühl dafür, ob der Gesprächspartner es ernst mit ihnen meint, oder ob es sich um einen falschen Trost handelt« (MDS, 2009, S. 120).

6.3 Einfühlsame Kommunikation

Sabine Engel hat die Beziehungsqualität zwischen demenziell erkrankten Menschen und ihren Angehörigen in einer Forschungsstudie wissenschaftlich untersucht und Konzepte zur Verbesserung der Interaktion bei Kommunikationsstörungen entwickelt (vgl. Engel, 2012; S. 207). Die Zielsetzung des von Engel entwickelten Konzeptes der einfühlsamen Kommunikation ist die Verbesserung bzw. Stabilisierung des Wohlbefindens von Menschen mit Demenz und ihrer Angehörigen durch eine Stärkung der kommunikativen Kompetenzen. Angehörige werden befähigt, die Symptomatik der Demenz besser zu verstehen, und ein Verständnis für die Bedürfnisse der demenziell Erkrankten zu entwickeln. Hierzu wird u. a. das subjektive Empfinden der Demenzkranken in den Mittelpunkt gestellt.

Ausgangspunkte einfühlsamer Kommunikation

Zu den Ausgangspunkten einer einfühlsamen Kommunikation nach Engel gehören folgende Grundannahmen:

- Gelungene Interaktionen benötigen beiderseitige Empathie im Sinne von: Ich bin okay – du bist okay.
- Demenz erschwert die Selbstakzeptanz und Empathiefähigkeit bei erkrankten Menschen.
- Angehörige bzw. soziale Bezugspersonen können durch gezielte Kommunikation die Beziehungsqualität erhalten (vgl. ebd., S. 90 ff).

Elemente einfühlsamer Kommunikation

Wichtig für eine einfühlsame Kommunikation ist, wie in Kapitel 6.1 aufgeführt, ein bedürfnisorientierter und wertschätzender Umgang. Von Demenz betroffene Menschen sollten Signale der Anerkennung und Bestätigung erhalten, im Sinne von: »Ich bin so froh, dass es dich gibt« (ebd., S. 113).

Relevante Impulse hierzu sind von Tom Kitwood, einem britischen Sozialpsychologen (1937 – 1998), (▶ Kap. 13.3.1) ausgegangen.

Wichtige Elemente sind u. a.:

- Wärme ausstrahlen
- Sicherheit, Geborgenheit geben
- eine positive Einstellung haben
- Erkrankte anerkennen, bestärken
- sich über ihre Leistungen freuen
- Menschen mit Demenz sozial integrieren
- ihre Wirklichkeit anerkennen
- sie gleichwertig behandeln (vgl. ebd., S. 114)

Vermieden werden sollte:

- Nach Gründen fragen (›warum hast du gerade Angst‹)
- Vorwürfe machen
- Konflikte initiieren
- Kritik persönlich nehmen (vgl. ebd., S. 115 ff).

Unter die Kategorie ›einfühlsame Kommunikation‹ kann nach Engel auch das Konzept SET (▶ Kap. 6.5) subsumiert werden (vgl. ebd., S. 119 ff). Entscheidend ist bei einer gelungenen Kommunikation ausgehend von Angehörigen der Einbezug ihrer eigenen Bedürfnisse, z. B. nach Entlastung (vgl. ebd., S. 149 ff).

6.4 Kommunikation mit Menschen mit Demenz nach Haberstroh & Team

Um Kommunikation mit an Demenz Erkrankten geht es auch bei den Trainingsprogrammen von Haberstroh et al. (2011; 2008; 2006). Für die Schulungseinheiten zum Kommunikationstraining gehören sowohl professionell Pflegende als auch pflegende Angehörige zu den Zielgruppen.

Auch der Kommunikationsansatz von Haberstroh et al. (2011) rückt das Erleben des Menschen mit Demenz im Verlaufe der Erkrankung in den Vordergrund. Der erschwerte Umgang mit Informationen, das Bewältigen von Verlusterlebnissen sowie Einbußen der Selbstständigkeit kennzeichnen u. a. das Leben mit der Erkrankung. Dies sollte bei der Beziehungsgestaltung berücksichtigt werden. Weiterhin werden ebenso die Perspektiven und das Wohlbefinden des Gesprächspartners berücksichtigt sowie die Einzigartigkeit des demenziell erkrankten Menschen.

Tab. 6.3: Einzigartigkeit des Menschen mit Demenz

Einzigartigkeit des Menschen mit Demenz
• Grundsätzlich: Jeder Mensch mit Demenz ist ein einzigartiges Individuum. • »Kennt man einen Menschen mit Demenz, kennt man EINEN Menschen mit Demenz« (Haberstroh et al., 2011, S. 35). • »Jede Betreuungssituation ist einzigartig« (ebd.). • Folglich: »Es gibt keine Rezepte zur Kommunikation mit demenzkranken Menschen« (ebd., S. 36).

Der Kommunikationsansatz von Haberstroh et al. ist ein ressourcenorientierter Ansatz: auf die Selbstbestimmungspotenziale der erkrankten Menschen wird eingegangen. Viele Elemente des Ansatzes sind deckungsgleich mit Grundsätzen aus weiteren Konzepten. Zu den zentralen Elementen dieses *ressourcenorientierten Ansatzes* gehören:

- »Den Menschen mit Demenz wenn möglich selbst bestimmen lassen« (Haberstroh et al., 2011, S. 69),
- Erfolgserlebnisse schaffen,
- demenziell erkrankte Menschen würdevoll behandeln, beispielsweise keine Baby-Sprache verwenden,
- nicht *über* den erkrankten Menschen, sondern *mit* ihm reden, auch wenn keine adäquaten Reaktionen erfolgen,
- auf der emotionalen Ebene kommunizieren,
- Verständnis und Wertschätzung zeigen,
- Musik als Katalysator zur Kommunikation nutzen (vgl. ebd., S. 45),
- biografisch arbeiten, beispielsweise alte Erinnerungen und Lebensthemen aufgreifen,
- das Kommunizieren aktiv unterstützen (vgl. ebd., S. 45 ff):
    - »Helfen, den roten Faden wieder zu finden« (ebd., S. 51),
    - »Fünfe gerade sein lassen« (ebd.),
    - Geduldig eigene Aussagen und Fragen wiederholen (vgl. ebd., S. 52).

Die aufgeführten Aspekte verdeutlichen auch, dass die hinter der Kommunikation liegende Haltung einen wesentlichen Faktor in einem gelungenen Beziehungsaufbau darstellt.

6.5 SET (Selbsterhaltungstherapie)

Die Selbsterhaltungstherapie nach Romero ist ein Beispiel einer »integrierten ressourcenorientierten Demenzbehandlung« (Romero, 2013, S. 1). Sie bezieht sich auf Veränderungen in zentralen Lebensbereichen, die in Folge einer Demenzerkrankung auftreten, und unterstützt die Adaption an die dadurch entstandene Herausforderung sowohl bei den erkrankten Menschen selber als auch im sozialen Umfeld. »Mit einer gelungenen Anpassung an die Krankheitsfolgen kann ein vorzeitiger Verlust der Ressourcen (d. h. der Leistungsfähigkeit, der sozialen Kompetenzen und Anbindungen, der emotionalen Stabilität u. a.) vermieden werden«, (ebd.) führt Romero dazu aus. Die therapeutische Unterstützung zur Anpassung an demenzbedingte Verluste und Veränderungen betrifft insbesondere zwei Bereiche:

1. »Anpassung der Aktivitäten, Tagesgestaltung und Partizipationsformen« (ebd.)
2. »Anpassung der Kommunikations- und Umgangsformen« (ebd.).

Adäquate Methoden der Kommunikation und Aktivierung reduzieren die Belastung bei Angehörigen und tragen zum Wohlbefinden der von Demenz Betroffenen und zu einem hohen Maß an Lebensqualität bei. In frühen Demenzstadien werden bei Bedarf auch psychotherapeutische Therapien in Betracht gezogen sowie auch elektronische oder weitere technische Hilfen berücksichtigt. Zentrale Merkmale sind Biografiearbeit, Ressourcenorientierung und ein Fokus auf die Selbstbestimmung der Menschen mit Demenz (vgl. ebd.).

Tab. 6.4: Kernelemente von SET (Selbsterhaltungstherapie)

Kernelemente von SET (Selbsterhaltungstherapie)
SET – Unterstützung zur Adaptation an sich verändernde Lebensbedingungen durch:
• »Aufbau von geeigneten Aktivitäten und Erlebnismöglichkeiten (unterstützende Beteiligung des Umfeldes)   • Wertschätzende, bestätigende Kommunikation (Anpassung des Umfeldes)   • Anpassung des materiellen Umfeldes   • Psychotherapeutische Unterstützung, Selbsthilfegruppen (bei Bedarf)«

(Romero, 2013, S. 1)

In der wissenschaftlichen Untersuchung von Livingston et al. wird der Selbsterhaltungstherapie eine wissenschaftlich fundierte Wirksamkeit bescheinigt. Hieran kann exemplarisch die Prozesshaftigkeit wissenschaftlicher Evidenzen verdeutlicht werden: So hieß es noch im Jahr 1997 in einer Ausführung von Ehrhardt et al., dass eine empirische Überprüfung von SET nicht vorliege (vgl. Ehrhardt et al., 1997, S. 87), und erst im Jahr 2005 wird eine signifikante Reduzierung hinsichtlich Depression und Verhaltensproblematiken als Folge der Selbsterhaltungstherapie aufgeführt: »Significant decrease in depression and behavioral symptoms« (Livingston et al., 2005, S. 2002).

Oftmals werden Unterstützungsangebote getrennt für Angehörige oder erkrankte Personen angeboten. Die Selbsterhaltungstherapie-SET hingegen basiert auf einem integrativen Behandlungsprogramm für Menschen mit Demenz und deren Angehörige.

Tab. 6.5: SET – Unterstützung der Angehörigen

SET – Unterstützung der Angehörigen
• »Anpassung der Aktivitäten und Erlebnismöglichkeiten des Kranken   • Anpassung der eigenen Kommunikations- und Umgangsformen   • Inanspruchnahme der notwendigen sozialen, pflegerischen und therapeutischen Hilfen, die den betroffenen Familien zustehen   • Sorge um die eigenen Bedürfnisse, Interessen, sozialen Kontakte, die eigene Gesundheit sowie die Vermeidung von chronischem Stress«

(Romero, 2013, S. 3)

Die Förderung der Angehörigen-Kompetenz führt zu einem ressourcenorientierten und aktivierenden Umfeld für Menschen mit Demenz.

7 Handlungskompetenz im Umgang mit herausforderndem Verhalten von Menschen mit Demenz

7.1 Ausgangssituation

Eine der dringlichsten Thematiken, welche vielfach als Aufgabenstellung einer Fortbildung nachgefragt wird, ist der Umgang mit herausforderndem Verhalten von Menschen mit Demenz. »Die Pflege demenzkranker Menschen […] stellt große Herausforderungen an alle, die sich um einen menschengerechten Umgang mit diesem Personenkreis bemühen. Insbesondere werden hohe fachliche und kommunikative Kompetenzen gefordert, wenn die zu betreuenden Menschen ein Verhalten zeigen, welches sich im Zuge ihres Krankheitsverlaufs so stark verändert, dass es als störend und problematisch empfunden wird. Zielloses Herumwandern, Aggressivität, Schreien oder Apathie sind Verhaltensweisen, die meistens als belastend für Pflegende wie für das gesamte Umfeld empfunden werden« (BMG, 2006, S. 8).

Das nachfolgende Fallbeispiel verdeutlicht die Anforderung, welche durch symptombedingte Verhaltensweisen für das soziale Umfeld entstehen.

Fallbeispiel 1

Frau Feld (Name geändert) ist mittlerweile 35 Jahre alt. Sie erlebte ein häusliches Pflegesetting mit ihrer demenzkranken Großmutter im Alter von elf bis 17 Jahren. Sie schildert es so: »Sie ist Tag und Nacht rumgelaufen. Was natürlich die Pflege noch erschwerte, weil einer musste immer hinterher laufen. Und sie hat auch immer versucht, wegzulaufen. Also, man musste alle Türen abschließen, sonst war sie weg« (Interview-Auszug, in: Philipp-Metzen, 2008a, S. 254). Die Konsequenz war gravierend: »Also, in der letzten Phase wars so, dass immer einer meiner beiden Eltern, entweder meine Mutter oder mein Vater, neben ihr schlafen mussten, weil sie sonst weggelaufen wäre« (ebd., S. 255). Und das Gefährdungspotenzial war hoch: »Sie war eben jemand, der nicht einfach still gesessen hat, sondern sie hat richtig gefährliche Dinge gemacht. Sie hat zum Beispiel den Herd angestellt und nicht wieder ausgestellt. Wenn man fünf Minuten nicht hingeguckt hat, hatte sie ein Messer aus der Schublade genommen und hat Leute damit bedroht« (ebd., S. 254).

Diese Beschreibung zeigt deutlich die Charakteristika von und das Maß an Selbst- und Fremdgefährdung bei herausforderndem Verhalten bei Menschen mit Demenz auf. Viele dieser Verhaltensweisen werden als Kriterien für eingeschränkte Alltagskompetenz (▶ Kap. 4.2) bzw. erhöhten Betreuungsbedarf nach

§ 45a SGB XI aufgeführt (▶Kap. 3.3.1). Dazu gehören z. B. »Unkontrolliertes Verlassen des Wohnbereiches (Weglauftendenz); Verkennen oder Verursachen gefährdender Situationen; unsachgemäßer Umgang mit gefährlichen Gegenständen oder potenziell gefährdenden Substanzen; tätlich oder verbal aggressives Verhalten in Verkennung der Situation« (§ 45a SGB XI, in: Klie et al., 2014, S. 617).

7.2 Rahmenempfehlungen zum Umgang mit herausforderndem Verhalten bei Menschen mit Demenz

Eine einschlägige Arbeit zum Umgang mit problematischen Situationen im Kontext mit demenziell erkrankten Personen ist die Rahmenempfehlung einer Expertengruppe, die vom Bundesministerium für Gesundheit eingesetzt wurde (BMG, 2006). Sie kann auf der Homepage des Bundesgesundheitsministeriums abgerufen werden (als weitere Veröffentlichung dazu siehe Bartholomeyczik et al., 2013).

Diese Ausführungen beziehen sich im engeren Sinn auf die stationäre Altenhilfe (vgl. BMG, 2006). Viele Aspekte können jedoch ebenso auf ambulante Betreuungssituationen und auf ein breites Handlungsspektrum von Sozial- und Gesundheitsberufen übertragen werden. Insbesondere können sie für Soziale Arbeit als Hintergrundwissen für Anleitungs- und Beratungssituationen dienen (z. B. im Kontext mit Freiwilligenengagement oder in der Beratung pflegender Angehöriger).

Die Empfehlungen basieren nach Auskunft der Autoren auf einem humanistischen Menschenbild. Dieser Ansatz mit Bezugnahme auf Carl Rogers verdeutlicht die Interdisziplinarität bzw. einen gemeinsamen Referenzrahmen mit Sozialer Arbeit. Carl Rogers war der Begründer der personenzentrierten bzw. klientenzentrierten Gesprächspsychotherapie, welche ebenfalls auf einem humanistischen Menschenbild beruht. Hier wird davon ausgegangen, dass Menschen ein »starkes Potenzial zur Selbstentfaltung« (Schneider & Heidenreich, 2011, S. 1663) besitzen. Die drei Grundhaltungen in der klientenzentrierten Psychotherapie von Rogers lauten: Bedingungslose positive Wertschätzung gegenüber der anderen Person, Empathie (einfühlsames Verstehen) und Kongruenz in der eigenen Haltung (Echtheit gegenüber dem Anderen) (vgl. ebd.).

Dazu heißt es in den Rahmenempfehlungen der Expertengruppe zum Umgang mit herausforderndem Verhalten: »Grundlage des humanistischen Menschenbildes ist die Vorstellung von der eigenständigen, in sich wertvollen Persönlichkeit. […] Jeder Mensch hat Anspruch darauf, als er selbst anerkannt zu werden und als wertvolles Mitglied einer sozialen Gemeinschaft wirken zu können. Jede Person hat nach der Theorie von Rogers ein Selbstbild, das sie nutzt, um sich selbst und ihre Wertvorstellungen gegenüber anderen darzustellen. Das Selbstbild baut auf Wertschätzung auf. Das Bedürfnis nach Wertschätzung ist essenziell für die Entwicklung und den Erhalt des Selbst. Die Behinderungen, die durch eine Demenz entstehen, können global als Kontrollverlust und Abhängigkeit von anderen verstanden werden« (BMG, 2006, S. 27).

Dieser Kontrollverlust entsteht durch kognitive Beeinträchtigungen im antizipierenden Handeln, den Verlust von Alltagskompetenzen, Probleme bei der Orientierung, Gedächtniseinbußen und die Reduktion des sprachlichen Ausdrucksvermögens. Weiterhin erleben die Betroffenen eine Wahrnehmungsveränderung der Realität. Die Differenzierung in vergangene und gegenwärtige Ereignisse ist erschwert, Gegenwart und Vergangenheit werden vielfach verschränkt erlebt. »Damit wird die Ich-Identität der Person mit Demenz brüchig, die persönliche Vergangenheit, Gegenwart und Zukunft kann nicht mehr geschlossen empfunden werden. Diese Veränderungen der kognitiven Fähigkeiten können verallgemeinernd beschrieben werden, werden jedoch durch die Persönlichkeit und Lebensgeschichte der Person mit Demenz in ihrer Ausprägung beeinflusst. Mit dem Kontrollverlust über das eigene Leben wächst die Abhängigkeit von anderen Menschen, die subjektiv ebenfalls mehr oder weniger belastend empfunden wird« (ebd.).

Tab. 7.1: Gebrauch der Rahmenempfehlungen

Gebrauch der Rahmenempfehlungen
Die Rahmenempfehlungen zum Umgang mit herausforderndem Verhalten bei Menschen mit Demenz, welche vom Bundesministerium für Gesundheit herausgegeben wurden,   • enthalten Grundsätze und Kernelemente,   • sind vage, d. h. keine konkreten Handlungsanweisungen,   • erlauben individuelle Anpassung an vorhandene Gegebenheiten.

(vgl. BMG, 2006, S. 11)

7.3 Herausforderndes Verhalten: Definition, Belastungspotenzial und Methoden im Umgang

In den Rahmenempfehlungen des Bundesgesundheitsministeriums heißt es: »Verhalten und Verhaltensstörungen sind immer eine soziale Konstruktion, die aus dem Prozess der Interaktion zwischen dem Subjekt, mit den gegebenen bio-psycho-somatischen Voraussetzungen und den Normen der Gemeinschaft entsteht. Dabei besteht die grundsätzliche Auffassung, dass das *Verhalten* für denjenigen, der sich *verhält*, immer einen Sinn hat, weil es ein sinnhafter Ausdruck der menschlichen Psyche ist« [Hervorhebungen im Original] (BMG, 2006, S. 14). Die Sinnhaftigkeit des Verhaltens wird betont, da die Betroffenen hierdurch versuchen, sich in einer »Welt, die einem nicht mehr vertrauensvoll und verlässlich ist« (ebd.) bemerkbar und verständlich zu machen.

Der Begriff ›herausforderndes Verhalten‹ stammt aus dem Bereich der Lernbehinderung (engl. ›challenging behaviour‹). Der Terminus findet in der Sozialpsychologie und der Sozialpädagogik Verwendung und ist nicht mit einer negativen Assoziation oder Zuschreibung konnotiert. Die Ursache des Phänomens wird in der Interaktion zwischen den beteiligten Personen verortet, da auch die Interpretation des sozialen Bezugspartners dazu beiträgt, ob ein Verhalten als herausfordernd empfunden wird (vgl. Höwler, 2008, S. 18). Im Kontext mit Demenz werden diese Verhaltensweisen im Englischen z. B. auch »behavioural and psychological symptoms of dementia, BPSD« (James, 2013, S. 19) genannt.

Tab. 7.2: Definition von ›herausforderndem‹ Verhalten

Definition von ›herausforderndem‹ Verhalten
Herausforderndes Verhalten kennzeichnet Verhaltensweisen, »die die Umgebung herausfordern, die also auch bestimmte Anforderungen an das Verhalten der Pflegenden stellen« (BMG, 2006, 14).
Darunter werden im Kern subsumiert: • Aggression • Agitiertheit, z. B. zielloses Umherlaufen • Depressivität • Angst
Weiterhin werden aus fachlicher Sicht dazu gezählt, jedoch in der Praxis oftmals nicht genug berücksichtigt: • Passivität • Apathie

(vgl. ebd., S. 9)

Da Personen mit Demenz nur eingeschränkte Fähigkeiten besitzen, Probleme und Bedürfnisse zu kommunizieren, können manche Veränderungen im Verhalten als ein Versuch, auf sich aufmerksam zu machen, gedeutet werden. Beteiligte Dritte haben jedoch häufig nicht gelernt, diese Signale zu deuten und die Auslöser zu erkennen. Zum Verständnis der zugrunde liegenden Problematik benötigt es eine gezielte Beobachtung und die Hinzuziehung der Biografie des demenzkranken Menschen. Bezogen auf herausfordernde Verhaltensweisen besteht hoher Beratungsbedarf bei pflegenden Angehörigen. Diese reagieren interindividuell unterschiedlich, dabei mehrheitlich mit starkem Belastungserleben auf nichtkognitive Krankheitssymptome. Das folgende Fallbeispiel aus der Beratungspraxis verdeutlicht das Belastungspotenzial.

Fallbeispiel 2

»Ihr habt mir alles geklaut!«: Eine pflegende Tochter kommt erschöpft und hilflos zur Angehörigenberatung. Ihre Mutter war mit ihren Sparbüchern im Wohngebiet von Haus zu Haus gelaufen und hatte dabei laut gerufen: »Es ist alles nur noch Falschgeld. Sie haben mir alles gestohlen!«. Der Tochter wirft sie wiederholt vor: »Ihr habt mir alles geklaut!«. Die Tochter betont in der Beratung den ordentlichen Umgang mit allen finanziellen Belangen. Sie zeige ihren Geschwistern stets jegliche Zahlungsvorgänge. Nun ist sie angesichts ihres aufopferungsvollen Einsatzes durch diese und weitere unberechtigte Vorwürfe sehr verletzt und fragt verzweifelt: »Warum tut sie mir das an?« (Anonymisiertes Fallbeispiel aus der Beratungspraxis der Autorin)

Wesentlich im Rahmen der Beratung ist die Aufklärung darüber, dass dieses Verhalten nicht intendiert ist. Die verborgenen Anliegen von Menschen mit Demenz gilt es zu verstehen, und darauf basierend methodisch adäquat mit problematischen Situationen umzugehen. In den Rahmenempfehlungen zur Handhabung von herausforderndem Verhalten bei von Demenz betroffenen Menschen werden u. a. sieben zentrale Empfehlungen genannt (vgl. BMG, 2006, S. 3 f), die in Tabelle 7.3 aufgeführt werden.

Tab. 7.3: Empfehlungen zum Umgang mit herausforderndem Verhalten

Zentrale Methoden
• Verstehende Diagnostik (▶ Kap. 7.4)
• Assessmentinstrumente (▶ Kap. 4.4 zur Erfassung von Lebensqualität)
• Validieren (▶ Kap. 6.2)
• Erinnerungspflege (▶ Kap. 5.2.1)
• Berührung, Basale Stimulation, Snoezelen (▶ Kap. 5.1)
• Bewegungsförderung (▶ Kap. 2.5.3 und Kap. 5.1)
• Pflegerisches Handeln in akuten psychiatrischen Krisen (▶ Kap. 7.5)

(vgl. BMG, 2006, S. 61 ff)

Die zweite Empfehlung zu den Assessmentinstrumenten nennt neben anderen Verfahren auch DCM – Dementia Care Mapping. Dieses Instrument ermöglicht die Erfassung jeglichen Verhaltens mit der Zielsetzung, das Wohlbefinden der Betroffenen positiv zu beeinflussen und die Qualität der Kontakte zu verbessern. Dieselbe Absicht hat das Instrument H.I.L.DE. Beide Verfahren wurden in Kap. 4.4 vorgestellt. Auf die Ausgestaltung weiterer Empfehlungen wurde in den Kap. 2, 5 und 6 bereits Bezug genommen. Das Heranziehen adäquater Assessmentinstrumente, eine validierende Grundhaltung, biografisches Arbeiten, die Integration sinnesorientierter Ansätze und eine Aktivierung durch multisensorische Stimulation sowie die Bewegungsförderung, auch durch körperbezogene

Ansätze wie Gleichgewichts- und Krafttraining, sind die wesentlichen Interventionen zur Prävention von für die Umwelt problematischen Verhaltensweisen von demenziell erkrankten Menschen.

Nachfolgend wird auf die Empfehlungen ›verstehende Diagnostik‹ und ›pflegerisches Handeln in akuten psychiatrischen Krisen‹ näher eingegangen.

7.4 Verstehende Diagnostik

Die Expertengruppe, die die oben genannten Rahmenempfehlungen verfasst hat, rät zu einer verstehenden Diagnostik im Umgang mit symptombedingten Verhaltensweisen von Menschen mit Demenz. Das bedeutet, die verborgenen Anliegen von demenzkranken Personen zu verstehen, indem ihre Perspektive in den Mittelpunkt gestellt wird. Dieser Perspektivenwechsel zu einem einfühlsamen Verstehen wird beispielsweise von Kitwood (▶ Kap. 13.3.1) oder von speziellen Ansätzen zur Kommunikation mit demenziell erkrankten Personen (▶ Kap. 6) vollzogen. In den Rahmenempfehlungen des Bundesgesundheitsministeriums wird hierzu ein Strukturmodell, das NDB-Modell, herangezogen (vgl. BMG, 2006, S. 15). Das Modell intendiert, die grundlegenden Bedürfnisse, die hinter den Erscheinungsformen herausfordernden Verhaltens erkannt werden können, zu erfassen. Dazu werden möglichst vielfältige, das Verhalten erklärende Aspekte herangezogen. Zentrale Instrumente sind Fallbesprechungen bzw. -konferenzen und, soweit möglich, die Einbeziehung der von Demenz betroffenen Personen.

Das *bedürfnisorientierte Verhaltensmodell* (NDB-Modell = need driven dementia compromised behaviour model) wurde von einer Gruppe nordamerikanischer Pflegewissenschaftler erarbeitet. Das Modell unterscheidet Hintergrundvariablen und direkt auslösende oder verursachende Faktoren für herausforderndes Verhalten bei Menschen mit Demenz.

Bedürfnisorientiertes Verhaltensmodell – NDB-Modell

Hintergrundvariablen

- Individuelle Aspekte und wenig veränderbare Merkmale (kognitive Fähigkeiten, Gesundheitsstatus, Persönlichkeit, Biografie, Stress-Coping etc.)

Direkt auslösende oder verursachende Faktoren

- Physiologische Bedürfnisse (Hunger, Durst, Ausscheidung, Schmerz etc.)
- Psychosoziale Bedürfnisse (Angst, Langeweile etc.)
- Umgebungsfaktoren (räumliche Gestaltung, Geräuschlevel, Personalausstattung etc.) (vgl. ebd., S. 15 f; Walter et al., 2012, S. 389 f).

Auf der Basis des NDB-Modells erfolgt eine Analyse der Hintergrundvariablen und der auslösenden bzw. verursachenden Faktoren des problematischen Handelns. Dabei wird grundsätzlich versucht, das hinter dem Verhalten liegende Bedürfnis zu erkennen:

- Möchte der demenzerkrankte Mensch Langeweile vertreiben?
- Empfindet er oder sie ein Gefühl der Bedrohung?
- Ist es der Versuch zu kommunizieren?
- Hat die Person Schmerzen, die sie auf diesem Wege mitteilen möchte?
- usw. (vgl. James, 2013, S. 114).

Fachlich adäquates Handeln fokussiert auf die ursächlichen Hintergründe, wie z. B. Schmerzen durch einen Halsinfekt oder stressinduzierende Lärmbelästigung, und nicht auf das Verhalten. Zur Abklärung von somatischen Beeinträchtigungen wie Infekten müssen oftmals ärztliche Untersuchungen erfolgen. Weiterhin sollte das räumliche und soziale Umfeld sorgfältig untersucht und bewertet werden. In stationären Settings sind die in Kap. 4.4 genannten Assessmentverfahren zu empfehlen.

Ein verstehender Zugang zu Personen mit Demenz ist ein weiteres zentrales Element der Prävention von herausforderndem Verhalten. Nicht immer lassen sich Verhaltensweisen mit hohem Anforderungspotenzial vorbeugen. Selbst bei sorgfältiger Gestaltung von Kommunikation und Umfeld muss mit symptombedingten Konflikt- und Krisensituationen gerechnet und fachlich-methodisch adäquat interveniert werden.

7.5 Deeskalationsstrategien in Konflikt- und Krisensituationen

Die siebte Empfehlung der oben genannten Expertengruppe bezieht sich auf das ›pflegerische Handeln in akuten psychiatrischen Krisen‹. Diese und weitere Handlungsorientierungen werden unter ›Deeskalationsstrategien in Konflikt- und Krisensituationen‹ nachfolgend zusammengefasst. Sowohl Personalverantwortliche als auch Mitarbeitende sollten sich der unterschiedlichen rechtlichen Relevanz von aggressivem Verhalten bei demenziell erkrankten Menschen bewusst sein.

Abstufung des Gefährdungspotenzials aggressiven Verhaltens aus rechtlicher Perspektive

1. Verbale Aggression
2. Sachbeschädigung
3. Körperverletzung (›Notwehr‹)

Dabei gilt für professionell Tätige: »Beschimpfungen muss man sich gefallen lassen« (Kienzle, 2008, S. 33). Schutzmaßnahmen müssen sich am Einzelfall orientieren. Sie sind bei Sachbeschädigung in geringerem Maße erforderlich als bei drohender Körperverletzung. Bei allen Interventionen sollte die Verhältnismäßigkeit gewahrt bleiben (vgl. ebd., S. 33 ff). Kommt es zur Eskalation, sollten zwei wesentliche Faktoren immer bedacht werden:

Grundsätzliche Abklärung

- Hat der demenzkranke Mensch Schmerzen?
- Gibt es eine ursächliche körperliche Erkrankung? (vgl. Perrar, 2008, S. 22 ff).

Weiterhin sollten Strategien zur Deeskalation eingesetzt werden. Zentrale sind die folgenden:

Sofortiges Handeln in akuten Krisen

1. Zeitnah intervenieren: Bei entstehender Anspannung Kontakt aufnehmen.
2. Risikoassessment für Mitarbeiter anwenden: Gewaltandrohungen ernst nehmen und eventuell weitere Teammitglieder holen.
3. Den Erkrankten Grenzen setzen und Spielraum lassen: Räumliche Ausweichmöglichkeiten nutzen und Verhaltensalternativen aufzeigen (vgl. BMG, 2006, S. 120 ff).

Weitere Deeskalationsstrategien

4. Personalassessment: Geschlechterbezogene Gesichtspunkte berücksichtigen und möglicherweise Kollegen mit anderem Geschlecht oder bislang unbeteiligte Person hinzuziehen.
5. Reizreduktion: Unnötige Stressoren, wie laufenden Fernseher, ausschalten.
6. Unterbrechung der Auseinandersetzung in Form eines Waffenstillstands: Beispielsatz ›Das können wir morgen klären‹ (vgl. ebd.).

Durch die Berücksichtigung dieser Strategien kann erfahrungsgemäß ein Großteil konflikthafter Situationen entschärft werden.

7.6 Interdisziplinäre Fallkonferenzen

Im Rahmen einer verstehenden Diagnostik und interdisziplinären Intervention bei herausforderndem Verhalten werden Fallbesprechungen bzw. Fallkonferenzen als zentrales Element betrachtet. Die nachfolgenden Ausführungen beziehen sich auf Perrar (2005).

Beschreibung

Fallkonferenzen sind personenbezogene Besprechungen unter Leitung einer externen Fachkraft, die z. B. herausforderndes Verhalten eines demenzkranken Menschen als Thema haben können (vgl. Perrar, 2005, S. 231 f).

Zielsetzung

Diese Plattform dient der gemeinsamen Analyse des problematisierten Verhaltens, dem Ideen- und Meinungsaustausch, der Entwicklung von Problemlösungen sowie insgesamt der Verbesserung des Arbeitsmilieus. Angestrebt wird eine Einstellungsveränderung bei den Beteiligten (vgl. ebd., S. 232).

Ablauf einer Fallkonferenz

1. Problemanalyse
    - Um welches Problem geht es?
    - Wann und wie tritt das Verhalten auf?
    - Zu welchen Tageszeiten bzw. an welchen Wochentagen?
    - Wer ist besonders betroffen (Pflegekräfte, Bewohner etc.)?
    - Was wäre, wenn es das problematisierte Verhalten nicht gäbe?
2. Wissenssammlung durch:
    - Vervollständigung biografischer Angaben
    - Einbezug von Angehörigen
3. Reflexion eigener Erklärungstheorien (das Verhalten von Menschen mit Demenz bedarf häufig der Interpretation)
    - Welche verschiedenen Deutungen existieren im Team?
    - Welche Zuschreibungen erteilen wir unbewusst?
    - Können unsere »naiven« (ebd., S. 234) Erklärungsmodelle ergänzt werden?
4. Erarbeitung von Lösungsvorschlägen
    - Beibehaltung bislang erfolgreicher Strategien
    - Sammlung neuer Ideen
    - Planung von Pflege- bzw. Betreuungsinterventionen
    - Festlegung von Verantwortlichkeiten
    - Erkennen von Wissensdefiziten und Organisieren von Fortbildungen (vgl. ebd., S. 232 ff)

Perrar empfiehlt, Angehörige dabei als Partner zu betrachten. Von dem gemeinsamen Austausch profitieren sowohl professionell Mitarbeitende, Angehörige als auch Menschen mit Demenz.

8 Intergenerationelle Soziale Arbeit

8.1 Europäische Forschung zu jungen Menschen mit demenzkranken Großeltern

In Großbritannien wurde an der University of Oxford ein Forschungsprojekt zu Großeltern mit Demenz unter Einbezug von jeweils drei Generationen in sechs Familien durchgeführt. Die Befunde verdeutlichen, dass die Rolle ›Großelternschaft‹ einen hohen Stellenwert innehat, und dass es für alle drei Generationen ein Anliegen ist, das intergenerationelle Gefüge zu erhalten.

Die Reaktion der Kinder korreliert mit ihrem Alter, ihrer Verständnisfähigkeit und der Qualität der Beziehung zum Großelternteil. Generell reagieren Kinder sehr sensibel auf die Gefühle der anderen Beteiligten. Eltern wirken modellhaft auf die Enkel und insbesondere kleinere Kinder tendieren dazu, Veränderungen als gegeben zu akzeptieren. Die Forscherinnen aus Oxford empfehlen, das Gespräch mit Enkelkindern zu suchen, humorvoll zu agieren, sorgfältig die Verfassung der Kinder zu beobachten und aktiv die Großeltern-Enkel-Beziehung zu unterstützen. Kinder sollten Hilfen erhalten, um belastende Situationen, z. B. Zurückweisung, bewältigen zu können. Beispielsweise empfinden Kinder es häufig als einen schweren Verlust, wenn ihre Großeltern sie nicht mehr erkennen. Dem Alter der Kinder entsprechend sollte ihnen Verantwortung übertragen werden, da dies zu einer Erhöhung ihres Selbstwertgefühls beitragen kann (vgl. LaFontaine & Harper, n. d.).

In einer spanischen Forschungsstudie wurden 145 Enkelkinder im Alter von 14 bis 21 Jahren mit einem demenzkranken Großelternteil befragt. Entscheidend für die Kontinuität in der Großeltern-Enkel-Beziehung war vor allem der Einfluss der Eltern sowie die vorausgegangene Beziehungsqualität. Für das Wohlbefinden der Kinder zeigte sich auch hier als relevant, dass die Kinder sich als aktiv Handelnde erleben konnten. Die krankheitsbedingten Veränderungen hatten vielfältige Effekte: Belastende Veränderungen wirkten sich oftmals auf die Beziehung, z. B. die Kontakthäufigkeit und die emotionale Nähe, aus. Insbesondere bei vormals vertrauten und engen Beziehungen war dies der Fall. Bei positiv wahrgenommenen Kontakten führten die Kinder dies maßgeblich auf eigenes, z. B. helfendes, Verhalten zurück. Kinder sahen sich vielfach vom Verhalten der Elterngeneration beeinflusst, eine positive Beziehungsgestaltung zwischen den Eltern und den Großeltern empfanden sie als bereichernd. Die Forscher empfehlen, die Anwesenheit von Enkelkindern in Beratungsgesprächen und Entlastungsmaßnahmen zu berücksichtigen, und diesen Informationen und Bewältigungsmöglichkeiten zu vermitteln (vgl. Celdrán et al., 2011).

8.2 Lebensweltorientierte Studie zur Enkelgeneration im Kontext mit Demenz

Eine qualitativ-explorative Studie aus der Perspektive der angewandten Gerontologie beinhaltet Detailanalysen von Interviews mit 15 Enkelkindern. Die Forschungsarbeit ›Die Enkelgeneration im ambulanten familialen Pflegesetting bei Demenz‹ wurde an der Universität Kassel bei Prof. Dr. Karl und im Rahmen eines Promotionsstipendiums bei der Heinrich-Böll-Stiftung durchgeführt. Ausgehend vom Lebensweltansatz nach Alfred Schütz beinhaltet der Forschungsgegenstand die subjektiven Erfahrungen und Bilanzierungen von fünfzehn Enkeln (elf weibliche und vier männliche) im Kontext mit intergenerationellen Unterstützungsleistungen. Diese 15 Enkelkinder waren zur Zeit des Interviews 16 bis 35 Jahre alt und haben eine persönliche Pflege- und Betreuungserfahrung von 1½ bis 14 Jahren. Ihr Alter zur Zeit der Pflegesituation betrifft die späte Kindheit, die Jugend und das frühe Erwachsenenalter. Oftmals sind zwei oder alle drei Lebensphasen tangiert. Die Zielsetzung der Studie bestand im Erfassen eines breiten Erfahrungsspektrums in unterschiedlichen Lebensumständen aus der Retrospektive (vgl. Philipp-Metzen, 2011a; 2008a).

Bilanz der Enkelkinder aus der Retrospektive

- 10 Enkel: überwiegend positiv
- 2 Enkel: gemischt
- 3 Enkel: überwiegend belastungsgeprägt (vgl. Philipp-Metzen, 2011a, S. 401)

Positive Erfahrungen

- *Familialer Zusammenhalt.* Dies beinhaltet u. a ein hohes Maß an Verlässlichkeit in der binnenfamilialen Interaktion.
- *Gute Generationenbeziehungen,* was sich beispielsweise auf einen wertschätzenden Umgang miteinander bezieht.
- *Persönliche und familiäre (Pflege-)Kompetenz,* worunter sowohl Körperpflege im engen Sinne als auch organisatorische Aspekte subsumiert werden.
- *Lernen und Erkenntnisgewinn,* bezogen beispielsweise auf Altern und Erkrankungen in der späten Lebensphase (vgl. ebd., S. 401f).

Die 16-jährige Ines (Name geändert) erlebte die Pflege ihrer demenzkranken Großmutter im Alter von 11–15 Jahren. Sie erzählt: »Ich hab dadurch echt was gelernt. [...] Ich musste ja auch manchmal Verantwortung übernehmen, wenn ich dann hier alleine war« (Philipp-Metzen, 2008b, S. 15). Sie erhält für ihre Betreuungskompetenz viel Anerkennung, so sagt man zu ihr in ihrer Klasse: »Das ist ganz schön krass, wie ihr mit der umgehen könnt« (ebd., S. 15).

Belastungsgeprägte Erfahrungen

- *Symptome und Verlauf der Demenz/Pflege erschwerendes Verhalten:* Diese Kategorie beinhaltet meistens herausforderndes Verhalten von Menschen mit Demenz wie Aggression, Agitiertheit, unberechtigte Vorwürfe etc., was den Umgang mit den erkrankten Großeltern erschweren kann.
- *Zeitliche Verpflichtung/Vereinbarkeitsproblematik:* Ein hohes Maß an Belastung resultiert oftmals von einem Rund-um-die-Uhr-Angebundensein und der Problematik, Pflege und Beruf zu vereinbaren. Dies betrifft i. d. R. die Hauptpflegeperson in der Familie, in diesen Fällen mehrheitlich die Mütter der befragten Enkelkinder. Indirekt sind Enkel gleichfalls betroffen, da Belastungskumulationen das gesamte familiale Klima verändern können (vgl. Philipp-Metzen, 2011a, S. 402).

Die 22-jährige Frau Schwarz (Name geändert), die im Alter von 12–18 Jahren die Pflege ihres demenzkranken Großvaters in einem gemeinsamen Haus erlebt hat, sagt: »Es war ja die riesige Belastung für unsere Familie. [...] Wir mussten ja auf Urlaub verzichten, wir mussten immer sagen, dass jemand im Haus bleiben muss« (Philipp-Metzen, 2008b, S. 47). Diese 6-jährige Belastungsphase prägte ihren Alltag erheblich.

Insgesamt überwiegen jedoch bei den befragten Enkelkindern positive Erfahrungen bei Weitem.

Gelebte Normalität

Ein wesentliches Ergebnis der Studie war die Relevanz der Kategorie ›wertfreie bzw. neutrale Erfahrungen‹. Entgegen weitläufiger Vorstellungen korreliert das Krankheitsbild Demenz an sich nicht mit einem nachhaltigen Belastungserleben junger Menschen. Insbesondere singuläre problematische Vorkommnisse führen bei Kindern i. d. R. nicht zu dauerhaften negativen Auswirkungen (vgl. Philipp-Metzen, 2011a; S. 402).

Fazit: Vielfach wird die Demenzerkrankung der Großeltern selbstverständlich und ohne sie zu hinterfragen in den Alltag der individuellen Lebenswelt integriert.

Als Zusammenfassung wesentlicher Forschungsergebnisse aus den drei oben beschriebenen europäischen Studien zur Enkelgeneration von Großeltern mit Demenz werden in Tabelle 8.1 die zentralen Aspekte wiedergegeben.

Tab. 8.1: Forschungsergebnisse zur Enkelgeneration von Großeltern mit Demenz

Forschungsergebnisse
Zusammenfassend zeigen die drei aus dem europäischen Raum stammenden Studien deutlich: <ul><li>Die Pflege demenzkranker Großeltern umfasst oftmals einen langen Zeitraum des Lebens von Kindern und Jugendlichen.</li><li>Das Belastungserleben in der Enkelgeneration korreliert häufig mit dem Belastungsniveau im gesamtfamilialen Setting.</li><li>Positive Erfahrungen beinhalten die Zunahme von sozialen Kompetenzen, das Erleben familialen Zusammenhalts und gewinnbringende Lernerfahrungen.</li><li>Eltern haben eine Schlüsselstellung als Rollenvorbild.</li><li>Erleben sich Kinder als aktiv Handelnde, trägt das zu einem positiven Erleben bei.</li><li>Vielfach werden Erfahrungen mit demenzkranken Großeltern ohne Problematisierung als etwas Selbstverständliches in der personalen Lebenswelt erlebt.</li></ul>
(vgl. Celdrán et al., 2011; LaFontaine & Harper, n. d.; Philipp-Metzen, 2008a)

8.3 Praxisimplikationen für pädagogische und psychosoziale Bereiche

Mittlerweile ist das Krankheitsbild Demenz zu einem Querschnittsthema geworden, welches die Arbeit zahlreicher Berufsgruppen und etliche Personenkreise tangiert. »Kinder und Jugendliche erleben Menschen mit Demenz nicht nur als Angehörige, sondern lernen sie auch als entfernte Verwandte, Nachbarn, Großeltern von Freunden und Einwohner des Ortes oder des Stadtteils kennen. Sie sollten zu diesem Krankheitsbild auch außerhalb ihrer Familie Informationen und die Möglichkeit des Austauschs erhalten. Insbesondere Berufsgruppen, die mit jungen Menschen arbeiten, wie z. B. Lehrer, Erzieher und Sozialarbeiter, sollten dieses Thema berücksichtigen« (Philipp-Metzen, 2011b, S. 47). Das Potenzial intergenerationeller Ansätze für Soziale Arbeit ist groß, beispielsweise bezogen auf:

- Beratungen und Fortbildungen
- Mehrgenerationenhäuser
- Projekte in der Verbands- und Jugendarbeit
- Vorschulbereiche und Schulen
- Hochschulen
- Freiwilligenarbeit
- etc.

Insbesondere eine Vielzahl von zeitlich befristeten *Projekten* berücksichtigt diese Thematik. Zur jeweils aktuellen Übersicht empfiehlt sich eine zeitnahe Internetrecherche.

Wie lässt sich das Thema Demenz kindgerecht vermitteln?

Das Krankheitsbild Demenz wird für Kinder und Jugendliche zunehmend auch im öffentlichen Raum erfahrbar. Dies kann durch prominente Erkrankte, wie z. B. Rudi Assauer, den ehemaligen Manager eines Fußballvereins, aber auch durch Fernsehfilme und -serien der Fall sein. Für den Elementarbereich gibt es mittlerweile schon entsprechend Bilder- und Kinderbücher, die unproblematisch in jeder Buchhandlung erhältlich sind. Dazu kommen Projekte und Initiativen, z. B. innerhalb schulischer Bildungs- oder gemeindenaher Kinder- und Jugendarbeit, die Kontakte mit Menschen mit Demenz ermöglichen.

Oftmals benötigen die pädagogischen, psychosozialen und pflegerischen Fachkräfte erst einmal Hintergrundwissen über das Krankheitsbild und die Situation pflegender Angehöriger. Beispielhaft kann auf die bundesweit erhältlichen Unterrichtsmaterialien ›Demenz. Praxishandbuch für den Unterricht‹ (vgl. Schneider-Schelte & Deutsche Alzheimer Gesellschaft e. V., 2011) oder ›Apfelsinen in Omas Kleiderschrank‹ mit didaktischem Material (vgl. KDA, 2006) hingewiesen werden, die bei der Vermittlung von Faktenwissen und einer akzeptierenden Haltung gegenüber Menschen mit Demenz unterstützen. Zugang über das Internet bzw. soziale Medien ermöglicht u. a. die Website ›Alzheimer & You‹ sowie die Facebook-Präsenz der Deutschen Alzheimer Gesellschaft, was dem Medienverhalten jüngerer Zielgruppen entgegenkommt.

Zugänge zur jungen Generation kann exemplarisch ein Angebot im Rahmen der KölnerKinderUniversität 2012 aufzeigen, welches die pädagogischen Potenziale in der Kinder- und Jugendarbeit verdeutlicht. Seit dem Jahr 2003 erweitert die KölnerKinderUniversität (Leitung Prof. Dr. Meyer-Wolters; Geschäftsführung Ursula Pietsch-Lindt) das Grundprinzip einer Universität ›Gemeinschaft der Lehrenden und Lernenden‹ auf die Gruppe der Kinder zwischen 8 und 12 Jahren. Kindern wird Wissenschaft in Form von Workshops und Vorlesungen als etwas Lebendiges vermittelt und sie bekommen Einblicke in die aktuelle Forschung (vgl. Rektor der Universität zu Köln, 2012).

Ausgehend vom Lehrstuhl für Rehabilitationswissenschaftliche Gerontologie (Prof. Dr. Susanne Zank) und dem Projekt PURFAM zur Prävention von Gewalt in der familialen Pflege hat die Verfasserin Veranstaltungen mit dem Titel ›Oma, das hast du mich doch schon zehnmal gefragt‹ (vgl. Rektor der Universität zu Köln, 2012, S. 56) durchgeführt. Darin bekamen 10–12-jährige Kinder in altersadäquater Ansprache ein Grundwissen zum Krankheitsbild und Ermutigung zum Umgang mit Menschen mit Demenz. Es zeigte sich, dass aus einem sehr umfangreichen Gesamtprogramm tatsächlich alle von der Autorin geplanten Angebote, zwei Workshops und eine Vorlesung mit Erwachsenenpräsenz, lebhaft nachgefragt wurden. Die Kinder hatten u. a. viel Interesse an den neurologischen Hintergründen und an den Symptomen der Krankheit sowie Mitgefühl für die demenzkranken Menschen, auch wenn bislang nicht alle von ihnen persönliche Begegnungen mit demenziell erkrankten Personen hatten. Nach Aspekten der Prävention, wie beispielsweise gesunde Ernährung, Bewegung, geistige Aktivität und soziales Miteinander, fragten sie ebenso häufig. Deutlich wurde: Neues lernen ist mit positiven Effekten verbunden. Die Fragestellung, wie Demenz verhindert werden könne, war den Kindern ebenso wichtig wie der Umgang mit den von Demenz betroffenen Menschen.

Insgesamt sind im gesamten Bildungsbereich vielfältige, oft noch ungenutzte Optionen vorhanden, Kinder und Jugendliche aufzuklären und zu sensibilisieren.

Gemeinsame Aktivitäten von Menschen mit Demenz und Kindern bzw. Jugendlichen

Es gibt eine Vielzahl von bewährten Aktivitäten, die junge Menschen mit Personen mit Demenz gemeinsam durchführen können. Dabei sollten das gemeinsame Miteinander und die persönliche Begegnung im Gegensatz zu Leistungsaspekten im Vordergrund stehen. Es gilt die Maxime: Zielführend sind Aktivitäten, die für beide, für Jung und Alt, attraktiv sind. Das Spektrum ist breit und der Fantasie sind nahezu keine Grenzen gesetzt: Das kann der Gang zum Fußballplatz des örtlichen Vereins, die gemeinsame Arbeit im Garten und vieles mehr sein.

Aktivitäten sollten passend zur Phase der Demenz bzw. ressourcenorientiert gewählt werden. In allen Phasen der Erkrankung ist die soziale Begegnung an sich, auch ohne spezielle Aktivierungskonzepte, bereits ein Element zur Prävention von sozialer Isolation. Darüber hinaus können zentrale Methoden wie die Biografiearbeit (▶ **Kap. 5.2.1**) oder eine adäquate Form der Kommunikation (▶ **Kap. 6**) dazu beitragen, die Beziehungsprozesse den symptombedingten Bedarfen anzupassen. Die altersangemessene Übernahme sozialer Verantwortung kann für Kinder und Jugendliche, wie in Kapitel 8.1 und 8.2 ausgeführt, zur Steigerung des Selbstwertgefühls beitragen. Tabelle 8.2 zeigt eine Sammlung von bewährten Ideen.

Tab. 8.2: Ideensammlung ›Zeit zu Zweit‹

Ideensammlung ›Zeit zu Zweit‹
Gemeinsame Aktivitäten für Jung und Alt Bei allen Unternehmungen steht das Zusammensein im Vordergrund. Eine wichtige Voraussetzung ist die Freiwilligkeit. • Zusammen einkaufen gehen • spazieren gehen, wandern, Fahrrad fahren • Gartenarbeit • kochen und backen • leichte Hausarbeiten wie Wäsche falten • einfache handwerkliche Tätigkeiten • Fotoalbum betrachten oder anfertigen • Gesellschaftsspiele • künstlerische Betätigung wie Malen • Zeitung lesen, fernsehen • erzählen und vorlesen

Tab. 8.2: Ideensammlung ›Zeit zu Zweit‹ – Fortsetzung

Ideensammlung ›Zeit zu Zweit‹
• Musik hören, singen, anschauen von Musik-Sendungen • da sein und zuhören usw.
Zusammenstellen einer ›Beschäftigungs-Kiste‹: Was kommt hinein? • Liederbuch • Gesellschaftsspiele wie ›Mensch-ärgere-Dich-nicht‹ • Zeitschriften usw.
Füllen einer ›Memory-Box‹: Woran erinnern wir uns gemeinsam gerne? • Fotos • Bücher • Filme • Kleidung, wie schöne Krawatte usw.

(vgl. Philipp-Metzen, 2011b, S. 44 f)

Beispielprojekt

Willig und Gellrich beschreiben die Wirkungen eines generationenübergreifenden musiktherapeutischen Projekts auf junge und alte Menschen. »Kinder und Senioren entwickeln gemeinsam Ideen und Ziele« (Willig & Gellrich, 2013, S. 304), so lautet das Motto. Im Rahmen des Projekts werden u. a. Volkslieder gesungen, die beiden Generationen bekannt sind. Demenzkranke Menschen können im Dialog mit den Kindern, z. B. mithilfe alter Liederbücher, musikalische Anregungen auswählen, welche Bezüge zu realen Plätzen und Gegebenheiten aufweisen. Beispielsweise wurde dies mit dem Lied ›Es klappert die Mühle am rauschenden Bach‹ praktiziert, welches erst zusammen ausgesucht und dann gesungen wurde. Ein Ausflug zu einer Mühle rundete das Thema ab, »zu einer alten Mühle, die heute ein Museum ist, wo man sehen und anfassen kann, wie Korn gemahlen wird« (ebd., S. 305). Dieser Besuch beinhaltete auch für die alten Menschen neue Erfahrungsräume: »Der sonst eher verschlossene Herr Schneider geht an diesem Tag aus sich heraus, wird mutig und steigt trotz seiner Ängste und körperlichen Einschränkungen mit den Kindern bis unter das Dach der Mühle« (ebd.). Es zeigte sich, dass alle Beteiligten intensive und stark berührende Erfahrungen machten (vgl. ebd.).

Überforderung

Werden im pädagogischen Berufsalltag intergenerationelle Aspekte im Kontext mit Demenz berücksichtigt, bedarf es dabei einer erhöhten Sensibilität bezogen auf Überforderungsphänomene bei jungen Menschen.

Einzelne irritierende Situationen und Probleme im Zusammenhang mit einer Demenz belasten Enkelkinder nicht nachhaltig. Dauerhafte Konflikte oder Stress jedoch können zu einer ernsthaften Überforderung führen (vgl. Philipp-Metzen, 2011a, S. 404).

Anzeichen einer Überforderung können u. a. sein:

- Schulprobleme
- Wiederholte unklare Kopf- oder Bauchschmerzen
- Auffälliges Zurückziehen von Familie und Freunden
- Häufige Beschwerden über die Großeltern
- Klagen über fehlende gemeinsame Zeit in der Familie (Philipp-Metzen, 2011b, S. 37 ff).

Empfehlung an die Eltern bzw. sozialen Bezugspersonen:

- Sprechen Sie das Kind an, wenn es sich auffällig verändert.
- Erklären Sie ihm die Hintergründe der Krankheit.
- Fragen Sie direkt nach, z. B.: »Wie fandest Du das, als dein Opa mit der Polizei nach Hause gebracht wurde?«
- Unterstützen Sie die jungen Menschen, ihren eigenen Bedürfnissen Aufmerksamkeit zu verschaffen (vgl. ebd., S. 40 ff).

Die folgenden allgemeinen Hinweise gelten für tangierte Berufsgruppen und betroffene Familien.

Tab. 8.3: Allgemeine Hinweise zur Integration der Enkelgeneration bei Demenz

Allgemeine Hinweise zur Integration der Enkelgeneration bei Demenz
Beachtung der potenziellen Involviertheit von Enkeln Insgesamt sollte das Ausmaß, in dem viele junge Menschen von einem familialen Pflegesetting bei Demenz betroffen sind, nicht unterschätzt werden. Auch der Beitrag, den sie selber dazu leisten, ist oftmals gravierend, selbst wenn sie schon aus dem Elternhaus ausgezogen sind. Das heißt: Kinder und Jugendliche empfinden sich häufiger als angenommen als Teil eines ›Familien-Betreuungsteams‹.
Junge Menschen angemessen ins ›Familien-Betreuungsteam‹ integrieren Selber entwickelte Fähigkeiten bei der Pflege, Assistenz und Begleitung der kranken Großeltern werden häufig als wichtige Kompetenzerweiterung wahrgenommen. Die erfolgreiche Bewältigung einer anspruchsvollen Pflegesituation zählt zu den positiven und sinnstiftenden Erfahrungen. Daher sollten junge Menschen in einem angemessenen Maß entsprechend ihres Alters ermutigt und befähigt werden, Betreuungsaufgaben wahrzunehmen.
Kinder und Jugendliche im Pflegesetting befähigen, beispielsweise ihnen altersangemessene Informationen anbieten Für die befragten Enkel waren das Lernen und der Gewinn neuer Erkenntnisse wichtige Kompetenzerweiterungen. Damit hier Lernprozesse stattfinden können, sollten gezielt Gespräche und Informationsmaterialien für diese Altersgruppe angeboten werden.
Grenzen der Einbindung wahrnehmen und respektieren Die Fähigkeit und die Bereitschaft, demenziell erkrankte Menschen zu begleiten, kann bei der jungen Generation, selbst innerhalb derselben Familie, sehr unterschiedlich ausgeprägt sein. Signale, auch nonverbale, von jungen Menschen, die Grenzen und Überforderungen deutlich machen, sollten respektiert werden und Anlass für generationenübergreifende Gespräche über diese spezielle familiäre Lebenssituation sein.

Tab. 8.3: Allgemeine Hinweise zur Integration der Enkelgeneration bei Demenz – Fortsetzung

Allgemeine Hinweise zur Integration der Enkelgeneration bei Demenz
Aktive Teilhabe von Enkelkindern Die Förderung der Eigenverantwortlichkeit und Selbstbestimmung der Enkel und die Akzeptanz der Grenzen ihrer Unterstützungsbereitschaft sind zentrale Voraussetzungen für eine faktische Partizipation von Enkeln.
Familien über externe Hilfen informieren und zu deren Inanspruchnahme ermutigen Eine permanente Überforderungssituation vor Ort wirkt sich auf Dauer oft negativ auf das Familienklima und somit auch belastend auf die jüngeren Menschen aus. Ein wesentlicher Faktor für den erfolgreichen und kompetenten Umgang mit der Situation ist das Einbinden externer Hilfeangebote, wozu verstärkt ermutigt werden sollte.

(vgl. Philipp-Metzen, 2008a, S. 368 ff)

Insbesondere Familien mit chronischer Überlastung sind ein Hinweis darauf, dass ein höheres Maß an gesamtgesellschaftlicher Solidarität und Verantwortungsübernahme im Handlungsfeld der familialen Pflege bei Demenz vonnöten ist, um eine bessere Inklusion zu gewährleisten (▶ Kap. 13.3).

8.4 Intergenerationelle familiale Solidarität im Kontext von Demenz

Der Begriff ›Solidarität‹ kann aufgrund seiner inflationären Verwendung als Modevokabel bezeichnet werden. Etymologisch betrachtet benennt das aus dem Lateinischen stammende ›solidare‹ »eine Handlung des Festfügens« (Pohlmann, 2005, S. 236), im übertragenen Sinne »das gegenseitige Füreinandereinstehen« (ebd.). Dabei sind sowohl intrapersonale Einstellungen als auch aktives Handeln von Bedeutung. Folgende Definition fasst die multiplen Facetten von Solidarität zusammen: »Solidarität bezeichnet die verlässliche Unterstützung, bzw. die Bereitschaft zu nicht notwendigerweise rückzahlbaren (Vor-)Leistungen zwischen den Generationen« (Lüscher & Liegle, 2003, S. 292).

Die Familie hat für die Generationenbeziehungen einen zentralen Stellenwert: »[ ]in his subjective perception the individual feels attached to ›his family‹ all his life and [...] the family is considered a lifelong support system« (Nave-Herz, 2002, S. 224). Individuen fühlen sich ›ihrer Familie‹ ein Leben lang verbunden. Auch wird die Familie als lebenslanges Unterstützungssystem betrachtet (vgl. ebd.).

Landläufig besteht die Meinung, dass intergenerationelle familiale Solidarität in westlichen Industriegesellschaften nur noch wenig gesellschaftliche Relevanz hätte. Die einzelnen Generationen würden im Zuge gesellschaftlichen und familialen Wandels sowie durch die Zunahme von horizontaler bzw. beruflicher Mobilität nur noch ein geringeres Maß an Unterstützungsleistungen gewähren können. Untersuchungen zur Wohnsituation familialer Generationen, z. B. im Sozioökonomischen Panel – SOEP oder im Familiensurvey, weisen jedoch andere empirische Befunde auf, wie Tabelle 8.4 zeigt.

Tab. 8.4: Räumliche Nähe der Elterngeneration (mit eigenen minderjährigen Kindern, d. h. Enkeln, im Haushalt) zur Großelterngeneration

Räumliche Nähe der Elterngeneration zur Großelterngeneration
• Nur bei jeder fünften Familie wohnt die Eltern- und Enkelgeneration weiter als eine Fahrstunde entfernt.
• Bei über einem Viertel der Dreigenerationenfamilien wohnen Kinder mit Enkeln entweder im selben Haus oder in der Nachbarschaft.
• Weitere Studien: Fast jede dritte Familie kann sich innerhalb von 15 Minuten erreichen.

(vgl. Lauterbach, 2004, S. 251 f)

Auch zeigen Studien zum generationenübergreifenden Unterstützungsverhalten zwar negative Auswirkungen räumlicher Distanzen u. a. auf die Beziehungsgestaltung und die Kontakthäufigkeit auf (vgl. Lauterbach, 2004, S. 223), jedoch werden die intergenerationellen Beziehungen nicht uneingeschränkt durch die Wohnortentfernungen determiniert (vgl. Bertram, 2000, S. 109). Das Zusammenleben mit mehreren Generationen variiert je nach Phase der Familienentwicklung und findet nur teilweise in einem gemeinsamen Haushalt statt. Nach Bertram müssen daher anstelle der gemeinsamen Lokalität häufiger »die gelebten Beziehungen der Individuen im familiären Kontext« (ebd., S. 97) als Untersuchungsgegenstand in den Fokus genommen werden. Ebenso wie Lauterbach (2004) und Nave-Herz (2013) vertritt er daher die These, dass das Konzept der multilokalen Mehrgenerationenfamilie zum Verständnis von intergenerationellem Hilfeverhalten herangezogen werden sollte (vgl. Bertram 2000, 97 f; Philipp-Metzen, 2008a, 98 ff).

Untersuchung der prospektiven Pflegebereitschaft der Enkelgeneration

Pflegebereitschaft wird in der oben beschriebenen Studie ›Die Enkelgeneration im ambulanten familialen Pflegesetting bei Demenz‹ (vgl. Philipp-Metzen, 2008a) als Subkategorie intergenerationeller familialer Solidarität verortet, wie die Abbildung 8.1 demonstriert.

Die fünfzehn Enkelkinder demenziell erkrankter Großeltern, die an der oben genannten Studie teilnahmen, wurden nach ihrer prospektiven Pflegebereitschaft im Falle einer zukünftigen Notwendigkeit gefragt: ›Wie geht es Ihnen, wenn Sie an mögliche zukünftige Pflegesituationen denken?‹ Ihre Antworten basieren

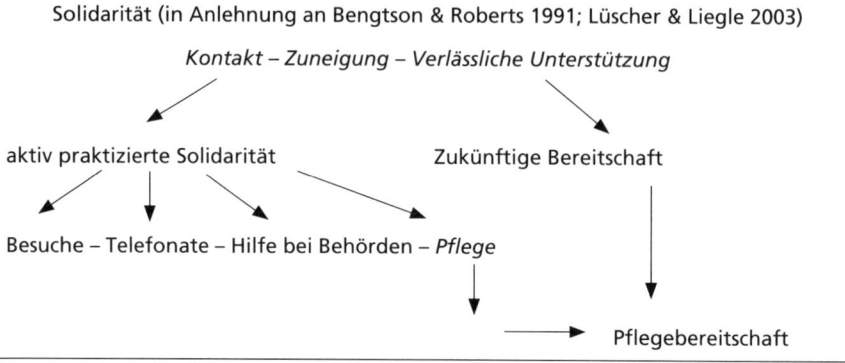

(Philipp-Metzen, 2008a, S. 355)

Abb. 8.1: Pflegebereitschaft von ›Pflege erfahrenen‹ Enkeln als Element von Generationensolidarität

auf ihren bereits gewährten Hilfeleistungen, da sie selber diese Solidarität bereits aktiv praktiziert haben, d. h. sie sprechen aus Erfahrung (vgl. ebd., S. 294). Wie stehen ›Pflege erfahrene‹ Enkelkinder zu zukünftiger Pflegeverantwortung? Die erste Frage an die Enkelkinder galt dem Szenario, wenn die eigenen Eltern in der Zukunft einmal pflegebedürftig sein sollten: Wie wird die Bereitschaft dazu prospektiv aktuell eingeschätzt?

Eigene empfundene Pflegebereitschaft (n = 14 Enkelkinder)

- Die Bereitschaft zu einer grundsätzlichen Sorgeleistung im Sinne von »sich für das emotionale, mentale und physische Wohlergehen eines anderen verantwortlich zu fühlen« (BMFSFJ, 2006, S. 254) gegenüber der eigenen Elterngeneration besteht bei allen vierzehn Enkeln. Sie erfolgt unabhängig von einer kritischen Bilanzierung des Pflegesettings, welches sie selber mit ihrem Großelternteil erlebt haben, und unabhängig von der Höhe des eigenen damaligen Belastungsgrades. Alle befragten Enkelkinder würden Verantwortung für die Versorgungssituation pflegebedürftiger Eltern übernehmen (vgl. Philipp-Metzen, 2008a, S. 356).
- In zwölf Fällen aus diesem Teilnehmerkreis wird zusätzlich die Beteiligung an häuslicher Pflege als denkbar angegeben (vgl. ebd., S. 357).
- Die Kombination mit professionellen Diensten ist eine wichtige Voraussetzung für das antizipierte Pflegearrangement. Dabei werden von den professionellen Diensten hohe Qualitätsstandards erwartet (vgl. ebd., S. 358).
- Die Vereinbarkeit von Pflege und Beruf wird als wichtiges Szenario genannt. Diese Überlegungen werden ausschließlich von weiblichen Enkeln geäußert (vgl. ebd.).
- Einige Enkel in der Studie kommunizieren mit ihren Eltern angesichts eigener Erfahrungen schon heute zukünftige Pflegesettings, was eine veränderte Ge-

sprächskultur erwarten lässt. Dazu sagt die 22-jährige Frau Schwarz (Name geändert), sie würde offener zu ihnen sein und, falls nötig, auch darauf hinweisen, man müsse auch einmal wieder duschen (vgl. Philipp-Metzen, 2008b, S. 47).

Eine weitere Frage bezieht sich auf die Situation, wenn das heutige Enkelkind später einmal selber pflegebedürftig werden sollte: Wie sind die antizipierten Erwartungen bezogen auf die Pflegebereitschaft anderer Familienmitglieder, z. B. Partner oder Kinder?

Pflegebereitschaft Anderer

Bei zukünftiger eigener Pflegebedürftigkeit gleicht die erwartete Sorgeleistung in sieben Fällen der eigenen Pflegebereitschaft. Ansonsten wird weniger an Pflege erwartet als selber bei den eigenen Eltern geleistet würde (vgl. Philipp-Metzen, 2008a, S. 361 ff).

Die dritte Frage lautete, wie die Enkelkinder, d. h. die Studienteilnehmenden zwischen 16 und 35 Jahren, es beurteilen würden, wenn es eine formal verordnete Pflicht zur Pflege von Angehörigen gäbe?

›Pflichtpflege‹

Zur Einführung einer ›Pflichtpflege‹ äußert die Hälfte der Enkel, eine grundsätzliche Sorgeleistung sei sowieso moralisch gegeben. Teilweise wird die Chance der individuellen Kompetenzerweiterung, u. a. auch durch den Einbezug von pflegerischen Tätigkeiten, angegeben (vgl. ebd., S. 364). Solidaritätsempfindungen im Sinne von prospektiver Pflegebereitschaft werden von allen interviewten Enkeln deutlich geäußert. Bezogen auf den Einzelfall, d. h. die Pflege der eigenen Person, hat jedoch nur die Hälfte der Befragten diese Erwartung. Aber eine kollektive Verpflichtung zur Pflege wird von über der Hälfte der Befragten bejaht (vgl. ebd.). Tabelle 8.5 fasst wesentliche Aspekte zusammen.

Tab. 8.5: Familiale Solidarität der Enkelgeneration im Kontext von Demenz: Generationenbeziehungen und prospektive Pflegebereitschaft

Generationenbeziehungen und prospektive Pflegebereitschaft
• Das Solidaritätspotenzial in der Enkelgeneration gegenüber alten, demenzkranken Menschen ist erheblich.
• Zwar wohnen nur noch wenige Dreigenerationenfamilien in einem Haushalt, doch Hilfeleistungen finden oftmals multilokal, auch über räumliche Distanzen statt (vgl. Philipp-Metzen, 2008a, S. 98 ff).
• Die Beziehungen zwischen den Generationen haben in der Regel einen hohen Stellenwert (vgl. ebd., S. 112).

8 Intergenerationelle Soziale Arbeit

Tab. 8.5: Familiale Solidarität der Enkelgeneration im Kontext von Demenz: Generationenbeziehungen und prospektive Pflegebereitschaft – Fortsetzung

Generationenbeziehungen und prospektive Pflegebereitschaft

- Die gemeinsame Lebenszeit von Enkeln und Großeltern ist länger geworden: Heute erleben Großeltern häufig die Jugendzeit und Volljährigkeit der Enkelkinder (vgl. ebd., S. 98 ff).

- In einer lebensorientierten Studie äußern alle befragten Enkelkinder von Großeltern mit Demenz, dass sie Verantwortung im Sinne einer grundsätzlichen Sorgeleistung im Falle der Pflegebedürftigkeit der eigenen Eltern übernehmen würden. Umgekehrt erwarten nicht alle dieselbe Hilfe für ihre Person (vgl. ebd., S. 356 ff).

(vgl. Philipp-Metzen, 2008a)

Ein methodisch-didaktisch geplanter, systematischer Einbezug der Enkelgeneration kann empfohlen werden. Dabei gilt es, die ganze Breite sozialer, pädagogischer, psychologischer und therapeutischer Interventionsfelder zu nutzen.

9 Demenz bei geistiger Behinderung

Tilman Fey

Beim Thema ›Demenz bei geistiger Behinderung‹ handelt es sich um ein relativ neues, interdisziplinäres Handlungsfeld. Die Schnittstelle zur medizinisch-diagnostischen Tätigkeit ist für die sozialen und (heil)pädagogischen Berufsgruppen von besonderer Relevanz. Nachfolgend wird die Thematik der Demenz bei einer geistigen Behinderung aus medizinischer Perspektive mit dem Fokus auf klinischen Arbeitsbereichen behandelt.

9.1 Epidemiologie

Demenzerkrankungen haben eine altersassoziierte Häufigkeitszunahme. Die Prävalenz steigt ab der 7. Lebensdekade nicht nur linear, sondern exponentiell und verdoppelt sich oberhalb des 65. Lebensjahrs alle fünf Lebensjahre.

Bei Menschen mit geistiger Behinderung besteht eine deutlich früher auftretende Häufigkeitszunahme von Demenzerkrankungen. Bei den über 50-Jährigen wird eine Prävalenz von 11,4 % beschrieben, bei den über 65-Jährigen eine Häufigkeit von 22 % (vgl. Moss & Patel, 1997, S. 60 ff). Besonders deutlich ist eine frühere Erkrankungshäufigkeit bei Menschen mit einem Down-Syndrom. Hier wird das Auftreten dementieller Symptome zwischen dem 50. und dem 60. Lebensjahr mit 42 % benannt, bei den über 65-Jährigen mit 56 %. Unabhängig von dem Bestehen klinischer Symptome wurden morphologische Zeichen wie bei einer Alzheimerdemenz bei nahezu 100 % der über 40-Jährigen mit Down-Syndrom beschrieben. Generell besteht bei Menschen mit geistiger Behinderung ein deutlich erhöhtes Risiko, an einer psychiatrischen Störung zu erkranken, es ist von einer um den Faktor 3-4 erhöhten Erkrankungshäufigkeit auszugehen (vgl. Corbett, 1979, S. 11 ff; Walesch, 2012, S. 80 ff).

9.2 Verschiedene Demenzursachen

Im Gegensatz zur Intelligenzminderung, deren Ursache einer eingeschränkten kognitiven Leistungsfähigkeit per definitionem prä-, peri- oder postnatal, zumindest aber bis spätestens zum 18. Lebensjahr eingetreten ist, wird eine dementielle Beeinträchtigung durch eine hirnorganische Schädigung im zumeist höheren Erwachsenenalter verursacht.

Bei etwa 60 % aller Demenzsyndrome liegt die Alzheimerdemenz ursächlich zugrunde, welche mit ihren histologisch (d. h. im Gewebe) kennzeichnenden Amyloidplaques und Neurofibrillen namensgebend von dem deutschen Neuropathologen Alois Alzheimer 1906 erstmals beschrieben wurde. Amyloidplaques bezeichnen Ablagerungen bestehend aus Eiweißfragmenten zwischen den Gehirnzellen. Neurofibrillen könnte man als fadenförmige Eiweißablagerungen innerhalb der Neuronen, d. h. der Gehirnzellen, beschreiben. Bei dem pathologischen, d. h. krankheitsbedingten Entstehungsmechanismus der Alzheimerdemenz, bei der letztlich Nervenzellen in großer Anzahl absterben, spielt u. a. das aus dem β-amyloid-precursor-protein (APP) pathologisch gespaltene Amyloid-β-Peptid eine wesentliche Rolle (vgl. Eschweiler et al., 2010, S. 677 ff). Dadurch, dass das Gen für das APP auf dem Chromosom 21 liegt und somit bei der Trisomie 21 das APP in größerer Menge exprimiert wird, erklärt sich das deutlich häufigere und frühere Auftreten der Alzheimerpathologie bei Menschen mit einem Down-Syndrom (vgl. Voß, 2007, S. 43 ff). Von dieser sogenannten Amyloid-Hypothese als alleiniges pathophysiologisches Erklärungsmodell der Alzheimerdemenz ist die Wissenschaft allerdings längst abgerückt. Die Amyloidplaquebildung ist nur einer von einer Vielzahl ineinandergreifender Vorgänge, die die komplexe pathophysiologische Kaskade, d. h. die Funktionsmechanismen im Rahmen krankhafter Veränderungen, kennzeichnen.

Bei 10 % der Demenzerkrankungen sind Durchblutungsstörungen/Hirninfarkte die Ursache, hier spricht man von sogenannten *vaskulären Demenzen*. Bei weiteren 15 % wird eine gemeinsame Ursache aus Alzheimeranteilen und durchblutungsbedingten Schädigungen postuliert, hier spricht man weithin von einer *gemischten Demenz*. Die Lewy-Körperchen-Demenz mit einem Häufigkeitsanteil von etwa 5 % steht für eine Kombination aus dementieller Beeinträchtigung und Parkinsonsymptomatik. Ebenfalls etwa 5 % macht eine weniger bekannte Demenzvariante aus, die nach ihrer Hirnschädigungslokalisation benannte frontotemporale Demenz, die ausnahmsweise weniger durch Gedächtnisleistungen als vielmehr durch eine gravierende und progrediente Wesensänderung geprägt ist. Schließlich bleiben noch knapp 5 % an verschiedenen, sekundären Demenzformen, die auch die seltenen reversiblen Demenzursachen, wie beispielsweise mögliche Folge von Schilddrüsenfunktionsstörungen oder andere endokrinen Erkrankungen, beinhalten.

9.3 Symptomatologie

Demenzerkrankungen im Kontext einer geistigen Behinderung sind klinische Syndrome verschiedener Ursachen. Sie bestehen aus einer erworbenen Gedächtnisstörung, als dem entscheidenden Leitsymptom von Demenzen, und Denkstörungen. Beides führt zu einer Verschlechterung der Alltagsbewältigung, hält mehr als 6 Monate an, bleibt in der Regel dauerhaft fortbestehen, bzw. nimmt weiter zu (vgl. Eschweiler et al., 2010; S. 677 ff) (▶ **Kap. 2** bezogen auf Demenzen im Allgemeinen).

Insbesondere die Alzheimerdemenz ist auch bei Menschen mit einer geistigen Behinderung durch einen in der Regel schleichend beginnenden und über Jahre langsam fortschreitenden Abbau kognitiver Fähigkeiten gekennzeichnet. Von den langsam zunehmenden Gedächtniseinbußen ist zunächst v. a. das episodische Gedächtnis betroffen. Hiermit wird ein Bereich des Langzeitgedächtnisses bezeichnet, welcher u. a. persönliche Erlebnisse beinhaltet. Relativ früh gestört ist auch das visuell-räumliche Verarbeitungsvermögen. Orientierungsstörungen stellen sich in Folge einer schwindenden Neueinspeicherungsfähigkeit ein. Sukzessive folgen Sprachbeeinträchtigungen mit zunächst noch Wortfindungsschwierigkeiten bis hin zum kompletten produktiven wie rezeptiven Sprachverlust (Aphasie) sowie der Verlust praktischer Fertigkeiten wie z. B. das sinngerechte Verwenden einer Zahnbürste (Apraxie).

Im Laufe der Erkrankung können Wesens- und Verhaltensänderungen auftreten, was z. T. durch den Verlust kognitiver Fähigkeiten erklärlich, mitunter aber hiervon unabhängig ist. Diese zeigen sich in für den Betroffenen ganz ungewöhnlichen und stark auffälligen Affekten bis hin zu aggressiven Impulsen. In späteren Krankheitsstadien treten ebenso körperliche Beeinträchtigungen hinzu, die Ausdruck der Ausbreitung des Krankheitsprozesses über das gesamte Gehirn sind. Auch sind sie Kennzeichen des Verlustes zentral-neurologischer Steuerung wie z. B. zunehmender motorischer Schwierigkeiten (etwa die Störung des Gangbildes bis hin zum völligen Verlust der Mobilität), Harnblasenentleerungsstörungen oder neu aufgetretenen epileptischen Anfällen.

Wichtig ist, dass auch andere psychische Störungen, wie etwa Depressionen, zunächst ähnlich wie eine Demenz wirken können. Daher sind auch bei Menschen mit geistiger Behinderung eine differentialdiagnostische Unterscheidung und eine gute Diagnostik von großer Bedeutung.

9.4 Diagnostik

In der derzeit gültigen *S3-Leitlinie Demenzerkrankungen* (DGPPN & DGN, 2009) finden an einer Demenz erkrankte Menschen mit geistiger Behinderung keine spezifische Erwähnung, obwohl diese Gruppe gegenüber der Allgemeinbevölkerung eine höhere Prävalenz aufweist. Die Möglichkeit, die beschriebenen Vorgaben zur Diagnostik unmodifiziert umzusetzen, ist in ihrer praktischen Umsetzbarkeit limitiert. Grundsätzliche Aspekte sind aber auf Menschen mit einer geistigen Behinderung übertragbar.

Während die Erhebung der Eigenanamnese zwar erforderlich ist, aber je nach Ausmaß der geistigen Behinderung schnell an Grenzen der Aussagekraft stößt, kommt der Fremdanamnese bei der Demenzdiagnostik geistig behinderter Menschen eine entscheidende Funktion zu. Zu dem diagnostischen Gespräch zur Abklärung einer möglichen Demenz sollte der geistig behinderte Patient immer von einer gut informierten betreuenden Person begleitet werden, die über die Entwicklung der kognitiven Funktionen und des Verhaltens innerhalb der letzten Jahre aussagekräftig berichten kann. Wenn möglich, sollten zu einem diagnostischen Erstgespräch medizinische Vorbefunde mitgebracht werden, wie etwa bildgebende Befunde des Kopfes aus früheren Jahr(zehnt)en. Dazu gehört auch das Ergebnis des psychometrischen Befundes (Intelligenztest), mit dem in vorherigen Jahren die geistige Behinderung objektiviert und gegebenenfalls im Verlauf überprüft wurde. Außerdem sind eine Auflistung der aktuell eingenommenen Medikamente und nach Möglichkeit aktuelle Laborbefunde sowie selbstverständlich erforderliche Hör- und/oder Sehhilfen des Betroffenen zu berücksichtigen.

Die Durchführung einer psychometrischen bzw. neuropsychologischen Testung ist grundsätzlich sinnvoll, es ergeben sich aber folgende Einschränkungen: Bei den Testergebnissen kann es aufgrund des jeweils individuellen Grades der intellektuellen Niveaus keine Normierung aus einem größeren Kollektiv geben. So zielen die wenigen, überwiegend aus der angloamerikanischen Literatur stammenden Testverfahren zur Demenzdiagnostik intelligenzgeminderter Menschen auch nicht auf den aktuellen Grad der kognitiven Einschränkung allein, sondern auf die fremdanamnestisch zu erhebenden Veränderungen der kognitiven Leistungsfähigkeiten ab.

Die ansonsten üblicherweise in Deutschland zur Demenzdiagnostik eingesetzten Testverfahren (MMSE, Uhrentest, DemTect, CERAD – Consortium to Establish a Registry for Alzheimer's Disease etc.) (▶ Kap. 2) können bei Menschen mit mittlerer bis schwerer Intelligenzminderung wegen des erforderlichen hohen Sprachverständnisses und der motorischen Fertigkeiten nicht eingesetzt werden (vgl. Voß, 2007, S. 43 ff).

Wenn möglich, sollte eine aktuelle Schichtaufnahme des Kopfes durchgeführt werden, dies weniger zum »Nachweis« einer Alzheimerdemenz als mehr zum Ausschluss spezifischer anderer akuter Hirnveränderungen, wie z. B. eines Normaldruckhydrocephalus, eine sich langsam entwickelnde pathologische Veränderung des Hirndrucks, oder eines Tumors. Unter diesen Gesichtspunkten ist zwar eine Kernspintomographie (MRT) als bildgebendes Verfahren aussagekräftiger, hierzu muss der Betroffene aber bis zu einer halben Stunde in einer »Röhre« liegen. Eine Computertomographie des Schädels ist mit 10 bis 15 Minuten Liegen in einem optisch weniger engen Bogen deutlich geringer aufwendig und in den meisten Fällen in der Aussage ausreichend.

Deutlich belastender, aber in der Aussagekraft bzgl. des Vorliegens einer Alzheimerpathologie die derzeit aussagekräftigste Methode, ist die Durchführung einer Lumbalpunktion zur Nervenwasseruntersuchung. Untersucht werden hierbei, neben Parameter akuter oder chronischer Entzündungsprozesse, spezielle Eiweiße (β-Amyloid, Tau-Protein). Zwar fehlen auch hier Normwerte aus einem hinreichend großen Kollektiv für Menschen mit einer geistigen Behinderung, wodurch die ansonsten sehr hohe Sensitivität (der Prozentsatz der Erkrankten, die durch das Verfahren als erkrankt identifiziert werden) reduziert ist, die Spezifität (der Prozentsatz der Gesunden, die durch das Verfahren als gesund identifiziert werden) ist aber höher als in jedem anderen diagnostischen Verfahren (▶ Kap. 2.4).

9.5 Therapie

Die Zielrichtung aller Behandlungsansätze bei Demenzerkrankung ist, anders als bei der Mehrzahl anderer Erkrankungen, weniger auf die Defizite und auf deren kurative Besserung fokussiert. Dies gilt auch für Demenzerkrankungen bei Menschen mit geistiger Behinderung. Vielmehr richtet sich der Blick auf die vorhandenen Ressourcen und deren möglichst langen Erhalt.

Somit bedeutet die Diagnose Alzheimerdemenz für den professionellen Betreuer intelligenzgeminderter Menschen in der Regel einen Paradigmenwechsel, weg vom Fördergedanken hin zum Situationsmanagement eines Betreuten mit einer psychischen, unheilbaren degenerativen Erkrankung. Dabei ist das vorrangige Ziel aller therapeutischen Bemühungen, dem Erkrankten respektvoll zu begegnen und ihm so lange wie möglich den Verbleib in seiner vertrauten Umgebung zu ermöglichen (vgl. Voß, 2007, S. 43 ff). Nichtmedikamentöse Behandlungsansätze wie Validation, Realitätsorientierungstraining, Milieutherapie u.a. (▶ Kap. 5) sind dabei auch nicht als Methode mit mechanistischer Ausführung zu verstehen, sondern stehen für eine Haltung gegenüber dem Demenzerkrankten.

Medikamente

Eine ursächliche medikamentöse Behandlungsmöglichkeit der Alzheimerdemenz besteht derzeit nicht. Die verfügbaren Medikamente zielen auf eine Modifikation des Krankheitsverlaufes ab (▶ Kap. 2.3). Unter einer enormen Zahl verordneter und eingesetzter Medikamente gibt es nur für die Substanzgruppe der Acetylcholinesterasehemmer (AChE-Hemmer) sowie für das Memantin einen wissenschaftlich gesicherten Wirkungsnachweis. Für Ginkopräparate ist die Datenlage inhomogen, ein eindeutiger Evidenznachweis wird von den Fachgesellschaften nicht gesehen. Die AChE (Substanzen: Donezepil, Rivastigmin, Galantamin) sind für die leicht bis mittelgradige Alzheimerdemenz zugelassen. Die Präparate erhöhen über die Hemmung eines abbauenden Enzyms die Konzentration des Neurotransmitters Acetylcholin, welches bei der Alzheimerdemenz deutlich reduziert ist. Nebenwirkungen der Substanzgruppe der Acetylcholinesterasehemmer sind vor allem Durchfälle, Übelkeit und Verlangsamung des Herzschlages (Bradykardie). Die Wirkweise des Memantin, das zur Behandlung der moderaten bis hochgradigen Alzheimerdemenz zugelassen ist, besteht im Wesentlichen in der Reduktion des Hirnzellen schädigenden Botenstoffes Glutamat. Für Donezepil, Rivastigmin, Galantamin und Memantin liegen Studien mit jeweils kleinen Fallzahlen vor, die dafür sprechen, dass auch geistig behinderte Menschen von AChE-Hemmern sowie von Memantin profitieren können (vgl. Prasher, 2004, S. 509 ff).

9.6 Medizinische Versorgungssituation

Die medizinischen Versorgungsbedarfe geistig behinderter Menschen werden in den nächsten Jahren zunehmen, weil nicht nur die absolute Anzahl, sondern v. a. der Anteil Älterer und damit die Menge altersassoziierter Erkrankungen deutlich anwachsen wird. Nach einer Erhebung aus Westfalen-Lippe wird hier die Gesamtzahl erwachsener Menschen mit einer geistigen Behinderung von 27.127 im Jahre 2010 auf 40.161 im Jahre 2040 ansteigen. Die über 59-Jährigen werden von 2.652 (2010) auf 13.271 (2040) ansteigen und damit die Anzahl der von einer Demenzerkrankung betroffenen Menschen mit einer geistigen Behinderung von 50 (2010) auf 747 (2040) zunehmen (vgl. Dieckmann et al., 2010, S. 40 ff).

Die aufgrund der demographischen Entwicklung aktuell stark anwachsenden Bedarfe der medizinischen Diagnostik und Behandlung von Menschen mit geistiger Behinderung kontrastierten mit der historisch gewachsenen und der derzeit real bestehenden medizinischen Versorgungssituation. Seit der Psychiatriereform und der Enthospitalisierung in den 1990er Jahren leben Menschen mit geistiger Behinderung nicht mehr in übergroßen Krankenhauseinrichtungen, sondern in für sie spezialisierten Versorgungseinrichtungen, die in der Leitungs- und der direkten Betreuungsfunktion nicht mit medizinischem Personal, sondern überwiegend mit Heil- und Sozialpädagogen ausgestattet sind (vgl. Gusset-Bährer, 2012). Damit wird einerseits den spezifischen Betreuungs- und Versorgungsbedarfen von Menschen mit geistiger Behinderung in angemessener Weise Rechnung getragen, andererseits besteht zwischen den gegebenenfalls unmittelbaren medizinischen Versorgungserfordernissen und deren raschen Umsetzung bei Menschen mit geistiger Behinderung unter Umständen eine nicht unwesentliche Distanz (vgl. Walesch, 2012, S. 80 ff). Diese Schnittstellenproblematik ist schon vor Jahren erkannt worden, und es hat in diversen Initiativen eine pragmatische Wiederannäherung stattgefunden (vgl. Seidel, 2005, S. 3 ff).

In Deutschland gibt es aktuell an 33 Krankenhäusern spezialisierte medizinische Abteilungen oder Fachbereiche zur Behandlung von psychischen Störungen von Menschen mit geistiger Behinderung, überwiegend im stationären Setting, oft gekoppelt mit einem spezialisierten ambulanten Angebot. Die Verteilung dieser speziellen medizinischen Einrichtungen ist im Bundesgebiet allerdings sehr inhomogen (vgl. BDK, o. J.). Dies bedeutet, dass insbesondere in ländlichen Regionen einem überwiegenden Anteil der Zugang zu entsprechenden Spezialambulanzen kaum möglich ist. Hier kann mitunter schon die fachärztliche Versorgung erschwert sein. Außerdem sind die Kapazitäten der niedergelassenen Nervenärzte sowie der Spezialambulanzen praktisch begrenzt. Gleichzeitig besteht aus o.g. Gründen ein steigender Bedarf, eine nervenärztliche Mitbetreuung zu gewährleisten, sei es durch einen Neurologen (Schwerpunkt auf den organischen Aspekt von Nervenerkrankungen) oder durch einen Psychiater (Schwerpunkt auf den seelischen Aspekt von Nervenerkrankungen). Durch diese Diskrepanz besteht die Gefahr, dass nervenärztliche Erkrankungen bei Menschen mit einer geistigen Behinderung nicht immer hinreichend als solche erkannt und entsprechend nicht suffizient behandelt werden können.

Das derzeitige Gesundheitssystem in Deutschland sieht vor, dass eine primäre ärztliche Versorgung durch Hausärzte erfolgt. Diese kooperieren oftmals eng vernetzt mit Nervenärzten. Praktisch arbeiten Einrichtungen der Behindertenhilfe ohnehin oft schon direkt mit einem Nervenarzt zusammen. Darüber hinaus kann es im Rahmen aufwendiger medizinischer Fragestellungen erforderlich sein, eine einmalige Vorstellung oder auch eine längerfristige Anbindung an einer Spezialambulanz anzustreben. Auf jeden Fall sollte zumindest zu Beginn einer dementiellen Erkrankung oder des Verdachtes darauf eine ausführliche Diagnostik erfolgen, um eine Weichenstellung zum weiteren therapeutischen Procedere vornehmen zu können, die den individuellen Bedürfnissen des geistig behinderten Menschen gerecht wird.

10 Wer pflegt? Familiale Sorgeleistung pflegender Angehöriger

10.1 Begriffsbestimmungen

Pflegende Angehörige

Beim Themenfeld der sogenannten ›pflegenden Angehörigen‹ sollte beachtet werden, dass in der Literatur der Begriff ›Angehörige‹ im Kontext von Pflege und Demenz i.d.R. breit verwendet wird und oftmals alle nahen Bezugspersonen einschließt. Auch der Wortbestandteil Pflege wird von den unterschiedlichen Autoren nicht einheitlich gebraucht. Teilweise wird die Legaldefinition des SGB XI zugrunde gelegt, beispielsweise in vielen Statistiken. Im Kontext von Pflegebedürftigkeit und Demenz, insbesondere im Handlungsfeld Sozialer Arbeit, wird jedoch eine umfassendere Sichtweise von Angehörigenpflege benötigt, die sich an damit korrelierten Hilfebedarfen orientiert.

Bei der Betrachtung der Integration dieses Pflegegeschehens in die familialen Lebenswelten wird bereits anhand der Symptomatik der Demenz und des davon abgeleiteten Aufgabenspektrums deutlich, dass die Bandbreite der Tätigkeiten nicht auf ›Körperpflege‹ im engeren Sinne begrenzt werden kann. Folglich kann aus den bisherigen Ausführungen geschlossen werden, dass familiale Pflege im Allgemeinen und das Vorliegen der Erkrankung Demenz im Besonderen einen gravierenden Einfluss auf die Alltagswelten des sozialen Gebildes Familie haben können. Diese Einschätzung teilt auch der Siebte Familienbericht, da das Aufgabenspektrum informeller Pflege meistens nicht auf reine Pflege- oder Betreuungstätigkeit begrenzt sei, sondern eine Vielzahl komplexer Aufgaben zeitgemäßer und daher funktional erweiterter »Familien- bzw. Hausarbeit« (BMFSFJ, 2006, S. 89) enthalte. Neben den klassischen hauswirtschaftlichen, erzieherischen bzw. beziehungspflegenden Aufgaben wird in komplexer werdenden Lebensbedingungen der Gegenwartsgesellschaft beispielsweise das »Schnittstellenmanagement« (ebd., S. 90) zu Behörden und Institutionen wie Banken, Versicherungen, Bildungs- und Gesundheitseinrichtungen zunehmend relevanter, was zu Funktionserweiterungen führt. Weiterhin gehören Hintergrundwissen zur Entscheidungsfindung lebensrelevanter Fragen und soziale Kompetenzen im Umgang mit Behörden und professionellen Dienstleistern zu einer erfolgreichen Alltagsbewältigung. Insgesamt gibt es einen zunehmenden Bedarf an »Orientierungs-, Abstimmungs- und Integrationsfähigkeit« (ebd.) der Familienmitglieder. Im Siebten Familienbericht wird konstatiert, dass dieses breite Spektrum familialer Sorgearbeit erst allmählich von der Öffentlichkeit rezipiert wird. In diesem Bericht wird

»Familie als alltägliche Herstellungsleistung« (ebd., S. 105) charakterisiert, wobei zwei Familienphasen hervorgehoben werden: Eine frühe Zeit, geprägt durch die Sozialisation der Kinder, sowie eine spätere Phase mit familialen Hilfeleistungen für ältere Angehörige. Letztere ist insbesondere im Falle einer Multilokalität oftmals eine organisatorisch aufwendige (vgl. ebd.). Unterstützungsleistungen für die physischen und psychischen Bedarfe älterer Familienmitglieder stehen allerdings in Dependenzen zu den vorhandenen sozio-ökonomischen Ressourcen der Familie. Informelle Pflege als Teilaufgabe der sozialen Reproduktionsfunktion von Familie (vgl. Nave-Herz, 2013, S. 87) korreliert somit eng mit sonstigen familialen Kontextvariablen.

Familiale Sorgeleistung

Aus den obigen Ausführungen ergibt sich, dass bei der Betrachtung von Angehörigenpflege soziale und beziehungsimmanente Aspekte integriert werden sollten. Der englische Terminus ›to care‹ beinhaltet im Unterschied zum deutschen Begriff ›pflegen‹ von vorneherein ein umfassendes Verantwortungsgefühl für den pflegebedürftigen Menschen, was je nach vorliegendem Kontext auch versteckte Loyalitäten und emotionale Bindungen tangiert. Verschiedentlich präferieren daher auch deutsche Autoren umfassendere Begrifflichkeiten wie z.B. »Kümmerarbeit« (Jansen, 1999, S. 605) oder »Sorgearbeit« (ebd.), um das komplette Aufgabenspektrum von »Fürsorglichkeits-, Versorgungs-, Organisations-, Ressourcenbeschaffungs- und Vernetzungsaktivitäten und -kompetenzen« (ebd.) pflegender Angehöriger zu beschreiben. Ist im Siebten Familienbericht von »Care« (BMFSFJ, 2006, S. 254) oder »Fürsorge« (ebd.) die Rede, wird dies folgendermaßen operationalisiert: »Sich um den anderen zu sorgen und sich für das emotionale, mentale und physische Wohlergehen eines anderen verantwortlich zu fühlen« (ebd.). Die Existenz eines breiten Verantwortungsspektrums in familialen Pflegesettings wird schon länger auch durch internationale Studien belegt. Exemplarisch verdeutlichte dies bereits 1998 eine Studie von Piercy. Danach ist familiale Unterstützung nicht auf pflegerisch-instrumentelle Hilfen limitiert, sondern umfasst »all types of assistance« (Piercy, 1998, S. 116). Aufgrund der beschriebenen Diskrepanz von öffentlicher Wahrnehmung und faktischer Ausgestaltung informeller Pflege wird auch von einem »hidden care system« (Jansen, 1999, S. 607) gesprochen, welches oftmals in Kooperation mit formellen, d.h. professionellen Hilfeangeboten durchgeführt wird.

Privatheit familialer Lebenswelten

Zu einer Einordnung familialer Pflege als ›verborgenes bzw. verstecktes System‹ trägt auch die Verortung in der privaten Häuslichkeit bei. Denn es handelt sich etymologisch betrachtet bei dieser ›privaten‹ Lokalisierung um eine »persönliche« (Duden, 2010) Angelegenheit, die im »vertrauten« (ebd.) Umfeld stattfindet und vorrangig »nicht offiziellen und außeramtlichen« (ebd.) Status hat. Der Terminus ›privat‹ impliziert weiterhin auch ein gewisses Maß an Gestaltungsautonomie, was durch die sinngemäße Übersetzung »(der Herrschaft beraubt); gesondert, für sich stehend; nicht öffentlich« (ebd.) unterstrichen wird, und den informellen Charakter von familialer Pflege betont. Dieser private Rückzugsraum gilt als ein wesentliches Merkmal zeitgemäßer Familienarrangements im Vergleich zu historischen Familienformen, in denen die Intimität familialer Binnenstrukturen in dieser Form noch nicht ausgestaltet war (vgl. Nave-Herz, 2013, S. 43 ff).

Für die Soziale Arbeit im Kontext mit Demenz bedeutet dies, dass die Privatheit familialer Lebenswelten als wesentlicher Referenzpunkt für berufliches Handeln zu werten ist, um ein Verständnis von Handlungsweisen und Relevanzsetzungen von Familienmitgliedern in der Ausgestaltung häuslicher Pflege erlangen zu können. Hilfe- und Pflegeleistungen von Angehörigen sind nicht nur partiell, sondern grundlegend als Teil eines gesamtfamilialen Geschehens und den damit verbundenen Beziehungsgestaltungen einzuordnen. Öffentlichkeitsarbeit kann dazu beitragen, diese vielfach verborgene Sorgeleistung als gesellschaftlich relevante Zukunftsthematik verstärkt zu kommunizieren, wie es bereits im Vierten Altenbericht gefordert wird, denn »eine öffentliche Diskussion würde den betroffenen Familien signalisieren, dass sie in einer solchen schwierigen Lebensphase von der Gesellschaft nicht allein gelassen werden« (BMFSFJ, 2002, S. 362).

10.2 Merkmale Hauptverantwortlicher in der familialen Pflege und Sorgearbeit

In einer Studie zum Pflege-Weiterentwicklungsgesetz werden Informationen über sogenannte Hauptpflegepersonen, d.h. diejenigen, welche im familialen Setting hauptverantwortlich Pflege- und Sorgeaufgaben übernehmen, bereitgestellt.

Tab. 10.1: Verwandtschaftsbeziehung und Wohnort von Hauptpflegepersonen

Verwandtschaftsbeziehungen der Hauptpflegeperson zur pflegebedürftigen Person 1998 und 2010 (%) Basis: Hauptpflegepersonen Pflegebedürftiger in Privathaushalten		
	1998	2010
Verwandtschaftsverhältnis		
(Ehe-)Partnerin	20	19
(Ehe-)Partner	12	15
Tochter	23	26

Tab. 10.1: Verwandtschaftsbeziehung und Wohnort von Hauptpflegepersonen – Fortsetzung

Verwandtschaftsbeziehungen der Hauptpflegeperson zur pflegebedürftigen Person 1998 und 2010 (%) Basis: Hauptpflegepersonen Pflegebedürftiger in Privathaushalten		
Sohn	5	10
Schwiegertochter	10	8
Schwiegersohn	0	1
Mutter	11	10
Vater	2	1
Sonstige Verwandte	10	4
Nachbar/innen/Bekannte	7	6
Wohnort		
Gleicher Haushalt	73	66
Getrennter Haushalt	27	34
Studie zum Pflege-Weiterentwicklungsgesetz – TNS Infratest Sozialforschung 2010		

(BMG, 2011, S. 27)

Tabelle 10.1 verdeutlicht u. a., dass nach wie vor ein gemeinsamer Haushalt die dominierende Wohnform darstellt, allerdings mit abnehmender Tendenz. Weibliche und männliche (Ehe)-Partner machen 34 % der Hauptpflegepersonen aus, Söhne und Töchter 36 %. Dies könnte ein möglicher Erklärungshintergrund für die Häufigkeit gemeinsamer Haushalte sein.

Gegenwärtig ist ein hoher Anteil an Frauen als Pflegende (72 %) zu verzeichnen, jedoch wird seit Jahren ein stetig steigender Anteil an männlichen pflegenden Angehörigen, vor allem an Söhnen, registriert. Die Altersgruppen im erwerbsfähigen Alter, d. h. von 20 bis 64 Jahren, sind mit 67 % vertreten. 25 % der Hauptpflegepersonen haben gleichzeitig familiale Sorgeaufgaben für Kinder unter 18 Jahren. Diese und weitere Merkmale von Hauptpflegepersonen zeigt Tabelle 10.2.

Wie aus den vorangegangenen Ausführungen ersichtlich wird, sollte eine Beratung für pflegende Angehörige sowohl eine eventuelle Vereinbarkeitsproblematik von Pflege und Beruf als auch eine mögliche Sandwichposition mit gleichzeitiger Versorgung der nachfolgenden und der vorausgegangenen Generation als potenzielle Belastungsparameter berücksichtigen.

Tab. 10.2: Soziodemografische Merkmale der Hauptpflegepersonen

Soziodemografische Merkmale der Hauptpflegepersonen (%) Basis: Hauptpflegepersonen in Privathaushalten mit pflegebedürftiger Person		
	1998	2010
Geschlecht		
Männlich	20	28
Weiblich	80	72
Alter		
unter 20 Jahre	0	–
20–39 Jahre	15	8
40–54 Jahre	28	33
55–64 Jahre	25	26
65–79 Jahre	27	24
80 Jahre und älter	5	9
Familienstand		
Verheiratet	80	74
Verwitwet	8	6
Geschieden	4	10
Ledig	8	10
Mit Kindern		
unter 6 Jahren	6	5
von 6–13 Jahren	10	10
von 14–17 Jahren	10	10
ab 18 Jahren	66	69
ohne Kinder	16	18

(BMG, 2011, S. 27)

10.3 Vereinbarkeit von Pflegeverantwortung und Erwerbstätigkeit

Besondere Anforderungen bestehen oft bei einer Doppelbelastung durch die Sorgeleistung für ältere Angehörige und eine Erwerbstätigkeit.

10.3 Vereinbarkeit von Pflegeverantwortung und Erwerbstätigkeit

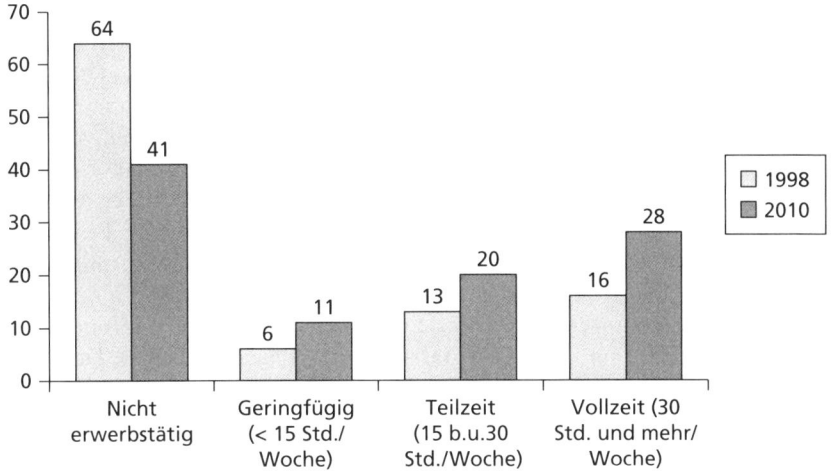

Abb. 10.1: Erwerbstätigkeit der Hauptpflegepersonen 1998 und 2010 (%) (Quelle: BMG, 2011, S. 31)

Auf eigene Erwerbstätigkeit befragt, geben dies im Jahr 2010 insgesamt 59 % der Hauptpflegepersonen an. Die Tendenz ist zunehmend.

In Betrieben gehört das Themengebiet der Pflege älterer Familienmitglieder zum Bereich ›Vereinbarkeit von Familie und Beruf‹, jedoch unterscheidet sich dieses Handlungsfeld deutlich von der familialen Sorge für Kinder und Jugendliche. Tabelle 10.3 zeigt einen Überblick über die spezifischen Anzeichen.

Tab. 10.3: Übersicht über charakteristische Merkmale der Pflege älterer Familienangehöriger

Charakteristische Merkmale der Pflege älterer Familienangehöriger

• Der Eintritt der Pflegebedürftigkeit kommt häufig überraschend (z. B. nach einer Oberschenkelhalsfraktur).
• Dies erfordert kurzfristiges Handeln und zeitnahe Lösungen.
• Die Dauer der Pflegebedürftigkeit ist i. d. R. wenig vorhersehbar.
• Die Veränderungen im Alltag und der Freizeitgestaltung sind oft gravierend.
• Psychische Belastungen entstehen oftmals durch:
  – chronisch-progrediente Verläufe mit kontinuierlicher Verschlechterung des Gesundheitszustandes des zu Pflegenden bzw. dementiell erkrankten Menschen,
  – die Rollenumkehr vom Kind zum Verantwortungsträger,
  – familienbiografisch bedingte Konfliktsituationen
  – und ausbleibende oder unangemessen niedrige externe Anerkennung.

(vgl. Berufundfamilie gGmbH, 2009, S. 6)

Aufgrund der aufgezeigten Charakteristika benötigt das Thema ›Vereinbarkeit von Erwerbstätigkeit und Pflege‹ eine eigenständige Behandlung von Seiten der Betriebe, d. h. eine »pflegesensible Personalführung« (Bold & Deußen, 2013, S. 47). »Führungskräfte spielen eine wesentliche Rolle bei der unmittelbaren Umsetzung einer familienorientierten Personalpolitik. [...] Zu den Aufgaben der Führungskraft zählen in diesem Zusammenhang die emotionale Unterstützung, die Koordination aufgrund ungeplanter Arbeitsausfälle in der Abteilung sowie die Verteilung und Regulierung von Arbeitspaketen« (ebd.). Es wird davon ausgegangen, dass es Führungskräften ohne persönliche Erfahrung schwerer fällt, sich in die Rolle einer Person mit Pflegeverantwortung hineinzuversetzen. Das wiederum erschwert das Entwickeln strategischer Lösungen, die nachhaltig tragfähig sind, in den Mitarbeitergesprächen (vgl. ebd.). Dabei sind die Auswirkungen unzureichender Personalpolitik im Feld ›Angehörigenpflege‹ für die Unternehmen nicht zu unterschätzen. Pro Arbeitnehmendem mit Pflegeaufgaben entstehen laut Bold und Deußen dem Unternehmen vermeidbare Mehrkosten von 14.000 € im Jahr (vgl. ebd., S. 29). Die Autorinnen nennen bei mangelnder Vereinbarkeit verschiedene Gefahren, die in Tabelle 10.4 aufgeführt werden.

Tab. 10.4: Risiken mangelnder Vereinbarkeit von Pflege und Erwerbstätigkeit

Risiken mangelnder Vereinbarkeit von Pflege und Erwerbstätigkeit
• Absentismus (d. h. Fehlzeiten bedingt durch persönliche Problematiken oder mangelnde Motivation des Arbeitnehmenden), beispielsweise durch – das Vortäuschen von Krankheitstagen – oder das Fernbleiben einzelner Stunden (z. B. verspätetes Eintreffen am Arbeitsplatz oder früheres Verlassen der Arbeitsstätte).
• Verwendung der eigentlich als Erholungszeiten gedachten Zeitabschnitte für die Angehörigenpflege: – Verwendung von Urlaubstagen zur Erledigung zeitintensiver Aufgaben wie Arztbesuche, – Nutzung der Mittagspause zur Organisation der Pflege.
• Ungenügende Regeneration in Verbindung mit einem erhöhten Aufkommen an Stress kann Folgeerkrankungen begünstigen.
• Durch einen Mangel an Freizeitaktivitäten können Einschränkungen des sozialen Netzwerkes entstehen.
• Einbußen in der Arbeitsproduktivität können eine Folge pflegebedingter Überforderung sein.
• Es besteht ein erhöhtes Risiko, an Depression, Diabetes mellitus oder Bluthochdruck zu erkranken.

(vgl. Bold & Deußen, 2013, S. 29 f)

Insbesondere prozessorientierte Beratung bietet für beide Seiten Lösungsoptionen, wie das anonymisierte Fallbeispiel in Box 10.1 aufzeigt.

10.3 Vereinbarkeit von Pflegeverantwortung und Erwerbstätigkeit

Box 10.1: Fallbeispiel einer verbesserten Vereinbarkeit von Erwerbstätigkeit

Fallbeispiel einer verbesserten Vereinbarkeit von Erwerbstätigkeit

Frau Groß (alle personenbezogenen Angaben wurden verändert) ist 55 Jahre alt. Sie lebt in der Nähe ihrer hochbetagten Eltern und ist in Vollzeit berufstätig. Ihre an Demenz erkrankte Mutter ist stark gehbehindert, sie erhielt Pflegestufe II. Viele Jahre lang hatte Frau Groß einen »straffen Zeitplan« (Philipp-Metzen et al., 2013, S. 395), beginnend mit der Frühstückszubereitung morgens um 5.15 Uhr. Auch außer Haus war sie Ansprechpartnerin in Notfällen, was einer 24-Stunden-Bereitschaft gleichkam. Diese »Dauerbereitschaft« betraf auch die Wochenenden und beinhaltete häufiges nächtliches Aufstehen, was zu einer Reduzierung der Freizeitaktivitäten und des sozialen Austausches mit Freunden und Bekannten führte. Eine Stundenreduzierung war für sie aus finanziellen Gründen und aus Furcht vor einem »Karriereknick« keine Option. Auch erlebte sie ihre Arbeit als »die einzige Zeit, wo ich mal ein wenig rauskomme« (ebd.). Jedoch hatte Frau Groß Sorge, ihre Stelle zu verlieren, da ihr wiederholt Fehler unterliefen. Sie reflektierte: »Man ist einfach nicht mehr so bei der Sache« (ebd.).

Die Lösungsansätze in ihrem Fall umfassten Beratungsangebote für pflegende Angehörige demenziell Erkrankter sowie die Inanspruchnahme von weiteren Entlastungsmaßnahmen. Dadurch verteilte sie die nötigen Aufgaben auf unterschiedliche Akteure in einem erweiterten Pflegearrangement und konnte ihre Berufstätigkeit im vollen Umfang beibehalten (vgl. ebd.).

Bei gelungener Vereinbarkeit handelt es sich i. d. R. um eine Win-Win-Situation für die Unternehmen und die pflegenden Mitarbeitenden, denn die Übernahme von Pflegeverantwortung für alte Familienmitglieder beinhaltet auch eine Reihe von vorteilhaften Faktoren (▶ Kap. 10.5). Ein wesentlicher positiver Effekt bei gelungener Vereinbarkeit von Pflege und Beruf ist die Vorbeugung sozialer Isolation der Pflegeperson. Rückblickend beschreibt Frau Feld (Name geändert), eine erwachsene Enkeltochter einer Großmutter mit Demenz, die Lage ihrer Mutter in der häuslichen Pflegesituation so: »Meine Mutter war eigentlich die Hauptleidtragende in der Situation, weil sie ja dann auch nicht mehr arbeiten gehen konnte. Sie hatte vorher immer halbtags gearbeitet, und das war nicht mehr möglich. Ich war morgens in der Schule, ich hatte also noch so ein bisschen, ich sag‹ mal, Leben außerhalb, mein Vater hatte die Arbeit, aber meine Mutter hatte gar kein Leben mehr außerhalb« (Philipp-Metzen, 2008a, S. 254).

Der Folgeschluss für die psychosoziale Arbeit lautet: In Beratungsprozessen sollten erwerbstätigen pflegenden Angehörigen Wege einer besseren Vereinbarkeit aufgezeigt und sie zur Inanspruchnahme von Entlastungsangeboten wie Tagespflege, ehrenamtliche Betreuungsdienste etc. ermutigt werden (vgl. Philipp-Metzen et al., 2013).

10.4 Belastung pflegender Angehöriger

Neben der Vereinbarkeit von Pflege und Beruf bestehen eine Vielzahl weiterer Belastungsfaktoren im Rahmen von familialen Pflegesettings. Der hohe Belastungsgrad von pflegenden Angehörigen wurde bislang zahlreich in Studien belegt, sie gelten als Risikogruppe, selber zu erkranken (exemplarisch: BMG, 2011; Gutzmann & Zank, 2005; Kruse & Wahl, 2010). Viele dieser Studien basieren auf einem »stress/coping paradigm« (Farran et al., 1991, S. 483) bzw. einer Stresstheorie. Stress und Belastung im Allgemeinen sowie speziell bezogen auf die informelle Pflege werden von unterschiedlichen Wissenschaftlern verschieden konzeptionalisiert und gemessen. In der Regel werden subjektive und objektive Belastungen dabei differenziert betrachtet und die Bedeutung der subjektiven Bewertung von Geschehnissen sowie des Prozesscharakters von Bewertung und Bewältigung herausgestellt (vgl. Gutzmann & Zank, 2005, S. 158 ff).

In einer repräsentativen Studie zum Pflege-Weiterentwicklungsgesetz (BMG, 2011) wurde die durchschnittliche Zeitaufwendung von pflegenden Angehörigen mit 37,5 Stunden pro Woche ermittelt. Die Streubreite der ermittelten Werte ist hoch, was auch mit der Integration professioneller Dienste ins häusliche Geschehen und der Anzahl weiterer Personen, die Unterstützungsleistungen innerhalb einer Familie erbringen, in Verbindung steht. Von den befragten Hauptpflegepersonen gaben 29 % als Grad der Belastung ›sehr stark‹ und 48 % ›eher stark‹ an (vgl. BMG 2011, S. 29). Hohe Belastungswerte korrelieren oftmals mit speziellen Faktoren (► Tab. 10.5).

Tab. 10.5: Besondere Belastungsfaktoren in der familialen Pflege

Besondere Belastungsfaktoren in der familialen Pflege
• Kognitiv beeinträchtigte Pflegebedürftige • Vorliegen einer hohen Pflegestufe • Defizite hinsichtlich der Hilfsmittel • 24-Stunden-Verfügbarkeit der Hauptpflegeperson • Fortsetzung der Berufstätigkeit der Hauptpflegeperson

(vgl. Schneekloth, 2006a, S. 89)

Bildungshintergrund

Für viele Angehörige ist es weiterhin mit erheblichen Erschwernissen verbunden, die ihnen zustehenden Leistungen, beispielsweise aus der Pflegeversicherung, auch zu erhalten. So meint Behrens: »Erhebliches kulturelles Kapital meist der Töchter und Schwiegertöchter, zuweilen auch der Söhne und Schwiegersöhne der Pflegedürftigen ist nötig, um eine Einstufung in eine Pflegestufe zu erreichen. [...] Damit ist keineswegs gesagt, dass die Gutachterinnen und Gutachter des Medizinischen Dienstes der Krankenversicherungen inkorrekt handelten. Es ist nur gesagt, dass die gebildeten Töchter und Schwiegertöchter, die gebildeten Söhne und Schwiegersöhne eine größere Chance haben, die Bedingungen zu durchschauen, die zu einer Anerkennung einer Pflegestufe führen« (Behrens, 2008, S. 186). Dies impliziert eine soziale Benachteiligung von Gruppen, die aufgrund des fehlenden Hintergrundwissens und geringerer Kompetenzen ihre Ansprüche argumentativ nicht ausreichend durchsetzen können.

Relevanz der subjektiv wahrgenommenen Belastung

Die Pflege und Betreuung im Kontext einer demenziellen Erkrankung kann in besonderem Maße belastend wirken. Hierbei ist das subjektive Belastungserleben oftmals aussagekräftiger für Prognosen zum weiteren Verlauf des Pflegesettings als objektive Parameter in Bezug auf den pflegebedürftigen Menschen (vgl. exemplarisch Schäufele et al., 2006, S. 126; Gutzmann & Zank, 2005, S. 154 ff.). Ergebnisse einer Studie von Schäufele et al. zeigen einzelne Faktoren auf, welche besonderen Einfluss auf das subjektive Belastungserleben von Hauptpflegepersonen haben (▶ Tab. 10.6).

Tab. 10.6: Signifikante Prädiktoren einer höheren subjektiven Belastung der Hauptpflegepersonen

Signifikante Prädiktoren einer höheren subjektiven Belastung der Hauptpflegepersonen
• weibliches Geschlecht der Hauptpflegeperson • keine private Pflegeerfahrung • keine/geringe wahrgenommene Unterstützung in der Rolle des/der Pflegenden • Einstellung, dass Pflege sich nicht lohnt • zunehmende Ausprägung der nichtkognitiven Symptome der zu pflegenden Person • zunehmende Beeinträchtigungen in den Aktivitäten des alltäglichen Lebens der zu pflegenden Person

(Auszug aus: Schäufele et al., 2006, 132)

Zentralen Einfluss auf das Belastungserleben haben die Ausprägungen nichtkognitiver Symptome beim Menschen mit Pflegebedarf, die kursorisch in Tabelle 10.7 aufgeführt werden.

Tab. 10.7: Nichtkognitive Symptome mit hohem Belastungscharakter

Nichtkognitive Symptome mit hohem Belastungscharakter
• Apathie • Angst • Depressivität • Gereiztheit • Aggressivität

(vgl. Schäufele et al., 2006, S. 133)

In einer Längsschnittstudie zur Belastung pflegender Angehöriger demenziell Erkrankter, der LEANDER-Studie (Zank & Schacke, 2007), wurde die Belastung im zeitlichen Verlauf erfasst. Hierzu wurden pflegende Angehörige fünfmal im Abstand von jeweils neun Monaten nach ihrer Pflegesituation und ihrer Belastung befragt. Zu Beginn der Studie betrug die Zahl der Befragten 888 pflegende Angehörige. Wesentlich für das Belastungserleben war die subjektive Bewertung von Stressoren. Als besonders entscheidend für die Höhe der Belastung wurden auch hier u. a. nichtkognitive Krankheitssymptome einer Demenz, wie aggressives Verhalten oder Verkennen der Realität, ermittelt (vgl. Gutzmann & Zank, 2005, S. 154 ff). Die beiden Fallbeispiele in Box 10.2 aus der Beratungspraxis der Autorin veranschaulichen die Relevanz subjektiven Belastungserlebens im Umgang mit Anforderungen im Pflegealltag.

Box 10.2: Fallbeispiele zur subjektiven Bewertung von Stressoren

Fallbeispiele zur subjektiven Bewertung von Stressoren

Zwei Töchter kümmern sich nahezu aufopfernd um ihre pflegebedürftige Mutter. Die Bemerkung einer Nachbarin ›Deine Mutter müsste auch mal häufiger draußen spazieren gefahren werden‹ hat auf die erste Tochter nahezu keinen Effekt (›Die hat doch keine Ahnung!‹); während sie bei der zweiten Tochter Selbstzweifel und -vorwürfe auslöst (›Meine Mutter hat so viel für mich getan, und jetzt, wo sie Hilfe braucht, schaffe ich es nicht einmal, sie ausreichend an die frische Luft zu bringen.‹). Im letzten Falle belastet der Satz der Nachbarin die Tochter erheblich.

(Fallbeispiele aus eigener beruflicher Beratungspraxis)

Belastung durch progrediente Krankheitsprozesse und Rollenumkehr

Zum Krisenpotenzial häuslicher Pflege hat Deutmeyer Einzelfallstudien durchgeführt. »Häusliche Pflege löst nicht selten eine Entwicklungskrise oder filiale Krise zwischen Pflegenden und Gepflegten aus« (Deutmeyer, 2008, S. 268). Extreme Belastungen durch die Pflege der alten Eltern sind nach den Ergebnissen des Autors oftmals weniger auf die physischen als auf die psychischen Anforderungen zurückzuführen. Zentral sind hierbei die erlebte Hilflosigkeit und die Ohnmacht, wenn es gilt, »dem Verfall und dem drohenden Verlust des Elternteils tatenlos zusehen zu müssen« (ebd., S. 267). Das Involviertsein in die letzte Lebensphase respektive in Sterbeprozesse kann dazu führen, die eigene Sterblichkeit zu reflektieren und spätere Lebensabschnitte zu antizipieren. Eventuell geht das Leiden der Eltern dann »fließend in das vorweggenommene mögliche drohende Leiden bei eigener Pflegebedürftigkeit über« (ebd.). Diese intrapersonalen Anforderungen und Bewältigungsprozesse sind keine national begrenzten Phänomene. Die US-amerikanische Autorin Smith beispielsweise führt den Unterschied zwischen den Wachstumsprozessen bei Kindern und den schwindenden Kompetenzen bei älteren Angehörigen aus. Erstere werden im Regelfall immer unabhängiger und benötigen sukzessive weniger Unterstützung, die Pflege der Älteren geht dagegen mit wachsendem Hilfebedarf einher: »For most children, aging usually leads to greater independence and less assistance with daily activities [...] In sharp contrast, most elder care responsibilities increase with time [...] In parental elder care arrangements, this reversal is accompanied by a second reversal; namely the role reversal in the relationship between parent and child« (Smith, 2004, S. 11). Nicht nur die Abnahme von Kompetenzen bei alten Angehörigen, auch der mit der Pflegeübernahme oftmals verbundene Rollenwechsel führt ihrer Ansicht nach zu Belastungserleben bis zu emotionalen Krisen, deren Häufigkeit bei der Pflege älterer Angehöriger Smith daher betont: »Adult children engaged in parental elder care often confront an emotional crisis« (ebd.).

Globales Phänomen

Belastungskontexte pflegender Angehöriger werden, wie oben verdeutlicht, sowohl aus wissenschaftlicher als auch aus sozialpolitischer Perspektive global thematisiert. Exemplarisch kann hier der Report ›Ageing in the Twenty-First Century: A Celebration and A Challenge‹ (UNFPA & Help Age International, 2012) genannt werden. Die Risiken erhöhter Belastung und chronischer Überlastung in der familialen Pflege werden insbesondere im Kontext des Krankheitsbildes Demenz als internationale Herausforderung bezeichnet. Oftmals entstehen hierdurch geschlechterspezifische Benachteiligungen für Frauen im Erwerbsleben, da diese in der Mehrzahl Pflegeverantwortung übernehmen, und im Zuge des Pflegeprozesses oftmals ihr Zugang zu oder ihr Verbleib innerhalb bezahlter Erwerbsarbeit erschwert wird. Eine Doppelbelastung durch Pflege und Berufstätigkeit sowie partiell auch eine Dreifachbelastung bei zusätzlicher Sorgearbeit für minderjährige Kinder trifft Frauen in besonderem Maße (vgl. ebd., S. 91).

Instrumente zur Erfassung von Belastung

Wissenschaftlich fundierte Instrumente zur Belastungserfassung ermöglichen ein standardisiertes Verfahren zur Objektivierung und Systematisierung der subjektiv erlebten Belastung. Sie können beispielsweise eingesetzt werden, um im Rahmen eines Gutachtens oder einer Stellungnahme die Kostenübernahme für eine Maßnahme zu begründen. In der Regel ermöglichen sie Statuserhebungen (Wie ist der Belastungsgrad zum Zeitpunkt der Befragung?) und Verlaufserhebungen (Wie entwickelt sich das Belastungserleben?). Das Erfassen von Verläufen kann z. B. zur kritischen Reflexion der eigenen Beratungsmethodik bzw. -qualität herangezogen werden.

Ein einschlägiges Instrument zur Belastungserhebung ist beispielsweise die ›Häusliche Pflege-Skala (HPS)‹. Sie wird bevorzugt eingesetzt, um einen ersten Eindruck von der Belastungssituation zu erhalten. Pflegende Angehörige können den Fragebogen mit den 28 Items, d. h. Fragen, selber ausfüllen. Abgefragt werden verschiedene Bereiche, u. a. bezogen auf Überforderung oder die Beziehung zwischen pflegebedürftigem Menschen und pflegender Person. Die Belastungshöhe wird mittels eines Summenwertes angezeigt (vgl. Gräßel & Leutbecher, 1993).

Ein weiteres bewährtes Instrument ist das BIZA-D-PV (Schacke & Zank, 2009). Es ist die Praxisversion des wissenschaftlichen Messinstruments BIZA-D (Berliner Inventar zur Angehörigenbelastung bei Demenz) (Zank et al., 2006). Mit seiner Hilfe können im Rahmen von Beratung und Entlastung von Angehörigen die zuständigen Einrichtungen beispielsweise prognostische Hinweise auf ein erhöhtes Risiko für Depressivität, gewaltnahes Handeln und einen Abbruch der häuslichen Pflege erkennen (vgl. Zank & Schacke, 2007).

10.5 Ressourcen pflegender Angehöriger

In der in Kap. 10.4 schon erwähnten Studie von Schäufele et al. (2006) zur Betreuung demenziell erkrankter Menschen in Privathaushalten wurden 294 kognitiv beeinträchtigte und 207 kognitiv nicht beeinträchte pflegebedürftige Personen und ihre jeweiligen Angehörigen einbezogen. Auch wenn die Befunde zahlreiche Belastungsphänomene bei Hauptpflegepersonen deutlich machten, stimmten über 80 % der befragten hauptverantwortlich Pflegenden der Auffassung zu, dass Pflegen sich lohnt. Dies betraf beide Gruppen von Angehörigen, sowohl im Kontext mit einer demenziellen Erkrankung als auch bei Pflegebedürftigkeit ohne Vorliegen einer Demenz. Das Autorenteam konstatiert: »Bemerkenswerterweise war die Zustimmung unter den Pflegepersonen mittelschwer und schwer Demenzkranker mit einem Anteil von 83,4 % am größten« (Schäufele et al., 2006, S. 131).

Unabhängig von einer Demenz kommt bei einer differenzierten Betrachtung auch positiven Aspekten ein hoher Stellenwert bei pflegenden Angehörigen zu, wie Tabelle 10.8 zeigt.

Tab. 10.8: Positive Aspekte der Angehörigenpflege

Positive Aspekte der Angehörigenpflege
• Erfahren einer sinnvollen Tätigkeit • Reziprozität: Früher Erhaltenes zurückgeben zu können • Dank und Anerkennung sowohl von den Pflegebedürftigen als auch aus dem sozialen Umfeld • Vorbeugung eines potenziellen schlechten Gewissens • Verbesserungen oder Erhalt des Gesundheitszustandes zu erwirken • Emotionale Nähe und positiv veränderte Beziehungen zu den Erkrankten • Finanzielle Zuwendungen von den Pflegebedürftigen oder aus Leistungen der Pflegeversicherung

(vgl. Koeppe et al., 2003, S. 39)

Diese in Anlehnung an Koeppe et al. aufgeführten Aspekte verdeutlichen den hohen Stellenwert von Beziehungsaspekten, leistungsrelevanten Gesichtspunkten und intrapersonalen Prozessen wie dem Erfahren von sinnstiftenden Aktivitäten. Koeppe et al. führen aus, dass diese positiven Erfahrungen in der Literatur häufig übersehen werden, obwohl Pflegende sich nicht einseitig als »Leidende« (Koeppe et al., 2003, S. 39) wahrnehmen. Teilweise beschreiben pflegende Angehörigen diese Phase als »eine der inhaltsreichsten und intensivsten ihres Lebens« (ebd.), die sie daher oftmals als bereichernd bewerten.

Leipold et al. interessierten sich in einer Studie mit 888 Pflege leistenden Personen für »Prädiktoren von Persönlichkeitswachstum bei pflegenden Angehörigen demenziell Erkrankter« (Leipold et al., 2006, S. 227). Die Autoren erfassten die subjektive Einschätzung persönlichen Wachstums, die Pflegeaufgaben, die Verhaltensprobleme bei den Erkrankten, den Verlust der gewohnten Beziehung, die persönlichen Einschränkungen, die negative Bilanzierung eigener Pflegeleistung, die fehlende soziale Anerkennung und die finanziellen Einschränkungen. Die Befunde ergaben in verschiedenen Bereichen hohe Korrelationen, u. a. zwischen pflegerischen Aufgaben und dem eigenen Persönlichkeitswachstum. Liegt eine negative Selbsteinschätzung der eigenen pflegerischen Leistung vor, wird eine geringere Ausprägung des Persönlichkeitswachstums verzeichnet. In diesem Zusammenhang ist auch die Dauer der Pflege ein relevanter Prädiktor, da die Kurve des zunehmenden Persönlichkeitswachstums über die ersten fünf Jahre ansteigt und erst dann langsam wieder abflacht. Das Fazit der Autoren lautet daher: »Schwierige Lebenssituationen wie die Pflege eines demenziell Erkrankten werden als belastend erlebt, haben aber gleichzeitig das Potenzial zur Förderung des Wissens über sich selbst« (ebd., S. 231). Im Zusammenhang mit Persönlichkeitswachstum von pflegenden Angehörigen kann beispielsweise ein allgemeiner Lebensrückblick stehen, da Lebensphasen mit hohen Anforderungen oftmals von kritisch-reflexiven Prozessen begleitet werden (vgl. ebd.). Pflegeverantwortung wird schon im Zweiten Altenbericht mit positiven Aspekten, wie der Genese und der Förderung sozialer Kompetenzen, in Verbindung gebracht. Diese Phänomene können geschlechtsspezifische Ausprägungen aufweisen und bevorzugt auf männliche Ehepartner zutreffen, beispielsweise wenn fürsorgliche Haltungen oder Verhaltensweisen in das eigene Berufsleben nicht in einem ausreichenden Maße integriert werden konnten (vgl. BMFSFJ, 2002, S. 194).

Insgesamt sind pflegende Angehörige bzw. soziale Bezugspersonen im Rahmen häuslicher Pflege stark involviert. Somit kann man nach Förstl und Kleinschmidt eine Demenz als »Familienkrankheit bezeichnen: Ist eine Person in der Familie betroffen, sind alle betroffen« (Förstl & Kleinschmidt, 2009, S. 134).

10.6 Interventionen für pflegende Angehörige

Die vorangegangenen Ausführungen verdeutlichen den hohen Stellenwert von Interventionen, d. h. Maßnahmen, für pflegende Angehörige. Der Begriff ›Intervention‹ wird in der Literatur vielfach, und je nach Handlungsfeld, unterschiedlich verwendet. Eine einschlägige Definition von ›Intervention‹ lautet: »Eingriff, Veränderung, Behandlung. In einer experimentellen Untersuchung gelten die Stufen der unabhängigen Variablen als ›Treatment‹, ›Behandlungen‹ oder ›Interventionen‹. In einer Evaluationsstudie wird die Veränderungsmaßnahme (z. B. Aufklärungskampagne, Therapie), deren Wirksamkeit zu evaluieren ist, als ›Intervention‹ bezeichnet« (Bortz & Döring, 2003, S. 680). Ein Beispiel für eine ›unabhängige Variable‹ bzw. eine Intervention im medizinischen Bereich ist der Einsatz eines neuen Medikaments in einer Forschungsstudie zur Behandlung von Schlafproblemen. Effekte wie ›länger Schlafen‹ oder ›besser Einschlafen‹ sind hier die abhängigen Variablen, da ihre Größe von der Behandlung bzw. der Intervention abhängt. Beziehen sich Interventionen auf pflegende Angehörige kann man das Spektrum anhand der Systematik von Tabelle 10.9 darstellen.

Tab. 10.9: Pflegende Angehörige als Adressaten von Intervention

Pflegende Angehörige als Adressaten von Intervention
Psychoedukative Interventionen • Beratung und Wissensvermittlung (z. B. Schulung) • Befähigung, krisenhafte Situationen durch Verhaltensänderung und Anpassungsprozesse zu lösen
Psychotherapeutische Angebote • Ähnliche Elemente wie Kategorie 1., Fokus liegt jedoch auf intrapsychischen Prozessen
Unterstützende (Gruppen-)Angebote • Oftmals in Selbsthilfe verankert, von Fachkraft oder Laien geleitet • Emotionale Stärkung durch Gruppensolidarität und Austausch
Entlastende Angebote • Entpflichtung von Versorgungsaufgaben für begrenzten Zeitraum z. B. durch Tagespflege, ambulante Dienste etc.
(Idealtypische Darstellung, in der Realität existieren häufig Mischformen)

(vgl. Engel, 2007, S. 96 ff).

Zur Inanspruchnahme der Maßnahmen durch pflegende Angehörige muss oftmals ermutigt werden (vgl. Philipp-Metzen, 2008a, S. 60). An der Schnittstelle von professionellen Berufsgruppen und Angehörigen als Laien-Tätigen beinhalten neuere Ansätze einen Paradigmenwechsel von einem fürsorglich-paternalistischen Habitus zu einem lebensweltorientierten, adressatenzentrierten und an den Alltagserfahrungen interessierten Handeln (►Kap. 13). Pflegende Angehörige werden nicht als Objekt sozialpädagogischer Intervention, sondern als Individuen mit Fähigkeiten und Kompetenzen sowie als stark heterogene Gruppe wahrgenommen (vgl. Philipp-Metzen, 2008a, S. 66 f).

Nach diesen Prämissen arbeitet auch der Setting-Ansatz, welcher als Kernstrategie innerhalb der Gesundheitsförderung nach der Ottawa Charta der WHO gesehen werden kann (►Kap. 13). Mit dem Motto »Gesundheit wird im Alltagskontext hergestellt« (Kickbusch, 2003, S. 187) wird zu gesundheitsfördernden und Belastung reduzierenden, präventiven Maßnahmen innerhalb alltäglicher Lebensbereiche ermutigt. Dieses ›Empowerment‹ beinhaltet das Recht auf Selbstbestimmung der einzelnen Person, die speziell in einer Mangel- oder Krisensituation befähigt wird, eigene Stärken wahrzunehmen und Kompetenzen zu entwickeln (vgl. Bubolz-Lutz & Kricheldorff, 2006, S. 52 f).

Informationsbedarfe pflegender Angehöriger

Unabhängig vom Typus der Intervention ist die Quartiersnähe bzw. der Gemeinwesenbezug ein zentrales Kriterium zur Inanspruchnahme von Angeboten. Dies wurde in einer Studie von Nickel et al. (2011) am Beispiel der Angehörigenberatung untersucht. Dabei war von Interesse, welche Beratungsanliegen bei den Ratsuchenden bestehen. Die Äußerungen der Befragten wurden unter die folgenden vier Kategorien subsumiert.

Beratungsanliegen der Befragten (vgl. Nickel et al., 2011):

- Informationen zum Versorgungssystem
- Informationen zu individuellen Zugangsmöglichkeiten zum Versorgungssystem
- Informationen zu regionalen Dienstleistern
- Situations- und krankheitsspezifische Anfragen.

Wesentlich für die Bedarfslagen der Angehörigen ist dabei die Anbindung an den Stadtteil: »Die gewünschten Informationen zu individuellen Zugangsmöglichkeiten und den Einrichtungen selbst verdeutlichen den starken regionalen Bezug einer informierenden Pflegeberatung und unterstreichen die notwendige quartiers- und gemeindebezogene Verfügbarkeit einer Pflegeberatung« (ebd., S. 113). In der Regel werden die Städte und Kreise diesen Bedarfen gerecht und bieten in Form von Wegweisern quartiersbezogene Basisinformationen für Menschen mit Demenz und ihre sozialen Bezugspersonen. Darüber hinaus sollten Angehörige auf entsprechende Literatur und Broschüren mit Hintergrundinformationen hingewiesen werden (exemplarisch Palesch, 2013; BMG, 2014).

10.7 Evaluation und Qualitätskriterien von Angehörigeninterventionen

Soziale Arbeit hat die Methodenanwendung und Mittelverwendung gegenüber dem Träger bzw. den Geldgebern zu legitimieren. Die Evaluation von Interventionen ist zunehmend Bestandteil aller Aufgabenfelder. Evaluation kann hier folgendermaßen definiert werden:

Definition Evaluation: »Überprüfung der Wirksamkeit einer Intervention (z. B. Therapiemaßnahme, Aufklärungskampagne) mit Mitteln der empirischen Forschung« (Bortz & Döring, 2003, S. 676). »Die *summative* Evaluation beurteilt zusammenfassend die Wirksamkeit einer vorgegebenen Intervention, während die *formative* Evaluation regelmäßig Zwischenergebnisse erstellt mit dem Ziel, die laufende Intervention zu modifizieren oder zu verbessern« (ebd., S. 113).

Eine professionell durchgeführte Evaluation unterscheidet sich von allgemeinen Alltagsbewertungen durch die »Systematik, mit der Intervention betrachtet wird« (Gutzmann & Zank, 2005, S. 140). Professionelle Beurteilungen finden beispielsweise durch systematische Datenerhebungen mit standardisierten Erhebungsinstrumenten statt, z. B. durch die schriftliche Befragung der Teilnehmenden eines Seminars oder die Auswertung der Rückmeldungen eines ›Meckerkastens‹ in einem Altenheim. Wichtig ist die Festlegung von Zielkriterien. Zur Definition dieser Evaluationskriterien können u. a. folgende Fragen gestellt werden:

Fragen zur Generierung von Zielkriterien zur Evaluation

- Qualität der Konzepte: Welche Qualitätsstandards werden verfolgt?
- Umsetzungsprobleme: Gibt es Schwierigkeiten bei der Implementation des Konzepts?
- Adressatenorientierung: Welche Zielgruppen sollen erreicht werden? In welchem Umfang? (vgl. ebd., S. 140 ff).

Eine Meta-Analyse untersucht anhand von 78 Interventionsstudien die Effekte von Maßnahmen auf das psychophysische Wohlbefinden der Angehörigen. Bezogen auf die Versorgung pflegebedürftiger Menschen insgesamt treten die stärksten Effekte bei psychotherapeutisch bzw. psychoedukativ orientierten Interventionen auf. Als besonders effektiv erweisen sich mehrdimensionale Interventionen, z. B. eine Kombination von Beratungsangebot und Wohnraumanpassung. Angehörige demenziell erkrankter Menschen verzeichnen hingegen nur geringe positiven Effekte. Oftmals erschwert der Methodenmix der Interventionen die Überprüfung der Wirksamkeit einzelner Elemente (vgl. Philipp-Metzen, 2008a, S. 63 f).

Qualitätsmanagement in der Sozialen Arbeit im Kontext mit Demenz

Interventionen und deren Evaluation sind eng verknüpft mit vorab definierten Qualitätskriterien von Maßnahmen und somit auch mit Qualitätsmanagement in der Sozialen Arbeit. Nachfolgend werden die grundlegenden Dimensionen von Qualitätsmanagement aufgeführt.

Dimensionen von Qualität in der Sozialen Arbeit:

- Strukturqualität
  - Z. B. Qualifikationen
- Prozessqualität
  - Z. B. Informationsweitergabe

- Ergebnisqualität
  - Z. B. Erreichen von Zielparametern (vgl. Merchel, 2004, S. 39 ff).

Auf dieser Basis können Kriterien zur Evaluation entwickelt werden. Tabelle 10.10 veranschaulicht dies am Beispiel des Aufgabengebiets ›Angehörigenberatung‹.

Tab. 10.10: Evaluationskriterien am Beispiel von Angehörigenberatung

Evaluationskriterien am Beispiel von Angehörigenberatung
Evaluiert werden soll die Beratung pflegender Angehöriger von Menschen mit Demenz, welche von einem Beratungsdienst einer großen Stadt angeboten wird. Hier sind drei Mitarbeitende beschäftigt. Überprüft wird dieser Dienst anhand der einzelnen Qualitätsdimensionen. Strukturqualität, z. B.: • Sind die Öffnungszeiten ausreichend? • Wie ist die Lage der Räumlichkeiten? Gibt es einen barrierefreien Zugang? • Welche Qualifikationen haben die Mitarbeitenden? Erfolgt ein Einsatz verschiedener Professionen (z. B. Soziale Arbeit, Pflegeausbildung)? • Garantiert der organisatorische Rahmen eine solide Finanzierung? Ist beispielsweise davon auszugehen, dass Gehälter in den nächsten Monaten gezahlt werden können? • Bestehen Vernetzung und Kooperation mit anderen Diensten bzw. Anbietern? Prozessqualität, z. B.: • Wie lange ist die Wartezeit auf einen Beratungstermin? • Welche Regelungen gibt es zur Informationsweitergabe, z. B. bei Urlaub und Krankheit? • Welches Dokumentationssystem wird angewandt? • Existieren ein Beschwerdemanagement und ein Fehlermanagement? Ergebnisqualität, z. B.: • Wie hoch war die Anzahl der Nutzenden dieses Angebots im vergangenen Jahr? • Zu welchen Ergebnissen führte die durchgeführte Nutzerbefragung? • Wie hoch ist die Anzahl von Weitervermittlungen (u. a. im Sinne der Sicherung einer anbieterneutralen Beratung)? • Welche Medienresonanz liegt vor (z. B. Presseartikel)?

(Quelle: Auszüge aus eigenen Dokumentationen)

Bei der Evaluation von Interventionen muss bedacht werden, dass eine Passung zwischen den Zielkriterien und dem Umfang bzw. den Finanzierungskonditionen der Evaluation vorliegt. Auch müssen sogenannte ›Störvariablen‹, d. h. nicht erfasste Außeneinflüsse, bedacht werden.

11 Fokus Beratung: Pflegeberatung mit Case Management, Wohnberatung und Beratung bei Demenz

Martin Kamps

11.1 Pflegeberatung mit Case Management

Die Zunahme der Lebenserwartung bringt bei vielen Menschen ein vermehrtes Auftreten von chronisch-degenerativen Erkrankungen, aber auch akuten Ereignissen wie Schlaganfällen oder Stürzen mit nachhaltigen Folgen mit sich. Familienstrukturen und Verhältnisse in der Arbeitswelt ändern sich. Das Leistungsrecht, die Pflegeversicherung (SGB XI) wird kontinuierlich weiterentwickelt:

- 1994/95: Pflegeversicherungsgesetz
- 2001/2002: Pflegeleistungs-Ergänzungsgesetz
- 2008: Pflege-Weiterentwicklungsgesetz
- 2012: Pflege-Neuausrichtungsgesetz (vgl. Klie et al., 2014, S. 41 ff)
- Geplant ab 2015: zwei Pflegestärkungsgesetze (BMG, o. J.).

Die Pflegeversicherung beförderte durch Refinanzierungsmöglichkeiten die oftmals kreative Entwicklung neuer Angebote für pflege- und betreuungsbedürftige Menschen und deren Angehörige, machte jedoch die Leistungsansprüche wie die Angebotslandschaft unübersichtlicher. Diese Faktoren erzeugen einen großen Bedarf an passgerechter qualifizierter Beratung im Themenfeld Pflege und Betreuung sowie deren Finanzierung. Ziele dieser Beratung sind die gute Versorgung hilfe- und pflegebedürftiger Menschen aller Altersgruppen und die Entlastung ihrer Angehörigen. Beratungsgrundlagen sind weiterhin der Wunsch der allermeisten Menschen in ihrer gewohnten Umgebung verbleiben zu können sowie das gesetzlich verankerte Gebot ›ambulant vor stationär‹, welches in § 43 Abs. 1 SGB XI (Klie et al., 2014, S. 546) Bestandteil der Pflegeversicherung und in den §§ 9 Abs. 2 und 61 Abs. 1 Satz 2 SGB XII (Bundesministerium der Justiz und für Verbraucherschutz, o. J. b) Bestandteil des Sozialhilfegesetzes ist. Nicht zuletzt hat eine frühzeitig einsetzende, möglichst präventive Beratung finanzielle Effekte für Kostenträger, aber auch die Ratsuchenden.

Struktur der Beratung

Betroffene müssen im »Dickicht der Versorgung« (Schaeffer & Kuhlmey, 2008, S. 82) oft lange suchen, um das geeignete Angebot – auch unter dem Gesichtspunkt der Refinanzierbarkeit – zu finden. Im Pflegeversicherungsgesetz ist Pflegeberatung verankert. Die Sicherstellung der Aufklärung und Beratung zu pflegerelevanten Fragen ist als Aufgabe der Pflegekassen definiert. Jeder Versicherte kann sich bei drohender oder bestehender Pflegebedürftigkeit kostenfrei beraten lassen. Die Beratung soll unabhängig und wettbewerbsneutral erfolgen. Paragraf 7 SGB XI wurde im Pflege-Weiterentwicklungsgesetz 2008 durch den § 7a ergänzt, der u. a. die Erstellung eines individuellen Versorgungsplans vorsieht (vgl. Klie et al., 2014, S. 106;123). Auch die Pflegestützpunkte erfuhren 2008 im § 92c SGB XI ihre gesetzliche Fundierung. Sie sollen der wohnortnahen Beratung, Betreuung und Versorgung der Versicherten dienen, indem sie unabhängig zu Sozialleistungen und Hilfsangeboten beraten und Auskunft geben, Hilfs- und Unterstützungsangebote koordinieren und bei der Inanspruchnahme helfen sowie die Angebote vernetzen (vgl. ebd., S. 999 f). Mit dem § 7b des Pflege-Neuausrichtungs-Gesetzes (PNG) von 2012 wurde dieser Beratungsanspruch erweitert, sodass konkrete Termine anzubieten bzw. Beratungsgutscheine dem Ratsuchenden auszustellen sind; auf Wunsch hat die Beratung zuhause stattzufinden (vgl. ebd., S. 162 f).

Weiterhin sieht der § 37 Abs. 3 SGB XI für Pflegegeldbezieher einen regelmäßigen Beratungseinsatz vor (ebd., S. 452). Auch die §§ 11 und 71 SGB XII formulieren einen Beratungsauftrag (vgl. Bundesministerium der Justiz und für Verbraucherschutz, o. J. a)

Darüber hinaus gibt es landesrechtliche Regelungen wie z.B. den § 4 des Landespflegegesetzes Nordrhein-Westfalen (demnächst § 6 GEPA NRW) (Ministerium für Inneres und Kommunales des Landes Nordrhein-Westfalen, 2014). Es beraten auch Krankenhaussozialdienste, Pflegedienste, Seniorenbüros, der gemeinnützige Sozialverband VdK Deutschland e. V., Alzheimer Gesellschaften und selbstständige Pflegeberater – man kann von einer Beratungsvielfalt sprechen. Folglich sind Strukturen für Nutzer oft nicht transparent, sodass der GKV-Spitzenverband, der bundesweite Verband der Krankenkassen in Deutschland, zu der Aussage kommt: »So müssen etwa weitere Anstrengungen unternommen werden, um die Bekanntheit der Angebote und den Zugang zur Beratung weiter zu erhöhen. Noch führt die Akteursvielfalt teilweise zu einer Unübersichtlichkeit bei den Beratungsangeboten. Aus Qualitätsgesichtspunkten und vor allem im Sinne der Nutzer sollte daran gearbeitet werden, die gesetzlich legitimierten Strukturen von Pflegeberatung weiter auszubauen und mehr Transparenz und klare Zuständigkeiten in der Beratungslandschaft zu verankern« (GKV-Spitzenverband, 2012, S. 4). Transparenz und Wohnortnähe spielen für die Ratsuchenden beim Zugang zu Beratung eine wichtige Rolle. Für die Berater ist Dezentralität wegen des Überblicks über das Hilfenetzwerk, des Aufbaus von Kooperationen sowie der Wirtschaftlichkeit (Fahrzeiten) bedeutsam. Es gibt also gute Gründe für den Standpunkt, dass Pflegeberatung als regelhaftes Angebot auf der kommunalen Ebene angesiedelt sein muss. Unabhängigkeit von Anbietern und Kostenträgern ist anzustreben.

Transparenz muss auch auf der Ebene der Netzwerkarbeit gegeben sein. Die Tatsache, dass jede Pflegekasse ihre eigene Beratungsstruktur geschaffen hat, ist in dieser Hinsicht nicht förderlich.

Qualität der Beratung durch Qualifizierung der Beratenden

Nicht nur Strukturen, auch Prozesse der Beratung sind sehr unterschiedlich: Die Qualifikation der Berater hat zentrale Bedeutung für die Gestaltung des Beratungsprozesses. Verschiedene Stellen haben daher zu diesem Thema Empfehlungen erarbeitet. Unabdingbar sind fachliche (insbesondere sozialrechtliche), soziale und kommunikative Kompetenz. Zur Qualifikation der im Rahmen § 7a SGB XI Beratenden gibt es zur fachlichen Kompetenz Empfehlungen des GKV-Spitzenverbandes (vgl. GKV Spitzenverband, 2008, S. 4 ff).

Auch für spezielle Beratungsthemen wurden Anforderungen an die Beraterqualifikation entwickelt. Im Rahmen der Landesinitiative Demenz-Service Nordrhein-Westfalen beispielsweise hat die Arbeitsgruppe Beratung umfangreiche Anforderungen an Qualifikation und persönliche Kompetenz formuliert (vgl. AG-LDS NRW, 2014, S. 47 ff), die zusätzlich die »interkulturelle Kompetenz« (ebd., S. 71) verlangen. Außer der qualifizierten Beratung von Einzelpersonen oder Institutionen sind auch Netzwerk- und Öffentlichkeitsarbeit wichtige Kompetenzen (vgl. ebd. S. 43 ff).

Formen der Pflegeberatung

In der Pflegeberatung werden Leistungen mit unterschiedlicher Komplexität erbracht. Es wird unterschieden zwischen »Auskunft«, »Beratung« und »Case Management« (Alter und Soziales e. V., 2007a, S. 25). Unter Auskunft wird die Übermittlung von Informationen verstanden, auf deren Basis der Ratsuchende sein Anliegen mit befriedigendem Ergebnis selbst weiterverfolgen kann. Die Beratung kann in zwei Varianten stattfinden. Gemeinsamer Ausgangspunkt ist, dass Berater und Ratsuchender gemeinsam die Situation erarbeiten und Ziele und Maßnahmen festlegen; der Ratsuchende kann die Hilfen selbst organisieren. Es kann jedoch erforderlich werden, dass der Berater einzelne Schritte in Absprache mit dem Ratsuchenden übernimmt und so bei der Erreichung der Ziele unterstützt, da der Ratsuchende in einzelnen Punkten überfordert ist. Eine Fallsteuerung erfolgt bei dieser Beratung mit stellvertretender Ausführung nicht.

Die Fallsteuerung ist jedoch zentrales Merkmal des Case Managements. Nach dem Evaluationsbericht der Pflegeberatung nach § 7a münden 17 % der Anfragen in ein Case Management (vgl. GKV-Spitzenverband, 2012, S. 23).

Case Management

Case Management wird als Arbeitsform eingesetzt, wenn

- »in vielschichtigen Problemsituationen mit mehreren notwendigen Leistungserbringern und Kostenträgern
- der hilfsbedürftige Mensch oder seine Familie den Markt der Angebote nicht alleine erschließen und die Hilfen nicht alleine steuern kann,
- eine längerfristige Problemlage sich abzeichnet

- und eine entsprechende Begleitung gewünscht ist« (Alter und Soziales e. V., 2007a, S. 25 f).

Der Ratsuchende soll dabei in seinen Selbsthilfefähigkeiten im Sinne eines Empowerments (▶ Kap. 10.6) gestärkt werden. Ein tragfähiges Versorgungsnetz wird durch Koordination von Personen und Diensten errichtet.

Der Regelkreis des Case Management mit den Schritten »Intake« (Wendt, 2010, S. 272) (Zugang zum Ratsuchenden), »Assessment« (ebd., S. 267) (Erfassung und Bewerten der Ressourcen und des Hilfebedarfs), »Planning« (ebd., S. 149) (Erstellen eines individuellen Hilfeplans), »Linking« (ebd., S. 155) (Umsetzung des individuellen Hilfeplans), »Monitoring« (ebd.) (Überwachung und ggf. Anpassung der Umsetzung des individuellen Hilfeplans) und »Evaluation« (ebd., S. 159) (Auswertung des Unterstützungsprozesses aus Nutzer-, Versorgungs- und Beraterperspektive) ist verschiedentlich beschrieben (z. B. Wendt, 2010); eine ausführliche Literaturliste zum Case Management findet sich auf der Homepage der Deutschen Gesellschaft für Care und Case Management e. V. (vgl. DGCC, o. J.). Die DGCC vertritt als Fachorganisation in Theorie, Praxis, Forschung, Aus- und Weiterbildung die Anwendungen des Handlungskonzepts Case Management in den verschiedenen Handlungsfeldern.

Zwingend mit dem Case Management, dem Handeln auf der Ebene des unterstützungsbedürftigen Menschen und seines Umfelds, verbunden ist das Care Management, d. h. das Handeln auf der Systemebene (vgl. GKV-Spitzenverband, 2012, S. 61 f). Erkenntnisse aus der Beratung bzw. dem Case Management wie fehlende Angebote, aber auch unstrukturierte Abläufe in der Beratungsregion fließen durch Mitwirkung in Gremien und durch Vernetzungsarbeit in die Gestaltung der lokalen und regionalen Versorgungsstrukturen ein. Dafür einen Rahmen zu schaffen ist eine wichtige Aufgabe der Kommunen.

Psychosoziale Begleitung und Krisenintervention können Bestandteile der Beratung und des Case Managements sein. Oftmals entsteht durch das plötzliche Auftreten der Pflegesituation oder durch deren Zuspitzung eine Krise, in der die Notwendigkeit von Handlungsentscheidungen gegeben ist. Hier setzt die psychosoziale Beratung an, um die Bewältigungs- und Handlungskompetenz zu verbessern. Die Ressourcen des Ratsuchenden werden identifiziert, durch Wissen und veränderte Einstellungen werden Belastungen verringert oder besser bewältigt (vgl. Bruder et al., 2009). Zu den Zielen gehört ein angemessener Umgang mit Belastungen und somit der Erhalt der psychischen Gesundheit.

11.2 Wohnberatung und Beratung bei Demenz

Wohnberatung

Wohnberatung hat eine zweifache Bedeutung. Zum einen befasst sie sich mit der bestehenden Wohnsituation und den Möglichkeiten, diese unter den Gesichtspunkten ›Erleichterung der Pflege‹ und ›Erhöhung von Sicherheit und Selbstständigkeit‹ zu verbessern, und meint insofern ›Wohnungsanpassungsberatung‹. Die Themen sind passgenauer Hilfsmitteleinsatz und kleinere oder größere bauliche Veränderungen und deren Finanzierung, die die genannten Ziele zu erreichen helfen. Da diese Aspekte in sehr vielen Pflegesituationen wichtig sind, ist die Wohnberatung vielfach in die Pflegeberatung integriert, um Ratsuchenden Hilfe aus einer Hand zu bieten. Zum anderen gibt sie Entscheidungshilfen bei der Suche nach der geeigneten Wohnform: Ist der Verbleib in der vorhandenen Wohnung möglich, und wenn ja, unter welchen Bedingungen? Ist der Unterstützungsbedarf besser in einem sogenannten ›Betreuten Wohnen‹, einer Wohnanlage mit der Option passgenauer Serviceleistungen, in stationärer Pflege oder in einer ambulant betreuten Wohngruppe gedeckt? Kommt eine Seniorenwohngemeinschaft in Frage? Um nicht Ratsuchende mit dem Wort ›Pflege‹ abzuschrecken, wird von mancher Seite die organisatorische Trennung von Pflegeberatungs- und Wohnberatungsstellen bei vernetzter Zusammenarbeit vertreten.

Das Angebot an Wohnberatung ist je nach Bundesland unterschiedlich ausgestaltet, die Bundesarbeitsgemeinschaft Wohnungsanpassung nennt Ansprechpartner in den einzelnen Bundesländern. Sie betreibt Lobbyarbeit zur Wohnberatung und befördert die Qualitätsdiskussion (vgl. Bundesarbeitsgemeinschaft Wohnungsanpassung, o. J.).

Demenzberatung

Angemessener Umgang mit Belastungen gilt in besonderer Weise für die betreuenden Angehörigen von Menschen mit Demenz, denn ein »adäquater Umgang mit einem Menschen mit Demenz gehört nicht zum üblichen Verhaltensrepertoire der Menschen. Ein entsprechendes Verhalten muss man vielmehr lernen und dieser Lernprozess setzt eine grundlegende Haltung und Veränderung bisheriger Verhaltensmuster voraus« (AG-LDS NRW, 2014, S. 8). Zu berücksichtigen ist auch, dass die Betreuung von Menschen mit Demenz oft rund um die Uhr und über Jahre zu leisten ist. Hier richtet sich die Beratung auf das wichtige Thema der ›Selbstsorge‹. Die Anforderungen an qualifizierte Demenzberatung gehen also weit über Beratung zu Angeboten und Leistungsrecht hinaus.

11.3 Qualität im Beratungsprozess

Breites Themenspektrum

Die Qualität im Beratungsprozess wird durch strukturiertes Arbeiten der qualifizierten Beratungskraft gesichert. Dazu wurden verschiedentlich Materialien erstellt, die Leistungen im Beratungsprozess definieren und deren Struktur-,

Prozess- und Ergebnisstandards beschreiben (vgl. z.B. Alter und Soziales e.V., 2012). Im Rahmen des Modellvorhabens »Ambulante Basisversorgung Demenz im Lotsentandem – Lotta« wurden »Zielgruppenspezifische Themen in der Demenzfachberatung« in den Themenblöcken »Allgemeine Themen«, »Krankheitsbezogene Themen«, »Ethische Dilemmasituationen«, »Spezielle Rechtsfragen«, »Beratung zu Unterstützungsangeboten« und »Leistungsrechtliche Beratungsthemen« strukturiert und so die Qualität der Beratung von der Vollständigkeit der Erfassung der möglichen Themen her abgesichert (vgl. Emme von der Ahe & Mehwald, o.J.). Für Ratsuchende ist Transparenz im Beratungsprozess gegeben, wenn nicht mehrere Fachinstanzen zusammengeführt werden müssen, sondern die Beratung soweit wie möglich aus einer Hand erfolgt und durch schriftliches Material (Informationen und Hilfeplan) gesichert wird.

Dokumentation in der Beratung

In der (Pflege-)Beratung im Allgemeinen wie im Case Management im Besonderen hat Dokumentation einen hohen Stellenwert. Im Assessment werden Daten gesammelt, ein Versorgungsplan wird erstellt und umgesetzt. In diesem Zug erfolgen Kontakte und werden Maßnahmen umgesetzt. Dokumentation erzeugt Transparenz über Verlauf und Ergebnisse und ermöglicht eine Evaluation. Ein standardisiertes und softwaregestütztes Dokumentationssystem strukturiert den Beratungsprozess. So können aus dem Assessment Hilfepläne generiert und verwaltet sowie das individuelle wie das strukturelle Netzwerk dargestellt werden. Insofern dient Dokumentation ebenfalls der Qualitätssicherung.

Effektivität und Effizienz der Beratung

An Einzelbeispielen lässt sich die Effizienz, auch die Kosteneffizienz, von Beratung darstellen. In Modellprojekten wurden im Städtevergleich und bei größeren Personenzahlen für die Arbeitsform Case Management sowohl die versorgungsqualitätssteigernde Effizienz als auch die Kostenersparnis nachgewiesen (vgl. Alter und Soziales, 2007b, S. 108 f.; Katholische Fachhochschule Mainz, o.J.).

11.4 Zusammenfassung

Ein in die Sektoren ambulanter und stationärer Bereich, Gesundheit, Pflege und Betreuung zersplittertes Versorgungssystem mit zahlreichen Anbietern und Leistungsgesetzen bzw. Kostenträgern in einer Gesellschaft im Strukturwandel benötigt zur Transparenz für seine Nutzer und zur Sicherung der individuellen Versorgungsqualität (wozu auch die Lebensqualität der Pflegenden bzw. Betreuenden gehört) ein transparentes, qualifiziertes und qualitätsgesichertes Beratungssystem, das in bedarfsgerechten Arbeitsformen auf die individuelle Situation eingeht. Vernetzung der Beratenden mit dem örtlichen und regionalen Versorgungssystem muss ergänzt werden durch Vernetzung der Akteure auf der Strukturebene. Dies scheint eine originäre kommunale Aufgabe der Daseinsvorsorge (vgl. Deutscher Verein für öffentliche und private Fürsorge e. V., 2011b, S. 9 ff).

12 Prävention von Gewalt in der Pflege

12.1 Elder Abuse – Misshandlung und Vernachlässigung älterer Menschen

Globales Thema

Elder Abuse, d. h. Misshandlung und Vernachlässigung älterer Menschen bzw. Gewalt gegen ältere Menschen, ist ein globales Thema. Die Problematik wird dabei nicht auf ein Krankheitsbild oder eine Beeinträchtigung begrenzt, sondern bezogen auf alte Menschen generell behandelt. Beim Term ›Elder Abuse‹ handelt es sich um eine fachspezifische Abkürzung. Alltagssprachlich gebräuchlich und grammatikalisch vollständig wäre von ›Abuse and neglect of elderly people‹ die Rede. Bei einer Einengung der Zielgruppe auf Menschen mit Pflegebedarf würde ›[…] in need of care‹ angefügt. ›INPEA‹ ist die Bezeichnung für das internationale Netzwerk zur Prävention von Gewalt gegenüber älteren Menschen – International Network for the Prevention of Elder Abuse (http://www.inpea.net/). Der Welttag gegen Misshandlung und Vernachlässigung älterer Menschen – der ›World Elder Abuse Awareness Day‹ – findet jährlich am 15. Juni statt.

Mit Elder Abuse werden in Abgrenzung zu Delikten mit überwiegend strafrechtlicher Relevanz und anonymer Täterschaft, wie beispielsweise Handtaschenraub im öffentlichen Raum, gezielt »Phänomene der Misshandlung, Vernachlässigung oder finanziellen Ausbeutung Älterer durch ihnen nahestehende Personen« (Görgen, 2010, S. 41) benannt.

Nationale und regionale Fachstellen und Ansprechpartner

In Deutschland gibt es erst wenige spezialisierte Fachstellen, meistens in größeren Städten wie in Berlin, München, Stuttgart, Nürnberg, Magdeburg etc. Informationen erhält man bei der Bundesarbeitsgemeinschaft der Krisentelefone (http://¬www.beschwerdestellen-pflege.de/images/stories/BuhlWEAAD2012-k.pdf). In manchen Kommunen und Landkreisen existieren Ansprechpartner oder Runde Tische zur Problematik.

Exemplarisch können drei Hochschulen genannt werden, die sich Gewalt gegen ältere Menschen generell sowie Gewalt in Pflegesettings im Speziellen widmen: die Deutsche Hochschule der Polizei in Münster-Hiltrup (Prof. Dr. Görgen), der Lehrstuhl für Rehabilitationswissenschaftliche Gerontologie an der

Universität zu Köln (Prof. Dr. Zank) und die Katholische Hochschule für Sozialwesen Berlin (Prof. Dr. Schacke). Die beiden letztgenannten Hochschulen befassen sich z. B. anhand des Projekts ›PURFAM – Potenziale und Risiken in der familialen Pflege alter Menschen‹ mit dieser Thematik (vgl. Görgen, 2010; Bonillo et al., 2013).

Operationalisierung von Elder Abuse

Experten kritisieren das Fehlen einer einheitlichen Taxonomie, also wissenschaftlichen Systematik, zu Elder Abuse. Ausgehend von unterschiedlichen Forschungsperspektiven und Berufsgruppen werden verschiedene Definitionen und weitere Operationalisierungen wie Typenbildungen aufgeführt. Nachfolgend werden die einschlägigen Aspekte genannt.

Eine international einschlägige Definition von Elder Abuse bzw. Misshandlung und Vernachlässigung von älteren Menschen lautet: »Elder abuse is a single or repeated act, or lack of appropriate action, occurring within any relationship where there is an expectation of trust which causes harm or distress to an older person« (Krug et al., 2002, S. 126 f). Diese Definition wird auch von dem oben genannten Netzwerk INPEA sowie von der Weltgesundheitsorganisation (WHO) verwendet. In der deutschen Übersetzung lautet sie: »Misshandlung bzw. Vernachlässigung älterer Menschen ist eine einmalige oder wiederholte Handlung oder ein Fehlen einer gebotenen Handlung, innerhalb jedweder Beziehung, in der Vertrauen erwartet wird, und die bei einer älteren Person zu Schädigung oder Leid führt« (Bonillo et al., 2013, S. 25).

Für Görgen ist dazu die Differenzierung in Gewalthandlungen mit und ohne Schädigungsabsicht von Relevanz. Ein Vorsatz sei beispielsweise häufig in Bereichen pflegerischer Vernachlässigung nicht gegeben (vgl. Görgen, 2010, S. 58).

Formen von Misshandlung und Vernachlässigung von älteren Menschen bzw. von Elder Abuse

Es gibt differierende Operationalisierungen von Misshandlung und Vernachlässigung alter Menschen. Die Weltgesundheitsorganisation (WHO) unterscheidet folgende Kerntypen von Elder Abuse:

- Körperliche Misshandlung (›physical abuse‹)
- Psychische oder emotionale Misshandlung (›psychological or emotional abuse‹)
- Sexuelle Belästigung (›sexual abuse‹)
- Finanzielle Übervorteilung (›financial or material abuse‹)
- Vernachlässigung (›neglect‹) (vgl. Krug et al., 2002, S. 127)

Mit Indikatoren werden Anzeichen für das Vorliegen eines Phänomens bzw. Problems bezeichnet. Die Weltgesundheitsorganisation hat Indikatoren für die oben genannten Formen von Elder Abuse aufgeführt, von denen Tabelle 12.1 exemplarisch die Indikatoren für physische Gewalterfahrungen wiedergibt.

Tab. 12.1: Indikatoren für physische Gewalterfahrung

Indikatoren für physische Gewalterfahrung	
Physical indicators, e.g.:	Physische Anzeichen, u.a.:
• »Unexplained falls and injuries	• Unerklärliche Stürze und Verletzungen
• Burns and bruises in unusual places or of an unusual type	• Verbrennungen und Quetschungen bzw. Druckstellen an unüblichen Stellen oder von unüblicher Art
• Cuts, finger marks or other evidence of physical restraint	• Schnitte, Flecken oder andere Beweise von physischer Freiheitsbeschränkung
• Excessive repeat descriptions or under-usage of medication	• Exzessives Verschreiben von Medikamenten oder Unterversorgung mit Medikation
• Malnourishment or dehydration without an illness-related cause	• Mangelernährung oder Austrocknung ohne Krankheitsbezug
• Evidence of inadequate care or poor standards of hygiene«	• Beweise für unangemessene Pflege oder schlechte Hygienestandards

(Englischer Text: Krug et al., 2002, S. 139, eigene deutsche Übersetzung)

Prävalenz

Aufgrund der unterschiedlichen Definitionen und Charakterisierungen von Elder Abuse findet man stark voneinander abweichende Prävalenzzahlen, d.h. Häufigkeitsangaben. Einen systematischen Überblick über den Forschungsstand in Europa gibt eine Arbeit von De Donder et al. (2011). Darin wurden Prävalenzraten von Gewalt gegenüber Älteren zwischen 0,8 % und 29,3 % ermittelt.

Aktuelle Zahlen einer repräsentativen Studie von Biggs et al. (2009) weisen eine zwölf-Monats-Prävalenz, d.h. ein Vorkommen innerhalb eines Jahres, von 2,6 % bei Misshandlungen und Vernachlässigung gegenüber älteren Menschen in Privathaushalten in Großbritannien auf (ohne eine Eingrenzung auf Pflegebedürftigkeit, Altersgruppe 66 Jahre und älter). Der Prozentsatz von 2,6 % entspricht ca. 227.000 betroffenen Personen. Das Autorenteam betont, dass dies einer durchschnittlichen Verbreitung von Misshandlung oder Vernachlässigung bei einem von 40 Patienten in einer Hausarztpraxis entspreche (vgl. Biggs et al., 2009, S. 1; 6).

12.2 Problematisches Verhalten von Angehörigen in der ambulanten Pflege

Es gibt nur wenige Untersuchungen zur Gewalt, welche von pflegenden Angehörigen ausgeht. Befunde von Görgen et al. (2012) beziehen sich auf Selbstaussagen von 254 pflegenden Angehörigen. Von diesen berichteten bezogen auf den Zeitraum der letzten zwölf Monate 19,4 % eigene physische Misshandlungen und 47,6 % eigene psychische Misshandlungen der pflegebedürftigen Menschen (Görgen et al., 2012, S. 33 f). Von den genannten gewaltnahen Verhaltensweisen waren ›Anschreien‹ (35,3 % aller Befragten) und ›Beschimpfen‹ (30,2 %) die am weitesten verbreiteten Formen psychischer Misshandlung. Das Forscherteam geht davon aus, dass es sich dabei in der Regel nicht um intendiertes, sondern um durch Überlastung hervorgerufenes Verhalten handele (vgl. Görgen et al. 2012, S. 33 f).

Prävalenzen aus einem weiteren Land nennt eine Studie aus Spanien von Iborra mit 2.401 in privaten Haushalten lebenden Älteren und 789 pflegenden Angehörigen. Der Anteil von älteren Menschen mit Gewalterfahrungen in den letzten zwölf Monaten entsprach in dieser Untersuchung nach eigenen Angaben der Befragten 0,8 %. Für den gleichen Zeitraum wurde eine erhöhte Prävalenz für die Subgruppe der pflege- und hilfebedürftigen Personen mit 1,5 % ermittelt. Von den befragten pflegenden Angehörigen berichteten 4,5 % von eigenem gewaltnahen Verhalten (vgl. Iborra, 2008, in: Bonillo et al., 2013, S. 29).

Gewaltphänomene in der Familienpflege im Kontext mit Demenz: Befunde der LEANDER Studie

Verschiedene Hintergrundtheorien bieten Ansätze zur Erklärung von Gewalt gegenüber Älteren. Im Zusammenhang mit problematischen Verhaltensweisen ausgehend von pflegenden Angehörigen gilt das Belastungsparadigma als ein einschlägiges Konzept, um Wechselwirkungen zwischen beispielsweise chronischer Überlastung und gewaltnahem Verhalten zu verstehen. In einer Längsschnittstudie zur Belastung pflegender Angehöriger demenziell Erkrankter, der LEANDER-Studie (Leitung Zank & Schacke), konnte diese Korrelation empirisch nachgewiesen werden (vgl. Thoma et al., 2004, in: Bonillo et al., 2013, S. 31). Es wurden pflegende Angehörige von Menschen mit Demenz fünf Mal im Abstand von jeweils neun Monaten nach ihrer Pflegesituation, ihrem Belastungsempfinden und gezielt auch zu unterschiedlichen Aspekten von Gewalt befragt. Tabelle 12.2 nennt die Antworten auf die Frage an die pflegenden Angehörigen: »Wie häufig kommen folgende Situationen vor? Bitte legen Sie bei der Beantwortung der Fragen die *letzten zwei Wochen* zu Grunde«.

Tab. 12.2: Gewaltitems der LEANDER-Studie

Gewaltitems der LEANDER-Studie	
Beispiel-Situationen	Prozentzahl der Antworten zu den genannten Situationen N = 888
1. Ich werde lauter.	88 %
2. Mir rutschen meinem A. (= pflegebedürftigen Angehörigen) gegenüber abfällige Bemerkungen heraus.	48 %

Tab. 12.2: Gewaltitems der LEANDER-Studie – Fortsetzung

Gewaltitems der LEANDER-Studie	
3. Ich bin voll Groll, was mein A. mir zumutet.	48 %
4. Ich könnte meinen A. vor Wut schütteln.	46 %
5. Ich fasse meinen A. bei der Pflege schon mal härter an.	39 %
6. Ich drohe meinem A. oder schüchtere ihn ein.	28 %
7. Ich schränke meinen A. in seiner Bewegungsfreiheit ein.	25 %

(Thoma et al., 2004, S. 350; in: Bonillo et al., 2013, S. 31)

Angaben wie ›Ich bin voll Groll, was mein Angehöriger mir zumutet‹ weisen oftmals auf das Vorliegen von Überlastung hin.

Risikofaktoren bzw. Gewalt begünstigende Faktoren in häuslichen Pflegesituationen

Belastungsphänomene haben zur Erklärung von Gewalthandeln pflegender Angehöriger einen zentralen Stellenwert. Jedoch werden Misshandlung und Vernachlässigung pflegebedürftiger Menschen in der Regel nicht nur aufgrund Überlastung und Überforderung ausgeübt, d. h. sie sind nicht monokausal erklärbar. Zur Gewaltprävention benötigt es eine multikausale Sichtweise, die weitere gewaltbegünstigende Faktoren bzw. Risikofaktoren (▶ Tab. 12.3) berücksichtigt.

Tab. 12.3: Risikofaktoren bzw. Gewalt begünstigende Faktoren in häuslichen Pflegesituationen

Risikofaktoren bzw. Gewalt begünstigende Faktoren in häuslichen Pflegesituationen
• Vorliegen einer demenziellen Erkrankung bei der zu pflegenden Person
• Aggressives und gewaltförmiges Verhalten des Menschen mit Pflegebedarf
• Ein gemeinsamer Haushalt von pflegebedürftiger und pflegender Person
• Eine von Gewalt und Konflikten geprägte Beziehung schon vor Beginn der Pflegebedürftigkeit
• Eine vorrangig aufgrund von Verpflichtungsempfindungen oder finanziellen Vorteilen übernommene Pflege
• Kognitive Beeinträchtigungen bei der Pflege ausübenden Person
• Suchtmittelabhängigkeit der Pflegeperson, psychische Beeinträchtigungen und Krankheiten
• Soziale Isolation des Pflege gewährenden Menschen

(vgl. Bonillo et al., 2013, S. 35)

12.3 Präventionsansätze

Ethische Fragestellungen und Standards zur Prävention

Für die Weltgesundheitsorganisation (WHO) kann es nicht darum gehen, *ob*, sondern *wie* eine frühe Identifizierung von Gewalt und Vernachlässigung durch den Einsatz entsprechender Instrumente wie Checklisten, Fragebögen, Tests etc. stattfindet. Dabei spielen ethische Aspekte eine zentrale Rolle (vgl. Perel-Levin, 2008, S. 18). Assessmentverfahren zur Erkennung von Elder Abuse sollten zur ethischen Legitimation u. a. folgende Aspekte berücksichtigen:

- Die gesundheitliche Problematik muss von gesellschaftlicher Relevanz sein.
- Es muss sich um ein praktikables und sicheres Verfahren handeln.
- Adäquates Personal zur Durchführung muss zur Verfügung stehen.
- Dem Erfassen von Gewalthandeln müssen unterstützende und passgenaue Interventionen folgen.
- Es bedarf einer Akzeptanz des Präventionsprogramms bei den Betroffenen, den weiteren Beteiligten und der Öffentlichkeit (vgl. ebd., S. 13).

Perel-Levin legt sich dabei nicht fest, ob ein derartiges Verfahren lediglich bei Verdacht oder aber als Routinemaßnahme durchgeführt werden sollte. Hier sollten in jeder individuellen Situation die weiteren Kontextfaktoren berücksichtigt werden. Von großer Wichtigkeit sei es, den jeweils passenden Zeitpunkt zu wählen, damit potenziell betroffene Personen überhaupt über ihre Erfahrungen sprechen. Aus geschlechtsspezifischer Perspektive sei insbesondere bei Frauen davon auszugehen, dass weibliche Personen mit Gewalterfahrungen passende Kontextbedingungen brauchten, um sich zu öffnen: »They will probably not disclose abuse unless they are ready to do so« (ebd., S. 19). Dies geschehe nur auf der Basis von Sicherheit und Vertrauen und benötige die Integration qualifizierter, empathischer und nicht wertender professioneller Fachkräfte. Perel-Levins Maxime lautet: »Do more good than harm« (Ramsay et al., 2006, zit. in ebd., S. 13). Für die betroffenen Personen müssen die Vorteile eines Früherkennungsverfahrens die möglichen Nachteile überwiegen.

Praxisberichte aus einer Fachstelle gegen Gewalt im Alter

Eine langjährig arbeitende Fachstelle zur Thematik ›Gewalt gegen ältere Menschen‹ ist die Beratungsstelle ›Handeln-statt-Misshandeln‹ in Bonn. Von dort wird berichtet: »Die Situation schaukelt sich hoch« (Hirsch, 2005, S. 8), selbst wenn sowohl die pflegebedürftigen Menschen als auch die pflegenden Angehörigen versuchen, die Situation zu bewältigen. Involvierte Angehörige besitzen oftmals trotz erheblicher Schuldgefühle nicht die Kompetenzen, ohne externe Hilfe eine Veränderung der dysfunktionalen Beziehungsmuster herbeizuführen. Konstruktive Problembewältigungen brauchen differenzierte und langfristig wirkende Lösungen, welche durch proaktive Einzelfallhilfe, ausgehend von externen Fachkräften initiiert werden können. Dabei ist es oftmals nicht einfach, einen Zugang zur Zielgruppe herzustellen. Barrieren aufseiten der Betroffenen können u. a. durch ein hohes Schamempfinden und vielfach auch durch Unkenntnis bestehen (vgl. ebd.).

Sorgfältige Abwägung zugehender Interventionen

Zugehende Interventionen im ambulanten Setting, also in der privaten Häuslichkeit, sind oftmals von einem »Doppelcharakter« (Schulz-Nieswandt, 2006, S. 47) gekennzeichnet. Denn ein zentrales Charakteristikum familialer Pflege ist ihre Verortung im Privaten (▶ Kap. 10.1). Dieser Bereich der Privatsphäre ist gesetzlich geschützt, u. a. durch das Grundgesetz (Artikel 13 GG, Unverletzlichkeit der Wohnung). In westlich geprägten Gesellschaftsformen ist die Privatheit der eigenen Wohnung ein typisches Merkmal moderner Alltagswelten. Zwischen früheren Familienformen und der heutigen Ausgestaltung von Familie besteht aus Sicht der Familiensoziologie ein zentraler Unterschied »in der damals fehlenden Exklusivität und Intimität der familialen Binnenstrukturen« (Nave-Herz, 2013, S. 47). Untersucht man also die ›private‹ Verortung von Pflege etymologisch, d. h. die Wortherkunft betreffend, impliziert dies eine ›persönliche‹ Angelegenheiten in ›vertrautem‹ Bezugsrahmen. Somit sollten Vertreter Sozialer Arbeit und angrenzender Berufsgruppen sich durch sorgfältige Reflexion und Abwägung absichern, dass jede Intervention zielgruppengerecht und passgenau für den individuellen Fall konzipiert wird. Maßnahmen mit unangemessener Reichweite, die als »soziale Kontrolle durch die helfenden Berufe eines sozialdisziplinierenden Sozialstaates« (Schulz-Nieswandt, ebd.) interpretiert werden könnten, wird somit vorgebeugt (vgl. Philipp-Metzen et al., 2012, S. 56 ff).

Das PURFAM-Assessment für ambulante Pflegedienste

Das Forschungspraxis-Projekt ›Potenziale und Risiken in der familialen Pflege‹-PURFAM‹ hat die oben ausgeführten Aspekte berücksichtigt und ein Assessment für ambulante Pflegedienste entwickelt. Dieses unterstützt Pflegedienstmitarbeiter bei der Beurteilung komplexer Hintergrundsituationen durch die Systematisierung von Beobachtung und das Erfassen relevanter Informationen. Das Assessment beinhaltet eine ›PURFAM Checkliste: Pflegekraft‹ und eine ›PURFAM Checkliste: Team‹ sowie ergänzend den Fragebogen ›BIZA-D-PV/PURFAM‹, mit dem auch das individuelle Belastungserleben pflegender Angehöriger erfasst werden kann. Ein ›PURFAM-Ablaufschema‹ für Pflegesettings mit Gewaltverdacht erleichtert die Implementierung in die jeweilige Organisationsstruktur (vgl. Bonillo et al., 2013, S. 63 ff).

Charta der Rechte pflegebedürftiger Menschen

Bei der Charta der Rechte hilfe- und pflegebedürftiger Menschen (BMFSFJ & BMG, 2014) handelt es sich um einen Katalog von Rechten, der im Rahmen eines Konsensverfahrens von einem interdisziplinären Expertengremium erarbeitet worden ist. Pflegebedürftige Menschen werden in dieser Aufstellung uneingeschränkt als Träger von grundlegenden Rechten behandelt. Betont werden Selbstbestimmung und Hilfe zur Selbsthilfe sowie die Ansätze der Partizipation und des Empowerments.

Eine derartige Haltung in Pflegekontexten fördert ein Klima der Achtsamkeit und des Respekts in ambulanter wie auch in stationärer Pflege. Angesprochen werden professionelle Kräfte, freiwillig Engagierte und familial Pflegende. Hier ist von einer primärpräventiven Wirkung auszugehen.

Entlastungsangebote für pflegende Angehörige

Ausgehend vom Belastungsparadigma wird, wie oben ausgeführt, chronische Überlastung als ein relevanter Risikofaktor für Gewalt in der häuslichen Pflege bewertet. Daher zählen Entlastungsangebote zu den primär-, sekundär- und tertiärpräventiven Interventionen.

Entlastungsangebote für pflegende Angehörige sind z. B.:

- »Tages- oder Nachtpflege
- Urlaubs- und Verhinderungspflege
- Kurzzeitpflege
- Betreuungsgruppen
- ehrenamtliche Helfer/innen
- Begleitdienste
- Demenzschulungen
- Angehörigengruppen
- Pflegeberatungsstellen« (Bonillo et al., 2013, S. 82).

Öffentlichkeitsarbeit: Pflegende Angehörige unter Generalverdacht?

Thematisiert Soziale Arbeit öffentlich das Risiko des Missbrauchs und der Vernachlässigung durch pflegende Angehörige, könnten familial Pflegende sich einem Generalverdacht ausgesetzt fühlen. Dies würde dem grundsätzlichen Anliegen, ambulante Pflege zu stärken, widersprechen. Denn wie oben ausgeführt, kennzeichnet die ambulante Versorgung das präferierte Lebensmodell der pflegebedürftigen Menschen selber, der sozialen Bezugspersonen und auch der sozialpolitischen Gesetzgebung. Daher sollte im Vorfeld durch eine adäquate Öffentlichkeitsarbeit entgegengesteuert werden. Unnötige Verallgemeinerungen bzw. Skandalisierungen sollten vermieden und eine differenzierte Darstellung zur Sensibilisierung für das Thema gegeben werden (vgl. Philipp-Metzen et al., 2012, S. 58 f).

Ziele von Öffentlichkeitsarbeit in der Sozialen Arbeit sind u. a.:

- Prävention
- Enttabuisierung
- Entstigmatisierung

Zu beachtende Risiken sind u. a.:

- Generalisierung
- Skandalisierung
- Stereotypisierung im Sinne von ›alt = Opferstatus‹? (▶ **Kap. 13.1.4**)

Im Zuge der Öffentlichkeitsarbeit gilt es zu verdeutlichen, dass im Kontext von Pflegebedürftigkeit und Demenz Hilfen und passgenaue Entlastungsmaßnahmen die favorisierten Mittel zur Wahl darstellen und Sanktionen nur in Ausnahmefällen herangezogen werden sollten (vgl. Bonillo et al., 2013, S. 55).

13 Vertiefende Aspekte zur Sozialen Arbeit im Kontext mit Demenz

13.1 Gerontologisches Grundwissen

13.1.1 Der demografische Wandel

Demografische Entwicklungen bedingen für Soziale Arbeit zahlreiche Herausforderungen. Bereits heute sind die Tätigkeitsfelder Sozialer Arbeit in Bereichen der Altenarbeit, des Gesundheitswesens und der Altenhilfe vielfältig, wobei von deutlichen Zunahmen ausgegangen wird. Gleichwohl sind gerontologische Inhalte für die Soziale Arbeit in den Hochschulen oftmals noch unterrepräsentiert. Dabei ist unbestritten, dass der demografische Wandel beispielsweise im Gemeinwesen und auf kommunaler Ebene Veränderungen mit erheblicher Tragweite bewirken wird (vgl. Kramer, 2011, S. 17 ff).

Demografie beschäftigt sich mit der Zusammensetzung von Gesellschaften und den Ursachen für deren Veränderung. Hierbei werden insbesondere Altersgruppen als strukturelle Faktoren analysiert und darauf bezogen Zukunftsszenarien erstellt. Wesentliche Merkmale sind die Fertilität, d. h. die Geburtenrate einer Population, die Mortalität, d. h. die altersspezifische Sterblichkeit, und die Migration, d. h. die Wanderungsbewegungen zwischen Nationen.

In Deutschland finden zusammengefasst folgende demografische Prozesse statt: Die absolute und relative Anzahl älterer Menschen steigt bei gleichzeitigem Rückgang der Gesamtbevölkerung. Die Gründe hierfür liegen einerseits in der gestiegenen durchschnittlichen Lebenserwartung der Bevölkerung. Andererseits stagniert die Fertilität in Deutschland deutlich und langfristig unter dem Niveau eines Bestandserhalts. So wird der Populationsrückgang insbesondere in der Gruppe der unter 20-Jährigen deutlich, wo bis zum Jahr 2030 ein Viertel weniger Kinder und Jugendliche in Deutschland leben werden als im ersten Jahrzehnt des zweiten Jahrtausends. Im selben Zeitraum wird die Gruppe der über 65-Jährigen um ca. 40 % ansteigen (vgl. Pohlmann, 2011, S. 24 ff). Hierzu schreibt Pohlmann: »Für die Soziale Arbeit ist die beschriebene Disproportionalität von Jung und Alt in der Bevölkerung mit vielfältigen und historisch einmaligen Anforderungen verknüpft. Diese führen [...] nicht nur zu einem quantitativen Aufgabenzuwachs, sondern sind mit der Frage nach neuen und effizienten qualitativen Zugängen verknüpft« (ebd., S. 27).

Im Zuge der gestiegenen durchschnittlichen Lebenserwartung in Deutschland ist eine Zunahme an alterskorrelierten Erkrankungen und Beeinträchtigungen zu verzeichnen. Hiermit werden Einbußen bezeichnet, deren Prävalenz, d. h. Häufigkeit, mit zunehmendem Alter steigt. Dazu gehören auch demenzielle Erkrankungen (▶ Kap. 2) und das Risiko der Pflegebedürftigkeit (▶ Kap. 13.1.7). Alte Menschen sind darüber hinaus häufiger von Multimorbidität, d. h. Mehrfacherkrankungen, betroffen (▶ Kap. 13.1.6) (vgl. ebd., S. 24 ff).

Der demografische Wandel geht mit einschneidenden Veränderungen einher: »Bis ins 20. Jahrhundert war Alter eng an die Biologie des Menschen geknüpft; derjenige galt als alt, dessen körperliche und geistige Kräfte schwanden. Alter war kaum mit einer Zäsur im Lebenslauf verbunden, denn die Mehrheit hatte keine andere Wahl als bis ans Lebensende zu arbeiten« (Schweppe, 2005, S. 33). Tews fasst in folgenden Dimensionen den Strukturwandel des Alters zusammen (▶ Tab. 13.1):

Tab. 13.1: Strukturwandel des Alters nach Tews

Strukturwandel des Alters nach Tews	
Verjüngung:	Gesundheitliche Verfassung, Leistungsfähigkeit, äußere Erscheinung etc.
Entberuflichung:	Veränderungen in der Arbeitswelt z. B. durch Frühberentung
Feminisierung:	Höhere durchschnittliche Lebenserwartung von Frauen
Singularisierung:	Starker Anteil alleinlebender Menschen in Gruppe der Älteren und Alten
Hochaltrigkeit:	Gruppe der Hochbetagten ist die am stärksten wachsende Gruppe

(vgl. Backes & Clemens, 2013, S. 169 f)

Verjüngung klingt möglicherweise auf den ersten Blick widersprüchlich, da eine Steigerung der durchschnittlichen Lebenserwartung vorliegt. Der Vergleich der Alterskohorten zeigt jedoch, dass heutige alte Menschen im Durchschnitt ›jünger‹ im Sinne von ›biologisch jünger‹ als frühere Kohorten sind. Mit Entberuflichung ist die zeitliche Ausweitung der Altersphase durch ein frühes Ausscheiden älterer Arbeitnehmender charakterisiert.

13.1.2 Altersdifferenzierungen

Die Altersgruppe der ›Älteren‹ bzw. ›Alten‹ umfasst für viele Fragestellungen ein zu großes Altersspektrum. Oftmals werden Binnendifferenzierungen benötigt. Eine sehr gebräuchliche Unterteilung differenziert in drittes und viertes Alter, wobei das dritte Alter vielfach nicht näher spezifiziert wird.

Viertes Alter

- Ausgehend von empirischen Studien wird der Beginn dieser Phase von 80 bis 90 Jahren festgelegt.

- Kriterien:
  - Deutlich erhöhte Vulnerabilität bzw. Verletzlichkeit des Organismus (Häufungen von Pflegebedürftigkeit und Erkrankungen, reduzierte Anpassungsfähigkeit des Organismus etc.)
  - Erheblich abnehmende morphologische und funktionale Plastizität der Nervenzellen
  - Zurückgehende Kapazität der Informationsverarbeitung (vgl. Backes & Clemens, 2013, S. 108).

Findet Soziale Arbeit mit den von Pflegebedürftigkeit und Demenz Betroffenen selber statt, ist sie hinsichtlich der Altersgruppe vornehmlich im vierten Alter verortet.

Junge Alte

»Junge Alte als neue Sozialfigur« (Backes & Clemens, 2013, S. 192) werden in der Literatur folgendermaßen konturiert:

- Oftmals ohne konkrete Altersangabe, teilweise mit beginnendem Ruhestand definiert wird der Gruppe ein junges, kompetentes, aktives und produktives Alter zugeschrieben.
- Der beschriebene Personenkreis sollte diese Ressourcen, so die allgemeine Erwartung, zum Wohle der Allgemeinheit einsetzen.
- Fokussiert werden auch Aspekte von Körpernormierung sowie ›künstlicher Verjüngung‹ (vgl. ebd., S. 192 f).

Diese Zielgruppe ist im Handlungsfeld Pflegebedürftigkeit und Demenz mehrfach interessant, u. a. als kümmernde und pflegende Angehörige und im Rahmen freiwilligen Engagements.

13.1.3 Flankierende gerontologische Theorien

Menschen mit Demenz sind überwiegend alte und hochbetagte Menschen. Für sozial, pädagogisch, kulturell und therapeutisch Tätige stellt sich die Frage: Was zeichnet diese Altersgruppen generell aus? Wie verhalten sich diese alten Personen unabhängig vom Krankheitsbild Demenz, welche Bedarfe und Bedürfnisse haben sie? Erklärungsansätze hierzu bieten gerontologische Theorien.

Makrotheorien des höheren Lebensalters

Zwei verbreitete Makrotheorien, die sich auf allgemeine Hintergründe ganzer Kollektive beziehen, haben starken normativen Einfluss ausgeübt.
Nach der *Disengagementtheorie* (Cumming und Henry, 1961, zitiert in Pohlmann, 2011, S. 79) ist die Lebensphase ›Alter‹ folgendermaßen skizziert:

- Intrinsisch motivierter Rückzug älterer Menschen
- Verminderte Interaktionen und Abgabe von Rollen
- Entlastung durch Verantwortungsabgabe
- Wunsch nach Rückbesinnung auf sich selbst (vgl. Pohlmann, 2011, S. 79 f).

Kontradiktorisch postuliert die *Aktivitätstheorie* (Havighurst, Neugarten & Tobin, 1968, zitiert in Pohlmann, 2011, S. 80):

- Der in der Disengagementtheorie postulierte soziale Rückzug sei die Folge von gesellschaftlichen Erwartungen, Gesetzen, fehlenden Gestaltungsräumen etc.
- Es existiert kein wesentlicher Unterschied von den Anliegen alter Individuen zu den Bedürfnissen der Menschen im mittleren Lebensalter.
- Eine Aufrechterhaltung sozialer Interaktion gilt als Voraussetzung für Lebenszufriedenheit (vgl. Pohlmann, 2011, S. 80 f).

Derartigen Makrotheorien sind Generalisierungen und Pauschalisierungen inhärent. Die Disengagementtheorie wird heute eher kritisch rezipiert. Die Aktivitätstheorie hingegen hat nach wie vor starken Einfluss auf die Interventionsgerontologie und auf das gesellschaftliche Altersbild. Sie entspricht einer Wunschvorstellung über ein gelingendes Alter (»wer rastet, der rostet« (ebd., S. 81), »Müßigkeit ist aller Laster Anfang« (ebd.). Auch lassen sich physiologisch u. a. Muskelabbau und Zerfall synaptischer Verbindungen durch Nichtgebrauch nachweisen, was für eine aktive Lebensführung spricht (vgl. ebd.).

Stark rezipiert wird weiterhin die Theorie des erfolgreichen Alterns. Erfolgreiches Altern basiert auf aufgaben- und krisenorientierten Entwicklungsmodellen der Lebenslaufpsychologie, z. B. auf der Theorie der Entwicklungsaufgaben nach Havighurst (vgl. Backes & Clemens, 2013, S. 185). Alter erfordere Auseinandersetzung mit abnehmender körperlicher Leistungsfähigkeit, Berufsaufgabe, Partnerverlust und Rolle des Älterwerdens, d. h. mit sogenannten »kritischen Lebensereignissen« (Backes & Clemens, 2013, S. 178). Die Theorie des erfolgreichen Alterns beinhaltet individuelle Merkmale und Voraussetzungen gelingender Auseinandersetzungen:

- Das Individuum setzt personale Entwicklungsziele als »normative Setzung des Idealzustandes« (ebd., S. 184).
- Dazu gehört die »objektive Bestimmung der Adaptivität des Organismus« (ebd.).
- Ältere Menschen verwenden zum erfolgreichen Altern oftmals das *Prinzip der selektiven Optimierung mit Kompensation – SOK* (Baltes) (siehe unten).
- Zentraler Aspekt ist ein gesunder Lebensstil zur Senkung des Risikos pathologischer Alterungsbedingungen.
- Psychosoziale Aktivitäten tragen zum Aufbau von kognitiven und sozialen Kapazitätsreserven und somit zur Verlangsamung beeinträchtigender Altersprozesse bei (vgl. ebd., S. 184 ff).

Gerontologische Konzepte der lebenslangen Entwicklung

Neuere gerontologische Konzepte betonen die Altersphase als Teil einer lebenslangen Entwicklung. Drei zentrale Aussagen mit wesentlichen Aspekten lauten:
Abbauprozesse in einzelnen Funktionsbereichen verlaufen oft unabhängig voneinander.

- Ausgegangen wird von unterschiedlichen intrapersonalen Entwicklungen verschiedener Fähigkeiten und Funktionen (vgl. Lang & Rupprecht, 2012, S. 66 ff).
- Beispieldimensionen sind kognitive Fähigkeiten, Selbstständigkeit, Wohlbefinden etc.
- Neuere Konzepte betonen die Multidimensionalität und erfassen »balancierte Orchestrierung von Anpassungsprozessen« (ebd., S. 68).

Verlusten stehen häufig Gewinn-Erlebnisse gegenüber.

- Einbußen verzeichnen älter werdende Personen z. B. im Bereich Kognition (verlangsamte Informationsverarbeitung, Einbußen in Aufmerksamkeit).
- Trotz dieser Einbußen erleben sie überraschend wenig Einschränkungen im Feld der Alltagsaktivitäten.
- Erklärungen hierzu lauten: Ältere besitzen viele Handlungsroutinen und Erfahrungswissen. Neue Informationsaufnahmen werden durch angepasste Bedingungen erleichtert. Keine Einbußen sind im Bereich »Weisheit« (ebd., S. 69) zu verzeichnen.
- Die sozioemotionale Funktionstüchtigkeit ist altersrobust bzw. mit dem Alter zunehmend. Als Beispiel gilt, dass ältere Erwachsene oftmals zufriedener mit Beziehungen sind als jüngere (vgl. ebd., S. 68 f).

Es existieren multiple Anpassungskompetenzen im Alter.

- Kompetenzen älterer Menschen genügen i. d. R. zur Person-Umwelt-Anpassung.
- Aufgrund der Endlichkeit der körperlichen, kognitiven, sozialen und zeitlichen Ressourcen sind dieser Anpassung Grenzen gesetzt.
- Anpassungsmechanismen lassen sich drei Strategien zuordnen, dem *SOK-Prinzip der selektiven Optimierung mit Kompensation* (nach Baltes).
  - *Selektion* (Auswahl von Aufgaben),
  - *Optimierung* (Aneignung oder Gebrauch gezielter Trainings oder Strategien zur Verbesserung),
  - *Kompensation* (Ausgleich von Verlusten und Defiziten durch neue Ressourcen, Techniken bzw. Hilfsmittel) (vgl. ebd., S. 69 f).

Der Begründer des SOK-Konzeptes, Paul Baltes, zieht als Beispiel gerne den 80-jährigen Pianisten Arthur Rubinstein heran. In der Zeitschrift ›Die Zeit‹ heißt es dazu: »In einem Interview lüftete er freimütig das Geheimnis seines anhaltenden Erfolgs. Erstens spiele er weniger Stücke, brauche folglich weniger im Kopf zu behalten (Selektion). Zweitens übe er diese häufiger (Optimierung). Und drittens spiele er vor schnellen Passagen extra langsam – das lässt die langsamen bedeutungsvoller und die schnellen schneller erscheinen (Kompensation)« (Die Zeit, 2003).

13.1.4 Altersbilder

Unter Altersbilder versteht man sowohl Repräsentationen des Alters in der Vorstellung einzelner Individuen als auch kollektiv vermittelte Bilder. Sie entsprechen nicht der objektiven Realität, sondern sind Ausdruck von Deutungen, Interpretation und Absichten. Individuelle Altersbilder werden auch als Altersstereotype bezeichnet: »Individuelle Altersbilder bzw. Altersstereotype sind generalisierte Erwartungen an das Auftreten bestimmter Persönlichkeitseigenschaften, das äußere Erscheinungsbild oder Verhaltensweisen von Menschen im höheren Lebensalter, und umfassen auch Einstellungen bzgl. dieser Merkmale« (Kessler, 2012a, S. 614). Gesellschaftliche Altersbilder werden insbesondere in den Medien und in der Kunst sichtbar. Indirekt erkennt man sie auch an formalen Regelungen wie Pensionsgrenzen oder informellen Praktiken wie Höflichkeitsnormen gegenüber Älteren (vgl. ebd.).

Individuelle Altersstereotype sind oftmals negativ gefärbt: »Senilität und geistiger Abbau« (ebd., S. 615) wird mit Alter konnotiert. »Würdevoll und weise« (ebd.) sind die wenigen positiven Zuschreibungen. In den Medien, z. B. in Fernsehserien und in der Werbung, werden ältere Menschen häufig als vital und attraktiv im Sinne einer ›positiven Verzerrung‹ dargestellt. Dies entspricht nicht dem Stereotyp eines ›weisen, fürsorglichen‹ älteren Menschen, sondern einer Konterkarierung des negativen individuellen Altersbildes. Auch der demografische Wandel wird in den Medien häufig negativ dargestellt (vgl. ebd., S. 614) und mit Begriffen wie ›Überalterung‹ tituliert, anstelle hier von einer ›Gesellschaft des langen Lebens‹ zu sprechen.

Die bislang dargestellten Alternstheorien und Altersbilder tangieren ebenso die Bereiche der Sozialen Arbeit mit Menschen mit Demenz. Eine hohe fachliche Kompetenz zeichnet sich auch durch einen reflektierten Umgang damit aus.

Box 13.1: Alternstheorien und Altersbilder – Anforderungen an die Soziale Arbeit

Alterstheorien und Altersbilder – Anforderungen an die Soziale Arbeit

Vertreter der Sozialen Arbeit sind wie alle Personen in gerontologischen Handlungsfeldern dazu aufgefordert, ihr Handeln durch Reflexion eigener individueller Altersbilder zu professionalisieren.

- Besteht, vielleicht aufgrund privater Erfahrungen, ein unangemessen positives oder negatives Altersbild?

- Wird Alter, insbesondere durch die Tätigkeit in den Handlungsfeldern Pflegebedürftigkeit und Demenz, einseitig defizitorientiert wahrgenommen? Werden hierdurch eventuell Ressourcen und Fähigkeiten bei alten Menschen, auch bei alten Menschen mit Beeinträchtigungen, übersehen?
- Oder wird Alter bei einseitiger Betonung erfolgreichen Alters idealisiert und werden damit eventuelle Hilfebedarfe übersehen? Dies könnte z. B. bei sorgeleistenden Angehörigen in der Gruppe der ›jungen Alten‹ der Fall sein.

Im Zuge psychosozialer und pädagogischer Arbeit sollte dem Gegenüber, dem alten Menschen oder dessen Bezugspersonen, ein Altersbild vermittelt werden, welches seiner Situation gegenüber angemessen ist und somit vertrauensstiftend und funktional wirken kann.

Soziale Arbeit prägt und gestaltet das kollektive Altersbild durch seine Methoden und Einstellungen. Sie kann zu differenzierteren Repräsentationen des Alters in der Gesellschaft und in den Medien beitragen.

13.1.5 Soziale Risiken und sozialpolitische Handlungserfordernisse im Alter

Der demografische Wandel wird in der Öffentlichkeit häufig in Verbindung mit der Belastung sozialer Sicherungssysteme rezipiert. Dabei sind soziale Problemlagen in der Lebensrealität älterer Menschen nur bei einer Minderheit zu verzeichnen (vgl. Naegele, 2011, S. 37 f). Die Mehrheit der Älteren in Deutschland lebt »heute selbstständig, sozial abgesichert, in relativer Zufriedenheit und weitgehend sorgen- und problemfrei« (ebd., S. 38).

Ältere Menschen werden daher in der Wirtschaft zunehmend als konsumaktive Gruppe wahrgenommen. Die durchschnittliche Einkommens- und Vermögenssituation hat sich gegenüber früheren Kohorten deutlich verbessert:

- Rentnerhaushalte (nach Status des Haupteinkommensbeziehers) verzeichnen ein durchschnittliches Nettoeinkommen von 2.117 €.
- Pensionärshaushalte (nach Status des Haupteinkommensbeziehers) beziehen im Mittel ein Nettoeinkommen von 4.322 € (vgl. Eitner & Naegele, 2012, S. 589 f).

Gleichwohl sind ältere und alte Menschen eine sehr heterogene Gruppe. Angesichts der durchschnittlich zufriedenstellenden Einkommens- und Vermögenssituationen ist es wichtig, daneben auch problematische Lebenslagen und soziale Benachteiligung alter Menschen wahrzunehmen. Insbesondere frühes Ausscheiden aus dem Erwerbsleben sowie unzureichendes Alterseinkommen, chronische Erkrankungen, Pflegebedürftigkeit und Multimorbidität können soziale Problemlagen im Alter verursachen (vgl. Naegele, 2011, 38 f). Tabelle 13.2 zeigt Gefährdungslagen auf.

Tab. 13.2: Relevante soziale Risiken im Alter

Relevante soziale Risiken im Alter
• »Probleme einer dauerhaften Integration im Erwerbsleben,
• Einkommensrisiken beim Ausscheiden aus dem Erwerbsleben,
• Verlust von Möglichkeiten sozialer Integration,
• besondere Morbiditätsrisiken und höheres Pflegebedürftigkeitsrisiko,
• Probleme in der Aufrechterhaltung der selbstständigen Lebensführung«.

(Naegele, 2011, S. 39)

Grundsätzlich gilt dabei: »Trotz hoher Bedrohung durch soziale Risiken ist Alter selbst keine Lebensphase, die per se hauptsächlich oder gar primär durch soziale Probleme gekennzeichnet wäre. Im Gegenteil: Die weit überwiegende Mehrheit der Älteren in Deutschland lebt vergleichsweise frei von sozialen Risiken und Problemen« (ebd.). Nach Schätzungen wird von einem Prozentsatz zwischen 15 % und 20 % in der Gruppe der 65-jährigen und älteren Personen mit Risiko- und Problempotenzial ausgegangen. Betroffen hiervon sind hauptsächlich bestimmte Teilgruppen.

Gruppen mit erhöhtem Risiko sozialer Problematiken im Alter

- Alleinlebende, ältere Frauen
- Ältere Menschen aus benachteiligten Sozialschichten
- Ältere Menschen mit Migrationsgeschichte (vgl. Naegele, 2011, S. 39)

Dies macht deutlich, dass die Lebensphase Alter durch soziale Ungleichheit geprägt ist, beeinflusst durch die Kategorien Schicht, Geschlecht und Herkunft. Lebenslagen im Alter bilden somit eine zunehmende Heterogenisierung und Differenzierung in der Gruppe der Älteren ab. Naegele führt zugespitzt die Dichotomie »positives« (ebd.) und »negatives« (ebd.) Alter auf. Dem positiven Alter werden Merkmale wie gute Einkommens- und Vermögensverhältnisse, Gesundheit, Aktivität, soziale Integration, ein hohes Maß an Selbsthilfepotenzialen und Selbstorganisationsfähigkeit zugeschrieben. Unter dem sogenannten negativen Alter werden Merkmale wie finanzielle Einschränkungen, Hochbetagtheit, Krankheit, Pflegebedürftigkeit und soziale Desintegration subsumiert (vgl. ebd).
Sozialpolitische Handlungserfordernisse sieht Naegele in folgenden Bereichen:

- »Förderung der Beschäftigungsfähigkeit eines insgesamt alternden Erwerbspersonenpotenzials,
- Förderung des lebenslangen Lernens,
- Anpassung der Alterssicherungssysteme an sich verändernde und flexiblere Lebensläufe,
- Schaffung neuer Wohn- und Lebensformen und Förderung der selbstständigen Lebensführung selbst bei ernsthaften funktionalen Einschränkungen,

- Paradigmenwechsel in der Gesundheitspolitik,
- Weiterentwicklung der Pflege(versicherungs)politik,
- Beachtung besonderer gruppentypischer sozialpolitischer Bedarfslagen,
- Erkennen und Nutzen der gewachsenen Potenziale älterer Menschen – Vom Versorgungs- zum Aufforderungs- und Verpflichtungsparadigma – das Konzept des ›active ageing‹,
- Stärkung und Förderung von intergenerationeller Solidarität« (Auszüge aus Naegele, 2011, S. 42 ff).

In der bislang auf Diagnose, Kuration und Medikation fokussierten Gesundheitspolitik sollte die Entwicklung von Medizin für chronisch Erkrankte, geriatrischer Prävention und Rehabilitation sowie von integrierten Versorgungsmodellen mit Einbezug pflegerischer, medizinischer und psychosozialer Dimensionen verstärkt werden (vgl. Naegele, 2011, S. 44 f). Ausblickend wird die Hochaltrigkeit als zentrales Handlungsfeld identifiziert und ein realistisches gesellschaftliches Bild gefordert.

Box 13.2: Ausblick

Ausblick

Viertes Alter – Hochaltrigkeit
»Aktuell gilt Hochaltrigkeit als die wichtigste Bestimmungsgröße sozialpolitischen Handlungsbedarfs rund um das Altern der Gesellschaft« (Naegele, 2011, S. 37).

Weder Krisenszenarien noch Schönfärberei
»Zweifellos steht die Sozialpolitik vor dem Hintergrund des kollektiven Alterns der Bevölkerung vor neuen Herausforderungen. [...] Allerdings sind weder ›demografische Krisenszenarien‹ noch ›Schönfärberei‹‹ durch Überbetonung von Potenzialen und dgl. die angemessenen Antworten« (ebd., S. 45), sondern die »gesellschaftspolitische Gestaltungsaufgabe zu begreifen und anzugehen« (ebd.).

Mit der Zunahme hochaltriger Menschen rücken Versorgungsbedarfe im Kontext des Krankheitsbildes Demenz in den Fokus. Bei diesem gesellschaftlichen Anliegen ist das Gestaltungspotenzial Sozialer Arbeit und angrenzender Berufsgruppen mit ihren psychosozialen Aufgabengebieten in verstärktem Maße einzubeziehen.

13.1.6 Erkrankungen im Alter

Oftmals wird bei der Thematik der Erkrankungen im Alter in der Literatur folgende Systematik angewendet:

- *Alternde Krankheiten:* Krankheiten mit Beginn im frühen Lebensalter, die im Lebenslauf bestehen bleiben.
- *Primäre Alterskrankheiten:* Sie treten erstmals im Alter auf.
- *Krankheiten im Alter:* Krankheiten, die in allen Lebensphasen auftreten, aber im Alter mit besonderen Komplikationen verbunden sind.

Typischerweise kann von Multimorbidität (Kumulation von Erkrankungen) bei alten Menschen ausgegangen werden (vgl. Backes & Clemens, 2013, S. 113).

Körperliche Erkrankungen im Alter verlaufen vielfach chronisch. Gegenüber akuten Erkrankungen (wie z. B. grippalen Infekten etc.) verzeichnen chronische Krankheiten (z. B. Diabetes mellitus) einen deutlichen Anstieg im Alter. Krankheiten im Alter haben häufig eine veränderte, oft unspezifische Somatik. Es kennzeichnet sie ein längerer Krankheits- und Genesungsverlauf und eine veränderte Reaktion auf Medikamente. Am häufigsten sind Herz-Kreislauf-Erkrankungen, beispielsweise sind Bluthochdruck und Herzinsuffizienz sehr verbreitet. Sie werden in der Häufigkeit gefolgt von Krankheiten des Bewegungsapparates wie Arthrose, Arthritis, Rückenbeschwerden etc. Die dritte große Gruppe sind Krebserkrankungen. Multimorbidität somatischer Erkrankungen erhöht das Risiko einer psychischen Komorbidität (vgl. Wurm, 2012, S. 79 f).

Psychische Erkrankungen im Alter bestehen häufig aus zwei zentralen Krankheitsbildern: »Zwei Formen psychischer Störungen dominieren im Alter: Depression sowie, im hohen Alter, demenzielle Erkrankungen« (ebd., S. 80) (▶ Kap. 2 zum Krankheitsbild Demenz).

Depression

Nach epidemiologische Studien ist der Anteil depressiver Erkrankungen im Alter niedriger als in früheren Altersphasen. Nach der Erfahrung klinischer Experten wird Depression als eine weitaus häufigere psychische Erkrankung im Alter wahrgenommen. Oftmals besteht eine Korrelation mit Demenz oder der Parkinson-Erkrankung. In der klinischen Arbeit wird daher davon ausgegangen, dass Depression im Alter unterdiagnostiziert sei, da die Symptome nicht selten irrtümlich als Bestandteile des Alters gehalten werden. Schätzung gehen von 8 bis 10 % Betroffenen in der Gruppe der Älteren aus, wobei die Prävalenz in Heimen bei 15 bis 20 % der dort lebenden Personen liegen soll (vgl. Wurm, 2012, S. 80 f).

Tab. 13.3: Zentrale Aussagen zur Morbidität im Alter

Zentrale Aussagen zur Morbidität im Alter
• »Die Gesundheit von Menschen in der nachberuflichen Lebensphase ist insgesamt recht gut – zwar steigen chronische Erkrankungen an, doch die meisten Älteren haben eine gute körperliche Funktionsfähigkeit.
• Ab einem Alter von etwa 85 Jahren nimmt allerdings der Hilfe- und Pflegebedarf deutlich zu.«

(Wurm, 2012, S. 78)

13.1.7 Funktionale Beeinträchtigungen

Altersphysiologische Veränderungen und chronische Erkrankungen können zu Beeinträchtigungen der funktionalen Gesundheit führen. »Funktionale Gesundheit umfasst, inwieweit Menschen gesundheitlich in der Lage sind, Alltagsanforderungen zu erfüllen und am gesellschaftlichen Leben teilzunehmen« (Wurm, 2012, S. 80).

Beispiele funktionaler Gesundheit im Alter

- Körperliche Mobilität
- Hör- und Sehfähigkeit
- Fähigkeit, Aktivitäten des täglichen Lebens ausführen zu können (vgl. ebd.).

Funktionale Beeinträchtigungen werden leistungsrechtlich differenziert erfasst, z. B. als Pflegebedürftigkeit nach SGB XI oder in der Systematik der Schwerbehinderung nach SGB IX. Bei Pflegebedürftigkeit handelt es sich um eine alterskorrelierte Beeinträchtigung. Den Zusammenhang der Prävalenz von Pflegebedürftigkeit, definiert nach den Kriterien der Pflegeversicherung, und dem Alter verdeutlicht Tabelle 13.4 (zur Korrelation von Alter mit der Prävalenz der Demenz ▶ Kap. 1).

Tab. 13.4: Pflegebedürftige, Pflegequote und Bevölkerung nach Alter

	Pflegebedürftige Anzahl	Pflegequote %	Bevölkerung Anzahl
unter 15	67 734	0,6	10 832 088
15 – 60	268 672	0,5	49 232 864
60 – 65	85 761	1,8	4 898 241
65 – 70	114 504	2,8	4 039 543
70 – 75	238 982	4,8	5 001 255
75 – 80	337 058	9,8	3 438 528
80 – 85	484 818	20,5	2 367 684
85 – 90	522 001	38,0	1 372 711
90 und mehr	381 911	57,8	660 829
Insgesamt	2 501 441	3,1	81 843 743

(Auszug aus: Statistisches Bundesamt, 2013, S. 9)

Sehr deutlich zeigt diese Aufstellung des Statistischen Bundesamts den Zusammenhang zwischen Pflegebedürftigkeit und Alter in der Bevölkerung. Mit der ›Pflegequote‹ wird dabei der Anteil pflegebedürftiger Menschen an der jeweiligen Altersgruppe bezeichnet. Bei den 70- bis unter 75-Jährigen waren 2011 weniger als 5 % dieser Altersgruppe pflegebedürftig, bei den 90-Jährigen und älteren hingegen waren es knapp 58 %.

Dabei wird die Versorgung pflegebedürftiger Menschen primär durch sogenannte informelle Pflege, d.h. die Unterstützungsleistungen von Angehörigen erbracht. Soziale Bezugspersonen von Menschen mit Pflegebedarf und Demenz sind somit eine wichtige Zielgruppe und Soziale Arbeit sollte sie grundsätzlich flankierend berücksichtigen. In Kap. 10 wird dies näher ausgeführt.

13.1.8 Soziale Isolation

Einsamkeit bzw. soziale Isolation sind relevante Risikolagen im Alter. Insbesondere im hohen Alter steigt die Wahrscheinlichkeit des Verlustes des Lebenspartners, von Angehörigen, von Freunden etc. Dünner werdende soziale Netze, gesundheitliche Problematiken und ein Mangel an sozialem Training verstärken Rückzugstendenzen.

Zu den Risikofaktoren für soziale Isolation gehören:

- Alleinleben oder Alleinsein
- Fehlendes soziales Netz (inkl. einem Mangel an Aktivitäten, an vertrauensvollem Austausch, an Zärtlichkeiten etc.)
- Tod des Ehepartners
- Kinderlosigkeit
- Problematischer Gesundheitszustand (vgl. Tesch-Römer, 2012, S. 435 ff).

Insbesondere bei einer Kumulation dieser Faktoren mit Pflegebedarf bzw. Demenz sollte von professioneller Seite proaktiv zur Vorbeugung sozialer Isolation interveniert werden.

Interventionsmaßnahmen zur Prävention von sozialer Isolation umfassen z.B.:

- Erweiterung von Gelegenheitsstrukturen,
- Fahrdienste,
- Begegnungsstätten der offenen Altenhilfe,
- Angebote zur Freizeitgestaltung (vgl. ebd.).

Arbeit in psychosozialen und pädagogischen Feldern kann in vielfacher Weise zur sozialen Inklusion (▶ **Kap. 13.2** und **13.3**) und somit zur Prävention von sozialer Isolation beitragen.

13.1.9 Suizidalität im Alter

Die Mehrheit älterer Menschen verfügt, insbesondere angesichts von Verlusterfahrungen im Alter, über eine hohe emotionale Widerstandsfähigkeit. Anderererseits weist nach Angaben der WHO die ältere Bevölkerung international in ca. zwei Drittel aller Länder höhere Suizidraten als alle anderen Altersgruppen auf. Diese Situation besteht auch in Deutschland: »Die über 70-jährigen Frauen stellen 32,0 % der Suizide, die Männer der entsprechenden Altersgruppe 23,6 %« (Kessler, 2012b, S. 205). Dazu wird von einer erheblichen Dunkelrate ausgegangen. Überwiegend werden sogenannte ›harte Methoden‹ angewandt: Erhängen, Erdrosseln und Ersticken machen 55 % der männlichen und 40 % der weiblichen Suizide aus. Danach folgen in der Häufigkeit der Gebrauch von Feuerwaffen bei Männern und Vergiftungen bei Frauen (vgl. ebd., S. 205).

Höhere Altersgruppen verzeichnen zudem häufiger sogenanntes Hochrisikoverhalten und passive Unterlassungshandlungen wie unzureichende Nahrungsaufnahme und Verweigern der Medikamenteneinnahme. Es wird davon ausgegangen, dass Professionelle oftmals das Suizidrisiko älterer Menschen verkennen. Hierzu trägt auch bei, dass in der Gruppe der Älteren Suizidgedanken seltener kommuniziert werden (vgl. ebd., S. 207).

Hintergründe und Risikofaktoren

In einer großen gerontologischen Forschungsstudie, der Berliner Altersstudie, wurden auf der Basis psychiatrischer Bewertungen bei 15 % der Untersuchten Lebensüberdrussgedanken, bei 5 % Todeswünsche und bei 1 % Suizidideen ermittelt. Für die ärztliche Diagnostik existieren zur diesbezüglichen Erfassung spezielle Skalen, z. B. als Teilskala innerhalb der Hamilton Depressions-Skala (vgl. ebd., S. 206). Zurzeit ist die Befundlage zu Risikofaktoren noch unzureichend. Es gibt allerdings eine Anzahl von Kontextmerkmalen, sogenannte Suizid begünstigende Faktoren, denen in der diagnostischen und psychosozialen Arbeit besondere Bedeutung zufällt (▶ Tab. 13.5).

Tab. 13.5: Mögliche Hinweise auf ein erhöhtes Risiko der Suizidalität

Mögliche Hinweise auf ein erhöhtes Risiko der Suizidalität
• Vorausgegangene Suizidversuche in der Biografie
• Affektive Störungen (meistens Depression)
• Multimorbidität, funktionelle Beeinträchtigungen, fehlende Heilungsaussichten und Schmerzerleben
• Verwitwung (insbesondere bei hochaltrigen Männern)
• Hoffnungslosigkeit
• Abwesenheit positiver Gefühle
• Empfindung begrenzter Lebenszeit
• Wahrnehmung, anderen Menschen zur Last zu fallen

(vgl. Kessler, 2012b, S. 207 f)

Mit affektiven Störungen werden psychische Erkrankungen mit klinisch bedeutsamen Veränderungen der Stimmungslage bezeichnet. Hier ist Depression (▶ Kap. 13.1.6) ein bedeutsamer Risikofaktor.

Beim Krankheitsbild Demenz ist die Suizidrate weniger hoch als landläufig angenommen wird. Ob es eine Korrelation von Demenz und Suiziden bzw. Suizidversuchen gibt, ist derzeit noch nicht abschließend geklärt. Die Befundlage dazu ist schwierig, da mögliche Zusammenhänge zwischen Demenz bzw. anderen Erkrankungen und Suizidalität mit einem gleichzeitigen Vorhandensein von einer Depression einher gehen können. Die empirischen Ergebnisse widersprechen der gängigen Annahme, dass es sich bei Alterssuiziden meistens um sogenannte Bilanzsuizide (im Englischen ›rational suicides‹) handelt (vgl. ebd., S. 207 f).

Suizidprävention

Im Zuge des demografischen Wandels muss von einer Zunahme von Alterssuiziden in den kommenden Jahren ausgegangen werden. Dies macht Suizidprävention zu einem wichtigen und anspruchsvollen gerontologischen Anliegen. Es können dabei drei Typen der Prävention unterschieden werden.

Tab. 13.6: Drei Formen der Suizidprävention bei alten Menschen

Drei Formen der Suizidprävention bei alten Menschen

Primäre Suizidprävention
Verhütung erstmaliger Suizide und Suizidversuche, z. B. durch
 	
• Verbesserung psychologisch-psychiatrischer Behandlungsstrukturen alter Menschen
• Aufklärungs- und Informationskampagnen in den Medien
• Einschränkung vorhandener Suizidtechniken (z. B. Einzäunung von entsprechend hochgelegenen Plateaus)
 	
Sekundäre Suizidprävention
Identifizierung und Behandlung gefährdeter Personen, z. B. durch
 	
• adäquate Beratung, entsprechende Betreuung und Behandlung von
  – älteren Menschen in suizidalen Krisen,
  – älteren Personen mit psychischen Erkrankungen und
  – Menschen mit vorausgegangenen Suizidversuchen.
 	
Tertiäre Suizidprävention
 	
• Optimale Versorgung von Menschen mit vorausgegangenem Suizidversuch

(vgl. Kessler, 2012b, S. 206)

Insbesondere bei der sekundären und tertiären Suizidprävention haben medizinische, pflegerische und psychosoziale Berufsgruppen eine zentrale Funktion. Es handelt sich dabei um ein interdisziplinäres, fachlich anspruchsvolles Arbeitsfeld der Sozialen Arbeit im gerontologischen Feld.

13.2 Ausgewählte Handlungsfelder

Soziale Arbeit mit alten Menschen kann in eine direkte und eine indirekte Tätigkeit mit alten Menschen unterteilt werden (vgl. Backes & Clemens, 2013, S. 334). Bei der Zielgruppe Menschen mit Demenz sind auch weitere, oftmals jüngere Zielgruppen zu berücksichtigen, u. a. in intergenerationellen Projekten, in Beratungskontexten oder der Angehörigenarbeit.

13.2.1 Überblick

Als charakteristisch für die Soziale Arbeit in Bereichen der Altenhilfe wird eine Perspektiven integrierende Handlungsweise gesehen. Sie ist dadurch gekennzeichnet, dass sie die Adressaten im Kontext mit sozialen Gruppen und dem Gemeinwesen sowie in ihren lebensweltlichen und alltagstypischen Zusammenhängen sieht (vgl. Kraus & Hegeler, 2011, S. 89).

Nach Kraus und Hegeler benötigt es dazu grundsätzliche Orientierungen (▶ Tab. 13.7).

Tab. 13.7: Grundsätzliche Orientierungen Sozialer Arbeit in der Altenhilfe

Grundsätzliche Orientierungen Sozialer Arbeit in der Altenhilfe
• *Autonomieorientierung* (das Selbstbestimmungsrecht des alten Menschen betreffend)
• *Lebensweltorientierung* (die Lebensrealitäten und subjektiven Relevanzsetzungen der Adressaten berücksichtigend)
• *Biografieorientierung* (die Daseinsorientierungen aufgrund der individuellen Lebensläufe beachtend)
• *Kompetenzorientierung* (Prozesse der Alltagsbewältigung mithilfe der Mobilisierung vorhandener Ressourcen anstoßend)

(vgl. Kraus & Hegeler, 2011, S. 89f)

Zippel und Kraus (2011) behandeln in ihrem Buch ›Soziale Arbeit für alte Menschen‹ u. a. folgende Handlungsfelder:

- Soziale Arbeit in der Geriatrie und klinische Sozialarbeit in der Gerontopsychiatrie
- Case- und Care Management und Wohnen im Alter
- Freiwilliges Engagement
- Interkulturelle Arbeit
- Gewalt im Alter
- Hospizbewegung und palliative Geriatrie
- Suizidprävention

- Beratungs- und Unterstützungsangebote für ältere Menschen und ihre Angehörigen
- Beratung von Menschen mit Demenz und Angehörigen
- Ambulante und stationäre Altenhilfe
- Regelungen der Krankenversicherung (SGB V) und der Pflegeversicherung (SGB XI) (vgl. Zippel & Kraus, 2011, S. 5 ff)

Das Krankheitsbild Demenz tangiert in unterschiedlichem Umfang eine Vielzahl der Handlungsfelder. Einige davon werden an anderen Stellen dieses Buches behandelt, auf weitere Bereiche wird nachfolgend näher eingegangen.

13.2.2 Soziale Arbeit in Kliniken

Geriatrie (Altersmedizin bzw. -heilkunde) und Gerontopsychiatrie (Fachgebiet der psychiatrischen Erkrankungen alter Menschen) sind zwei wichtige Bereiche in der medizinischen Versorgung alter Menschen. Der Sozialdienst im Krankenhaus fokussiert in seiner Arbeit die »aktuellen, persönlichen und sozialen Probleme der Patienten« (Kraus & Hegeler, 2011, S. 83), auch bei demenziellen Erkrankungen. »Er ist Experte für die psychosoziale Beratung und Betreuung von Patienten« (ebd.). Bezogen auf geriatrische Belange werden die einzelnen Maßnahmen folgendermaßen u. a. beschrieben:

- »Koordination der Hilfen zwischen allen Mitwirkenden, [...]
- Erstellen der Sozialanamnese und Situationsanalyse,
- Erstellung und Umsetzung des Hilfeplanes, [...]
- Beratung der Patienten und deren Bezugspersonen in allen sozialen und sozialrechtlichen Fragen,
- Unterstützung der Patienten und Bezugspersonen bei der Inanspruchnahme von Sozialleistungen« (ebd., S. 84 f).

In der Gerontopsychiatrie ist bei Patienten mit Verdacht auf eine Demenz die Begleitung des diagnostischen Prozesses, z. B. auch in Memory-Kliniken oder Gedächtnisambulanzen, eine wichtige Aufgabe. Weiterhin werden stationäre Aufenthalte durch den Krankenhaussozialdienst flankiert. Methodisch sind für Soziale Arbeit im Kliniksozialdienst dabei u. a. Einzelfallhilfe, Gemeinwesenarbeit, Case Management und Empowerment im Einsatz. Das Spezifikum Sozialer Arbeit ist der Einbezug der primären und sekundären sozialen Netzwerke bei Prävention und Nachsorge sowie der Herstellung dauerhaft stabiler Versorgungssituationen (vgl. ebd., 85, 91).

13.2.3 Demenz-Wohngemeinschaften, ambulante, stationäre und offene Altenhilfe

In der klassischen ambulanten Altenhilfe respektive in ambulanten Pflegediensten ist der Anteil Sozialer Arbeit bislang eher gering. Aufgabenbereiche von Sozialarbeitern in Pflegediensten betreffen vorrangig Kostenklärungen und die Durchsetzung von Ansprüchen gegenüber dem Kostenträger (vgl. Jaeger, 2011, S. 339). Gleichwohl hat es in den letzten Jahren Profilierungsversuche im ambulanten Bereich gegeben, z. B.

- »in Form von sozialarbeiterischen Angeboten von Sozialstationen (wie in Berlin),
- in Form von koordinierenden Aufgaben bei ambulanten Hilfen in sog. Informations-, Anlauf- und Vermittlungsstellen (wie in Baden-Württemberg) oder
- durch eine Doppelqualifikation von Pflegeberuf und Sozialarbeit, die zu einem umfassenderen Angebot in ambulanten Pflegediensten beitragen soll« (Backes & Clemens, 2013, S. 335).

Der ambulante Sektor ist zudem ein zunehmend relevantes Versorgungssegment für Menschen mit Demenz. Soziale Arbeit ist hier im Feld der Selbsthilfe, des freiwilligen Engagements (▶ Kap. 13.2.6 und 13.2.7) und im Rahmen niedrigschwelliger Angebote (▶ Kap. 3.4.4), d. h. ergänzend zur Pflege im engeren Sinne, vertreten. Im ambulanten Bereich braucht es ein dezidiertes Hintergrundwissen über die Situation der pflegenden Angehörigen, da sie oftmals einen wesentlichen Teil der Pflegesituation darstellen (▶ Kap. 10).

Demenz-Wohngemeinschaften

Ein weiteres wichtiges ambulantes Versorgungssegment sind Demenz-Wohngemeinschaften, sogenannte Demenz-WGs: »In einer ambulant betreuten Wohngemeinschaft für Menschen mit Demenz leben in der Regel 6 bis maximal 12 Personen in einer großen Wohnung zusammen. Sie werden von einem ambulanten Pflegedienst betreut. Die Erkrankten (vertreten durch Angehörige bzw. rechtliche Betreuer) sind Mieter« (Deutsche Alzheimer Gesellschaft, 2014, S. 1). Kennzeichen einer ambulanten Demenz-WG sind eine familiäre Atmosphäre und überschaubare Strukturen. »Die Mitarbeiterinnen und Mitarbeiter sind nicht ›Herr im Haus‹, sondern ›Gäste‹ in einer fremden Wohnung« (ebd.). Sogenannte Präsenzkräfte haben mindestens eine Basisqualifikation im Umgang mit Menschen mit Demenz und geben Hilfen zur Bewältigung des Alltags. »Der Pflegedienst hat weder ein Büro noch ein Zimmer für das Personal in der WG, sondern steuert die Pflege von seiner Zentrale aus. Wenn die Angehörigen mit dem Pflegedienst nicht zufrieden sind, können sie den Vertrag kündigen und einen anderen Pflegedienst beauftragen« (ebd.). Dabei sind die Kosten für »Miete, Pflege und Betreuung, Verpflegung, Anschaffungen und Instandhaltung« (ebd.) zu tragen. Grob kalkuliert entspricht dies den Kosten eines Pflegeheims, wobei regional große Preisunterschiede bestehen. Die Pflegekasse übernimmt, sofern eine Pflegestufe sowie erheblicher allgemeiner Betreuungsbedarf anerkannt wurden, die entsprechenden Beträge für die Sachleistung der ambulanten Pflege (▶ Kap. 3). Unter bestimmten Voraussetzungen besteht ein monatlicher Anspruch auf 200 € als Wohngruppenzuschlag nach § 38a SGB XI. Dazu kommen bei einem erheblich allgemeinen Betreuungsbedarf noch einmal 100 oder 200 € zur Finanzierung qualitätsgesicherter Maßnahmen nach § 45a SGB XI. Den rechtlichen Rahmen für ambulant betreute Wohngemeinschaften regeln in den einzelnen Bundesländern die jeweiligen Landesgesetze. Eine ambulant betreute Wohngemeinschaft unterscheidet sich von einem Pflegeheim z. B. darin, dass Mietvertrag und Pflegevertrag unabhängig voneinander sein müssen. Der Pflegedienst garantiert im Rahmen des Versorgungsvertrags die Qualitätssicherung seiner Leistung. Die Aufgaben und Zuständigkeiten der Heimaufsicht sind je nach Bundesland unterschiedlich geregelt (vgl. ebd.).

Stationäre Altenhilfe

In der stationären Altenhilfe, d. h. in Altenheimen, sind Vertreter Sozialer Arbeit seit den 1980er Jahren stärker präsent, was mit Förderbedingungen für psychosoziale und pädagogisch-therapeutische Interventionen einhergeht. Aufgabenschwerpunkte sind milieuorientierte Arbeit mit Bewohnerinnen und Bewohnern, Angehörigenarbeit und mitarbeiterbezogene Tätigkeiten. Ein Quartiersbezug bzw. die Öffnung der Institution nach außen wird vielfach durch Gemeinwesenarbeit (▶ Kap. 13.3) hergestellt. Soziale Arbeit findet häufig im sogenannten gruppenübergreifenden oder sozialen Dienst statt (vgl. Backes & Clemens, 2013, 335).

Die Arbeit im sozialen Dienst eines Altenheims beinhaltet ebenso die Tages- und Wochenstrukturierung für die Bewohner. In der Regel benötigt es die interdisziplinäre Zusammenarbeit vor allem mit den Disziplinen Pflege und Hauswirtschaft. Die Vielzahl der dabei angebotenen nichtmedikamentösen Interventionen werden in Kap. 5 behandelt. Zentrale Zielsetzungen sind der Erhalt bzw. die Steigerung von Lebensqualität der alten Menschen sowie die Sicherstellung ihrer Inklusion und Partizipation am sozialen Leben. Experten der stationären Altenhilfe sehen Träger und Verantwortliche vor der großen Herausforderung, die traditionellen Versorgungsstrukturen auf die Bedürfnisse von Menschen mit Demenz anzupassen. Es wird davon ausgegangen, dass der Erfolg der Veränderungsprozesse dabei nicht von einzelnen Faktoren, sondern dem »Zusammenwirken der Komponenten abhängt, die den demenzbetroffenen Menschen umgeben: bauliche Gestaltung, psychosoziales Milieu und personelle Organisation« (Bischof, 2006, S. 321).

Offene Altenhilfe

Die meisten Sozialarbeiterstellen finden sich in der sogenannten offenen Altenhilfe. Hierzu gehören Beratung, Bildungs- und Freizeitangebote bis hin zur Förderung sozialer Begegnungen. Am Beispiel von Altentagesstätten kann beobachtet werden, dass verstärkt eine Dienstleistungsorientierung stattfindet und Konzepte zunehmend auf lebensweltlicher Basis erstellt und in Form der zugehenden Altenarbeit implementiert werden. Das Spektrum der Angebote ist facettenreich und auch durch die Vielzahl von Modellprojekten unüberschaubar, und neben einer einheitlichen Systematik fehlt es oftmals an Wirkungsnachweisen in

Form einer Evaluation. Die Zusammenarbeit mit Selbsthilfeorganisationen und die Förderung freiwilligen Engagements stehen vielfach im Zentrum der Arbeit (vgl. Backes & Clemens, 2013, S. 336).

13.2.4 Interkulturelle Arbeit

Ein Aufgabenfeld, das zukünftig an Bedeutung gewinnen wird, ist die Soziale Arbeit mit in Deutschland lebenden Migranten. Einerseits stellen alte Ausländerinnen und Ausländer verglichen mit deutschen alten Menschen eine kleine Gruppe dar, andererseits wird durch die zunehmende Zahl älterer Migranten, die nicht in ihre Herkunftsländer zurückkehren, Altensozialarbeit vor neue Herausforderungen gestellt (vgl. Backes & Clemens, 2013, S. 337).

Migranten über 65 Jahre der sogenannten ersten Gastarbeitergeneration haben im Jahr 2008 eine Anzahl von über 1,3 Millionen Menschen ausgemacht. Diese Gruppe wird sich bis 2030 auf 2,8 Millionen erhöhen. Dabei ist der Anteil männlicher Migranten mit 57 % höher als der von Frauen (43 %). Die größten ethnischen Subgruppen sind Türken und Menschen aus dem früheren Jugoslawien, auch Aussiedler und Spätaussiedler aus Mittel- und Osteuropa stellen eine bedeutende Anzahl von Personen (vgl. Demirci & Grieger, 2011, S. 203). Die ökonomische und die gesundheitliche Lage sind vergleichsweise ungünstiger als die der deutschen Älteren, insbesondere bezogen auf chronische Erkrankungen und Multimorbidität (vgl. ebd., S. 204). Weiterhin leben ältere Migranten in einer schlechteren Wohnsituation mit eher geringwertig ausgestatteten und kleineren Wohnungen im Vergleich mit der deutschen Bevölkerung. Diese sind oftmals besonders schwer im Falle der Pflegebedürftigkeit umzurüsten (vgl. ebd., S. 205). Ältere Migrantinnen ab 65 Jahren leben häufiger in Einpersonenhaushalten als Männer, eine Lage, die sie mit älteren deutschen Frauen teilen (vgl. ebd.).

Die Einbindung älterer Migranten in ihre familiale Netzwerke ist zwar mittlerweile keine Selbstverständlichkeit mehr, gleichwohl finden in erheblichen Maße binnenfamiliale Unterstützungsleistungen bei Krankheit und im Alter statt. Zukünftig wird jedoch von einer wachsenden Anzahl von Personen, die auf professionelle Versorgung durch soziale Regeldienste angewiesen sein werden, ausgegangen (vgl. ebd.).

Die Anzahl demenzkranker Menschen mit Migrationshintergrund wird zurzeit mit ca. 120.000 Personen geschätzt (vgl. Streibel, 2010, S. 8). Insbesondere in türkischstämmigen Familien findet die Versorgung von Menschen mit Demenz nahezu ausnahmslos innerhalb der Familie und in der privaten Häuslichkeit statt (vgl. Okken et al., 2008, S. 396 ff). Für die Soziale Arbeit beinhaltet eine hierauf bezogene Tätigkeit sowohl den Bereich Migrantensozialarbeit als auch das Feld der Altenhilfe. Dabei handelt es sich um eine heterogene Bevölkerungsgruppe, wodurch die Erfassung von Bedarfslagen erschwert wird. Zentrale Aufgabe Sozialer Arbeit ist die »in der Migration entstandenen informellen Strukturen und Einrichtungen – wie z. B. Vereine, Selbstorganisationen und kulturelle Einrichtungen – gezielt mit den Angeboten der Altenhilfe zu verbinden« (Backes & Clemens, 2013, S. 337).

Zu den anstehenden Aufgaben gehören:

- Die Öffnung der Regelversorgungssysteme für ältere Migranten
- Beratung und Informationsmaterial in den Muttersprachen
- Stärkung familialer Unterstützungsressourcen
- Schaffung von stationären Altenhilfebereichen mit ethnischen Schwerpunkten
- Kultursensible Qualifizierung von Fachkräften
- Case Management
- Einsatz von Freiwilligenengagement
- Netzwerkbildung mit Migrantenorganisationen
- Sozialraumbezogene Integrationsarbeit (vgl. ebd., S. 337; Demirci & Grieger, 2011, S. 212).

Unbestritten ist, dass eine angemessene Versorgung nicht ohne Partizipation der Betroffenen (▶ Kap. 13.2.7) gelingen kann. Behörden, Verwaltungen, Verbände und Träger von Einrichtungen sollten besonderen Wert auf die Beteiligung von Migranten legen (vgl. Demirci & Grieger, 2011, S. 215).

13.2.5 Die Hospizarbeit und Palliative Care

Seit 2009 ist die Palliativmedizin Pflichtfach in deutschen Universitäten. Das lateinische Wort ›palliare‹ kann »mit einem Mantel bedecken« (Bertheau, 2011, S. 232) übersetzt werden. In einem Krankheitsstadium, in dem eine kurative Behandlung nicht mehr sinnvoll und gewollt ist, steht eine die Schmerzen und Symptome wie Atemnot, Erbrechen etc. lindernde Therapie im Zentrum. Durch die Arbeit der Hospizbewegung wurden prägnante Impulse zur Schmerztherapie und Symptomkontrolle sterbender Menschen gegeben. In der deutschen Gesundheitsversorgung hat sich der international gebräuchliche Terminus Palliative Care durchgesetzt. Nach der Weltgesundheitsorganisation (WHO) dient Palliative Care der »Verbesserung der Lebensqualität von Patienten und deren Familien, die mit den Problemen konfrontiert sind, die mit einer lebensbedrohlichen Erkrankung einhergehen« (WHO, 2002, zitiert in: Bertheau, 2011, S. 233), beispielsweise durch Prävention und durch »Lindern von Leiden« (ebd.).

Unterstützung erfahren sterbende Menschen u. a. durch ein abgestuftes System von Versorgungseinrichtungen:

- Ambulante Hospizdienste unterstützen das Sterben zu Hause in vertrauter Umgebung.
- Stationäre Hospize bestehen ergänzend zu ambulanten Angeboten und können für sterbende Menschen zu einem »Ersatz-Zuhause« (ebd.) werden.
- In Kliniken und Altenheimen begleiten Hospizdienste sterbende Menschen z. B. durch Sitzwachen.
- Weiterhin gibt es spezielle Palliativstationen, womit eigenständige Bereiche für schwerkranke Menschen mit unheilbaren, fortgeschrittenen Erkrankungen in Krankenhäusern bezeichnet werden (vgl. ebd.).

Zu den Spezifika der Hospizarbeit gehört die Mitarbeit von freiwillig Engagierten, d. h. professionell und ehrenamtlich Helfende bilden gemeinsame Teams zur Versorgung. Es wird von gegenwärtig 80.000 freiwillig bzw. ehrenamtlich Engagierten in der Hospizarbeit ausgegangen. Neben der Gewinnung von ehrenamtlich Tätigen mittels aktiver Öffentlichkeitsarbeit gehört die Begleitung von Trauernden zu den Aufgaben im Feld Hospizarbeit (vgl. ebd., S. 245).

Bezogen auf Menschen mit Demenz postuliert die Deutsche Alzheimer Gesellschaft (2009b) den ethischen Grundsatz: »Die Würde der Demenzkranken ist auch in ihrem Sterben unantastbar. Für ein würdevolles Sterben sind die individuellen Bedürfnisse der Kranken wichtig und in den Mittelpunkt zu stellen, insbesondere die Sicherung der Lebensqualität, die Linderung der körperlichen Beschwerden (u. a. Schmerz) und das Bedürfnis nach Geborgenheit« (Deutsche Alzheimer Gesellschaft, 2009b , S.1). Soziale Arbeit berücksichtigt dabei die allgemeinen Regeln zum Umgang mit sterbenden Menschen mit Demenz, die Tabelle 13.8 aufzeigt.

Tab. 13.8: Allgemeine Regeln zum Umgang mit sterbenden Menschen mit Demenz

Allgemeine Regeln zum Umgang mit sterbenden Menschen mit Demenz
• Bis zum Schluss erleben auch Menschen mit Demenz das Bedürfnis nach Schutz und Geborgenheit.
• Körperkontakt und nonverbale Kommunikation gewinnen an Bedeutung.
• Trotz kognitiver Einbußen bleibt die emotionale Erlebnis- und Aufnahmefähigkeit bis zum Tod erhalten.
• Auch in der Sterbephase wird der Beziehungsgehalt einer Interaktion wahrgenommen. Dies geschieht vorrangig vor der Aufnahme von Sachaspekten.
• Sterbende Menschen mit Demenz sind oftmals nicht in der Lage, Schmerzen zu benennen. Es ist notwendig, ihre Äußerungen sorgfältig zu beobachten.
• Zu einem besseren Verständnis demenzkranker Menschen trägt die Auseinandersetzung mit ihrer Biografie bei. Religiöse Bezüge, gewohnte Riten, vertraute Lieder etc. können aufgegriffen werden.

(vgl. Deutsche Alzheimer Gesellschaft, 2009b, S. 1 f)

Angehörige sind die zentralen Bezugspersonen für sterbende Erkrankte. Menschliche Präsenz hat einen hohen Stellenwert: »Manchmal bleibt nicht mehr zu tun, als anwesend zu sein. Die Versuchung, in hektische Aktivitäten zu verfallen, ist groß. Eine Zeit lang einfach da zu sein, ist für die Kranken und für alle, die mit ihnen zu tun haben, wohltuend« (ebd.). Im Rahmen pädagogischer und sozialer Arbeit werden auch hierzu Angehörige und freiwillig Engagierte angeleitet.

13.2.6 Selbsthilfe im Kontext mit Demenz

Das Fachlexikon der sozialen Arbeit (Deutscher Verein für öffentliche und private Fürsorge e. V., 2011a) sieht für Selbsthilfe grundlegend: »Gemeinschaftliche

Selbsthilfe entfaltet in selbst organisierten, sekundären sozialen Netzen eigene Kräfte und Fähigkeiten. Kommunikation und Handeln geschehen auf freiwilliger Basis, dienen der Selbstsorge wie der Fremdsorge und bringen Eigensinn und Gemeinsinn hervor« (ebd., S. 752). Selbsthilfe gilt als »bedeutsame Form des bürgerschaftlichen Engagements« (ebd.). Ausgangspunkt ist in der Regel eine gesundheitliche, psychosoziale oder soziale Problematik. Seit den 1980er Jahren wird Selbsthilfe finanziell gefördert, z. B. im Rahmen der Krankenversicherung nach § 20c SGB V (Pflichtleistung) und der Pflegeversicherung nach § 45d SGB XI (Ermessensleistung) (vgl. ebd., S. 752 f). Zentrale Aspekte der Selbsthilfe nennt Tabelle 13.9:

Tab. 13.9: Wesentliche Elemente der Selbsthilfe

Wesentliche Elemente der Selbsthilfe
Inhärente Prinzipien
• Eigenständigkeit und Selbstverantwortung, • Gegenseitigkeit und Solidarität, • Aktivierung und Mündigkeit.
Zentrale Aufgabenfelder
• Austausch und gegenseitige Hilfeleistungen, • Öffentlichkeitsarbeit/Interessenvertretung, • Informationsvermittlung und Förderung von Kompetenz.

(vgl. Deutscher Verein für öffentliche und private Fürsorge e. V., 2011a, S. 752 f)

Alzheimer Gesellschaften und Initiativen sind bezogen auf das Krankheitsbild Demenz zentrale Akteure der Selbsthilfe. Diese sind in der Regel ein Zusammenschluss von betroffenen Angehörigen und Fachkräften. Im Vierten Altenbericht heißt es: »Selbsthilfegruppen, allen voran Alzheimer Gesellschaften, leisten die wichtigste informelle Unterstützung für pflegende Angehörige demenzkranker Menschen. Alzheimer Gesellschaften vertreten die Interessen der Kranken und ihrer Angehörigen, klären die Öffentlichkeit auf, kämpfen um bessere Qualität der Diagnostik, Behandlung, Betreuung und Pflege Demenzkranker und unterstützen innovative Projekte sowie Versorgungsforschung im Bereich der Demenz« (BMFSFJ, 2002, S. 212).

Die Arbeit der Alzheimer Gesellschaften basiert auf ehrenamtlichem Engagement, den Beiträgen betroffener Angehöriger, dem Spezialwissen von Experten und dem Einbezug professioneller Kräfte. Dies umfasst für die Adressatengruppe ›Angehörige‹ Angehörigenberatung, Vorträge, Angehörigengesprächskreise und entlastende Angebote. Für die Zielgruppe ›Menschen mit Demenz‹ gehören niedrigschwellige Betreuungsangebote wie Betreuungsgruppen, Sportgruppen, Kunstgruppen etc. zum Angebotsspektrum. Alzheimer Gesellschaften sind außerdem Anlaufstellen für Professionelle und freiwillig Engagierte sowie Partner in der regionalen Netzwerkarbeit. Fokussiert wird dabei eine Selbsthilfe sowohl auf mikro- als auch auf mesosozialer Ebene (vgl. Deutscher Verein für öffentliche und private Fürsorge e. V., 2011a, S. 751 ff).

Selbsthilfe auf mikrosozialer bzw. personaler Ebene

Hier wird Selbsthilfe charakterisiert als »informelle Eigenhilfe und Selbstsorge im privaten Alltag z. B. innerhalb von Familie« (ebd., 752). Soziale Arbeit rekurriert dabei auf die gesundheitsbezogenen Selbsthilfepotenziale der Betroffenen, d. h. Menschen mit einer Demenz in den differenten Lebenslagen und verschiedenen Krankheitsphasen. Vorhandene Potenziale gilt es zu identifizieren und ihren Einsatz als Ressourcen zu ermöglichen. Auch bei pflegenden bzw. unterstützenden Angehörigen wird Selbsthilfe auf dieser Ebene wirksam.

Selbsthilfe auf mesosozialer bzw. infrastruktureller Ebene

Auf diesem Niveau ist Selbsthilfe ein »kollektiver Prozess, um gleiche Probleme gemeinsam zu bearbeiten und zu bewältigen« (ebd., S. 752). Dies geschieht, »ohne denselben Alltag teilen zu müssen« (ebd.) und »ohne bzw. in Ergänzung zu fachlicher/professioneller Hilfe« (ebd.).

- Selbsthilfe auf mesosozialer Ebene wird von Alzheimer Gesellschaften und -initiativen sowie weiteren tangierten Selbsthilfeakteuren auf Bundes- und Landesebene sowie auf kommunaler Ebene gewährleistet.
- Zu den Netzwerkpartnern gehören im näheren Umfeld auch medizinische Versorgungseinrichtungen, Beratungsstellen, pädagogische Einrichtungen, Kirchengemeinden, kommunale Behörden, Wohlfahrtsverbände etc. (vgl. ebd., S. 751 ff).

Auf beiden Ebenen können primär-, sekundär- und tertiärpräventive Effekte für beide Zielgruppen erreicht werden (▶ Kap. 2.5.1).

13.2.7 Freiwilliges Engagement und Zivilgesellschaft

Viele Versorgungselemente im Kontext des Krankheitsbildes Demenz werden von freiwilligem Engagement flankiert. Freiwilligenaktivität (bzw. bürgerschaftliches Engagement oder Ehrenamt) und Selbsthilfe sind Bestandteile der Zivilgesellschaft. Eine nähere Betrachtung macht deutlich, welches Potenzial für Soziale Arbeit im Kontext mit Demenz in zivilgesellschaftlichen Prozessen enthalten ist.

Definition und Funktionen von Zivilgesellschaft

Definition Zivilgesellschaft: »Als Zivilgesellschaft (engl. Civil Society) wird eine Vielfalt und Vielzahl organisierter Formen bürgerschaftlichen Engagements bezeichnet« (Deutscher Verein für öffentliche und private Fürsorge e.V., 2011a, S. 998). Hiermit verbunden ist die »Öffnung des politischen Institutionensystems für neue soziale Bewegungen und Bürgergruppen« (ebd.). Die Idee der Zivilgesellschaft »basiert auf den Prämissen Pluralismus, Freiwilligkeit, Selbstorganisation und Transparenz von Entscheidungsprozessen« (ebd.) und der Vorstellung vom »politischen – am Gemeinwohl orientierten – Citoyen, der gewaltfreie Formen der Konfliktaustragung und -schlichtung propagiert« (ebd.). In Tabelle 13.10 werden relevante Funktionen der Zivilgesellschaft zusammengefasst.

Tab. 13.10: Relevante Funktionen zivilgesellschaftlicher Prozesse

Relevante Funktionen zivilgesellschaftlicher Prozesse
• Sozialisation und Identitätsbildung
• Soziale Integration
• Herstellung einer Balance zwischen Gemeinwohl und Eigeninteresse des Individuums
• Generierung elementarer sozialmoralischer Ressourcen, z.B. Vertrauen und Solidarität
• Ausbildung sozialer Netzwerke und Normen
• Bereitstellung von personenbezogenen Dienstleitungen

(vgl. Deutscher Verein für öffentliche und private Fürsorge e.V., 2011a, S. 998)

Zivilgesellschaftliche Prozesse können nicht direkt durch staatliche Einflussnahmen gesteuert werden. Sie sind, wie bereits oben zur Thematik der Selbsthilfe geschildert, »Ausdruck des eigensinnigen Engagements selbst organisierter und bewusster Bürger/innen und Gruppen« (ebd., S. 999), können jedoch durch günstige Rahmenbedingungen gefördert werden. Die zivilgesellschaftliche Ebene ist für die Soziale Arbeit im Handlungsfeld Demenz ein nicht zu unterschätzender Wirkungsbereich.

Freiwilliges, bürgerschaftliches und ehrenamtliches Engagement

Ausgehend vom zivilgesellschaftlichen Ansatz wird Ehrenamt bzw. Freiwilligentätigkeit oftmals als bürgerschaftliches Engagement bezeichnet: »Im Begriff des Bürgerschaftlichen Engagements bündeln sich unterschiedliche Formen von freiwilligen, nicht auf materiellen Gewinn ausgerichteten, gemeinwohlorientierten Tätigkeiten. Dazu zählen traditionelle und neue Formen ehrenamtlicher Tätigkeiten in Vereinen, Verbänden und Kirchen, Freiwilligendienste, unterschiedliche Varianten der Selbsthilfe, der Wahrnehmung öffentlicher Funktionen sowie Formen der politischen Beteiligung und Mitbestimmung (Partizipation)« (Deutscher Verein für öffentliche und private Fürsorge e.V., 2011a, S. 144). Dabei wird betont, dass gegenüber tradierten Diskursen um das Ehrenamt aktuelle Debatten mit Rekurs auf das bürgerschaftliche bzw. freiwillige Engagement »den Bezug auf die Zivil- bzw. Bürgergesellschaft als Rahmenkonzept« (ebd.) hervorheben.

Seit einiger Zeit sind Senioren als potenziell bürgerschaftlich Engagierte auch für Professionelle in der Sozialen Arbeit in das Blickfeld gerückt. Sie zu gewinnen und zu unterstützen ist Bestandteil zahlreicher Förderprogramme (vgl. Aner, 2008, S. 203). Jedoch ist eine adäquate Einbindung von Freiwilligenengagement Älterer durch Soziale Arbeit voraussetzungsreich. Es bedarf u. a. der Berücksichtigung ihrer Perspektive, eines breiten Spektrums an »Altenselbsthilfe« (ebd., S. 213) und an künstlerischen Ausdrucksformen. Kritisch hinterfragt werden sollte auch, ob eine zu starke Fokussierung von Stärken und Ressourcen Älterer den Blick auf weniger gut ausgestattete Subgruppen Älterer erschwert. Benötigt wird ein differenziertes Altersbild (▶ Kap. 13.1.4), welches schon in der Ausbildung von Studierenden der Sozialen Arbeit vermittelt werden sollte (vgl. ebd.).

Ehrenamt in der Pflegeversicherung und bei Demenz

Wie in Kap. 3 ausgeführt, ist die bürgerschaftliche bzw. ehrenamtliche Aktivität integrativer Bestandteil des Sozialgesetzbuch XI. Diese soll gefördert werden, wobei im SGB XI explizit »ehrenamtliche Pflegekräfte« (§ 8 SGB XI, in: Klie et al., 2014, S. 172) sowie »Angehörige, Nachbarn und Selbsthilfegruppen« (ebd.) als Adressaten genannt werden (▶ Kap. 3.4.3).

Neben der Nachbarschaftshilfe und der Pflege durch Angehörige sind freiwillig Tätige in sogenannten niedrigschwelligen Betreuungsangeboten konstitutiver Bestandteil des Betreuungsangebots (▶ Kap. 3.4.4). In der Literatur wird die Vielfalt des Einsatzes Freiwilliger in niedrigschwelligen Angeboten oftmals anhand von Modellprojekten expliziert. Eine monetäre Aufwandsentschädigung ist dabei nicht einheitlich geregelt. Im häuslichen Helferkreis in Nürnberg beispielsweise beträgt die Aufwandsentschädigung 7,70 € pro Stunde (vgl. Graßel & Schirmer, 2006, S. 218). In der ehrenamtlichen Arbeit mit Menschen mit Demenz werden neben der »traditionellen Form der Ehre [...] vielfältige Formen der Anerkennung« (Enquête-Kommission »Zukunft des bürgerschaftlichen Engagements«, 2002, S. 74) gewährt. Die Freiwilligen sind in der Regel versichert und erhalten eine Laien-Qualifizierung, in der sie auf den Einsatz vorbereitet werden. Im Modellprojekt KOMPASS, einem Projekt zur Implementierung von Freiwilligenengagement im Kontext von Demenz, umfasste diese Qualifizierung 30 Theorie-Stunden, aufgeteilt in zehn Nachmittage, die vorwiegend handlungsorientiert ausgerichtet waren. Zehn weitere Stunden beinhalteten eine Hospitation, die Einarbeitung vor Ort sowie Beratungs- und Reflexionsgespräche (vgl. Philipp-Metzen, 2004, S. 379).

Die konkrete Ausgestaltung des Freiwilligenengagements für demenziell erkrankte Menschen sollte mit professionell Tätigen flankiert werden. Die Empfehlungen im Modellprojekt KOMPASS hierzu lauten: »Eine Praxisbegleitung der ehrenamtlichen HelferInnen durch professionelle Mitarbeiter ist zur Qualitätssicherung unabdingbar. Neben der notwendigen Organisation und Dokumentation bedarf es auch der psychosozialen Begleitung, nicht zuletzt aufgrund der hohen Morbidität der Erkrankten und der oftmals ungenügenden sozialen Kompetenzen der Angehörigen« (Philipp-Metzen, 2006, S. 83). Generell findet seit längerem eine Verschiebung im fachlichen Profil Sozialer Arbeit in Richtung, Anleitung und Zusammenarbeit mit nicht professionellen Akteuren statt, was auch im Kontext mit Demenz innerhalb des Studiums antizipiert werden sollte.

13.3 Demenz als soziales Phänomen

13.3.1 Das soziale Umfeld als Einflussfaktor für Lebensqualität

Die Person im Mittelpunkt

Soziale Bezugsrahmen sind Einflussfaktoren für das Wohlbefinden von Menschen mit Demenz. Im ›Handbuch Soziale Arbeit und Alter‹ (Aner & Karl, 2010) beschreibt Wißman (2010) Demenz als ein soziales und gesellschaftliches Phänomen. Dabei postuliert er einen Paradigmenwechsel hin zur ›Person mit Demenz‹. Durch Naomi Feil und das Konzept der Validation, das später u. a. von Nicole Richard als ›Integrative Validation‹ (▶ Kap. 6.2) modifiziert wurde, sei eine sensible Form des Umgangs mit demenziell veränderten Menschen aufgezeigt worden. Auch Konzepte wie ›Milieugestaltung‹ ermöglichen einen Perspektivenwechsel. Ebenso haben Tom Kitwood (▶ Kap. 6.3) und weitere Verantwortliche an der University of Bradford in Großbritannien (Bradford Dementia Group) eine neue Haltung gegenüber Menschen mit Demenz gefordert. Sie stellen neben neurobiologischen Prozessen die »Persönlichkeit des Betroffenen, seine Biografie und auch seinen allgemeinen Gesundheitsstatus« (Wißmann, 2010, S. 342) als wichtige Kontextfaktoren heraus. Dazu sagt Wißmann: »Der zentrale Begriff, der bereits in dem Namen des Kitwood'schen Modells – der personzentrierte Ansatz – enthalten ist, ist der Begriff der Person und des Person-Seins« (ebd., S. 343).

Beziehungsgestaltung

Nach Kitwood wird die Frage des Person-Seins von demenziell veränderten Menschen völlig neu thematisiert. Person-Sein ist, wie oben gesagt, ein Zustand, der wesentlich im Rahmen sozialer Beziehungsgestaltung entsteht. »Ob ein Mensch mit Demenz sich als Person erfahren und Person sein kann, hängt demnach davon ab, wie sein Umfeld ihm begegnet« (ebd.). Praxisrelevant ist folglich die Beziehungsgestaltung. Ein Gefühl des Person-Seins zu gewährleisten und zu fördern ist primäres Ziel der Interaktionen im Rahmen einer personzentrierten Begleitung von demenziell erkrankten Menschen (vgl. ebd.).

Auf psychosoziale Bedarfe zu fokussieren ermöglicht pflegenden Angehörigen und professionell oder freiwillig Tätigen, zum Erhalt oder zur Steigerung der Lebensqualität (▶ Kap. 4) von Demenz betroffenen Menschen beizutragen, anstatt »ohnmächtige Zeugen eines scheinbar unaufhaltsamen neurodegenerativen Abbau- und Vernichtungsprozesses zu sein« (ebd.). Das wiederum trägt zu einer demenzsensiblen und würdevollen Haltung bei, sodass eine »Kultur der gegenseitigen Achtung und Begegnung entstehen kann. Dies bedeutet Chance und Verantwortung zugleich« (ebd., S. 342).

Geteilte Verantwortung

Wißmann betont die Perspektive einer Gesellschaftsform, »deren zentrale Prinzipien Verantwortungsübernahme, Demokratie und Partizipation lauten. Existenzielle Fragen – so auch die des Lebens im Alter – sollen nicht länger ausschließlich an Experten und Institutionen delegiert werden« (Wißmann, 2010, S. 345). Demenz sei keine Domäne der Professionen Medizin und Pflege, sondern ein Anliegen aller gesellschaftlichen Gruppen. Sich auf den Ausbau von finanziellen und institutionellen Hilfen zu beschränken, sei unzureichend. Vor allem gelte es, demenziell veränderte Menschen »als Bürgerinnen und Bürger eines Gemeinwesens mit dem Recht auf soziale Teilhabe« (ebd.) anzusehen. Dies deckt sich mit einer langjährigen Forderung von Klie, der sagt: »Jede und jeder würde sich mit der alleinigen Verantwortung überfordern« (Klie, 2001, S. 675). Zur Herstellung eines »gelingenden Alltags« (ebd.) brauche es neben Angehörigen »die beruflich Tätigen aus Medizin, Hauswirtschaft, Pflege und Sozialer Arbeit, die Freiwilligen, aber auch die alltäglichen Helfer, die Polizei, Gewerbetreibende und andere.« (ebd.). Daher ruft er zu einer »geteilten Verantwortung« (ebd., S. 674) auf.

13.3.2 Grundlegende Maximen: Inklusion, Integration und Partizipation

Die Überlegungen in Kap. 13.3.1 führen zu zentralen Maximen Sozialer Arbeit, welche zugleich grundlegende Zielsetzungen in der Tätigkeit mit Menschen mit Demenz sind: Inklusion, Integration und Partizipation.

Inklusion

Der Deutsche Verein für öffentliche und private Fürsorge (2011) definiert Inklusion folgendermaßen: »Das Wort kommt aus dem Lateinischen (inclusio = Einschluss) und bedeutet Einbeziehung und unbedingte Zugehörigkeit« (Deutscher Verein für öffentliche und private Fürsorge e. V., 2011a, S. 447). Die Idee der Inklusion basiert auf dem Prinzip einer heterogenen Gesellschaft bzw. von ›Diversity‹ im Sinne von Vielfalt. Die kollektive Aufgabe besteht darin, niemanden »aus gesellschaftlichen Regelstrukturen auszugrenzen, Barrieren abzubauen und soziale Institutionen zugänglich zu machen« (ebd.).

Integration und Segregation

Nach Wißmann und Gronemeyer findet Inklusion im Kontext mit Demenz durch eine Vielfalt der Lebensoptionen statt, was z. B. die Wahl sowohl integrierender als auch segregierender Angebotsformen betrifft. Im Rahmen der Inklusionsdebatte gilt es zu berücksichtigen, dass für eine möglichst hohe Lebensqualität Unter- und Überforderung weitestgehend minimiert werden sollte. Es könnte beispielsweise zu einer Belastung von Menschen mit Demenz führen, wenn zielgruppenspezifische, segregierende Leistungen nicht vorgehalten und somit Schutzbedarfe ignoriert würden (vgl. Wißmann & Gronemeyer, 2008, 156 ff). Für diesen Diskurs benötigt es eine genauere Betrachtung der Begrifflichkeiten Integration und Segregation sowie auch der Unterscheidung in intendierte und in nicht intendierte Segregation.

Integration besagt in seiner ursprünglichen Bedeutung »Wiederherstellung oder Einfügung in ein größeres Ganzes« (Deutscher Verein für öffentliche und private Fürsorge e. V., 2011a, S. 451). Der Terminus wird umgangssprachlich und wissenschaftlich different, und auch im wissenschaftlichen Spektrum je nach Disziplin heterogen verwendet. Soziale Integration wird beispielsweise »als Anpassung an die Normen und den Lebensstil einer Gesellschaft oder Gruppe verstanden, wobei abweichende Verhaltensweisen und Orientierungen zugunsten einer Assimilation (Anpassung) nach und nach aufgegeben werden« (ebd.). Aus dieser Sicht hängen Integration und Desintegration meistens »mit Strukturproblemen einer Gesellschaft zusammen« (ebd.). Betroffen hiervon sind oftmals »behinderte Menschen, Ausländer, Straffällige, alte Menschen und andere Gruppen am Rande der Gesellschaft« (ebd.). Insbesondere im Zuge von Stadtteilentwicklungsprozessen werden Entwicklungen der Segregation beobachtet, womit »Prozesse der Ausgliederung, oder Gettoisierung« (ebd.) benannt werden. Als problematisch bewertete Subgruppen werden gemieden und mit einer negativen Stigmatisierung versehen. Solche Verläufe müssen frühzeitig erkannt, und ihnen muss im Rahmen von integrierend wirkenden Maßnahmen entgegengewirkt werden (vgl. ebd.).

In den genannten Ausführungen des Deutschen Vereins für öffentliche und private Fürsorge wird von einer ungeplanten Segregation ausgegangen. Angebotsformen für Menschen mit Demenz basieren jedoch vielfach auf einer intendierten Segregation, beispielsweise in Form von niedrigschwelligen Angeboten oder Demenz-Wohngemeinschaften (▶ **Kap. 13.2.3**). Das Spektrum exklusiver Angebote beinhaltet auch spezielle Veranstaltungen im öffentlichen Raum wie Konzerte speziell für Menschen mit Demenz (vgl. Wißmann & Gronemeyer, 2008, 156 ff).

Partizipation

Eine weitere zentrale Maxime ist die Partizipation von demenziell veränderten Menschen und ihren Angehörigen. Diese kann einerseits allgemein definiert werden: »Unter Partizipation (lat.: Teilnahme, Teilhabe) versteht man zunächst in einem umfassenden Sinn die Beteiligung von Personen an der Gestaltung sozialer Zusammenhänge und an der Erledigung gemeinschaftlicher Aufgaben sowie die Bindung an soziale Institutionen bzw. an sozial maßgebliche Strömungen innerhalb einer Gesellschaft« (Deutscher Verein für öffentliche und private Fürsorge e. V., 2011a, S. 634). Andererseits nimmt der Begriff auch Bezug auf politische Gestaltungsformen: »In einem engeren Sinn bezeichnet Partizipation die Beteiligung von Bürgerinnen und Bürgern an den politischen Strukturen und demokratischen Willensbildungsprozessen« (ebd.). Aus soziologischer Sicht wird Partizipation daher auch als »Teilhabe an politischen und sozialen Entscheidungsprozessen« (Schäfers, 2001, S. 267) zusammengefasst. Partizipationsbewegungen werden beschrieben als »breitere Beteiligung der Öffentlichkeit, der Betroffenen« (ebd.) und weiterer Gruppierungen im jeweiligen thematischen Kontext zur Zielsetzung.

Dabei können verschiedene Stufen der Partizipation unterschieden werden:

- Information für Betroffene
- Anhörung der Betroffenen
- Mitberatung durch Betroffene
- Faktische Mitwirkung (vgl. ebd., S. 267).

Menschen mit Demenz können je nach Phase der Erkrankung unterschiedlich einbezogen werden. Durch heutige diagnostische Möglichkeiten haben besonders Erkrankte in der frühen Phase die Möglichkeit, sich in fachlichen und politischen Gremien oder in der Selbsthilfe zu beteiligen. Vielfache Partizipationsoptionen bestehen auch durch quartiersbezogene Netzwerke bzw. im Rahmen von Gemeinwesenarbeit. Bundesweit haben einzelne von Demenz betroffene Personen wie z. B. Helga Rohra (2011) und Christian Zimmermann (Zimmermann und Wißmann, 2011) Anliegen von Menschen mit Demenz verdeutlicht und für ein größeres Verständnis hinsichtlich ihrer Situation gesorgt.

13.4 Gesundheitsbezogene Gemeinwesenarbeit als zentrale Methode

Gesundheitsbezogene Gemeinwesenarbeit ist eine originäre Methode Sozialer Arbeit. Quartiersarbeit im Kontext mit Demenz kann als eine Form der gesundheitsbezogenen Gemeinwesenarbeit angesehen werden.

Gemeinwesenarbeit

Gemeinwesenarbeit gilt neben Einzelhilfe und sozialer Gruppenarbeit als eine der drei Methoden Sozialer Arbeit (vgl. Müller, 2013, S. 355), wobei Gegenstand des Handelns hier u.a. komplette Nachbarschaften, Stadtviertel und Gemeinden sind. Sie entstand im Wesentlichen als Antwort auf historische Entwicklungen wie z.B. auf die Verelendungsphänomene im Zuge der Industrialisierung. Begrifflich herrscht keine einheitliche Taxonomie vor. Im ›Wörterbuch Soziale Arbeit‹ wird Gemeinwesenarbeit als Methode und als methodenübergreifendes Prinzip bezeichnet, wobei funktional zwischen Gemeinwesenarbeit als »Steuerungsinstrument ›von oben‹« (ebd.) und als »Einmischungsstrategie ›von unten‹« (ebd., S. 355 f) differenziert wird. In einem weiteren Standardwerk, dem ›Handbuch Soziale Arbeit‹, findet anstelle des Begriffs Gemeinwesenarbeit das Konzept ›Sozialraumbezogene Methoden‹ (vgl. May, 2011, S. 1517) Verwendung. Hingegen wird auch im ›Fachlexikon der sozialen Arbeit‹ des Deutschen Vereins für öffentliche und private Fürsorge der Begriff Gemeinwesenarbeit beibehalten, jedoch teilweise parallel zu bzw. synonym mit Quartiersmanagement gebraucht (vgl. Deutscher Verein für öffentliche und private Fürsorge e.V., 2011a, S. 340 f).

Gesundheit

Der Begriff ›Gesundheit‹ wird nach der Weltgesundheitsorganisation (WHO) als »[...] Zustand des völligen körperlichen, psychischen und sozialen Wohlbefindens« (WHO 1946, in Hurrelmann et al., 2010, S. 13) definiert, womit nicht nur die Abwesenheit von »Krankheit und Gebrechen« (ebd.) gemeint ist. Konzeptionelle Abgrenzungen bestehen zwischen Gesundheitsförderung (mit einer Betonung auf Ressourcen, Schutzfaktoren etc.) und Prävention (mit der Schwerpunktlegung auf Risiken, Belastungsparametern etc.). Im Kontext der ersten Sichtweise wird oftmals auf das Modell der Salutogenese von Antonovsky rekurriert, welches auf die »Entstehung und Aufrechterhaltung von Gesundheit« (Altgeld & Kolip, 2010, S. 45) fokussiert. Dieses Modell der Salutogenese kann einen fachlichen Zugang zu den Lebenswelten alter Menschen, zu denen funktionale Einbußen, Verluste und Multimorbidität gehören, erleichtern. Denn gesundheitsbezogene Gemeinwesenarbeit kann Gesundheit alter Menschen nur auf der Basis spezifischer, altersassoziierter Bedingungen und Perspektiven erfassen. Kruse z.B. definiert Gesundheit im Alter als mehrdimensionales Konstrukt, wie Tabelle 13.11 veranschaulicht.

Tab. 13.11: Dimensionen von Gesundheit im Alter

Dimensionen von Gesundheit im Alter
• »Fehlen von Krankheit [...];
• optimaler funktionaler Status;
• aktive, selbstverantwortliche Lebensgestaltung;
• gelingende Bewältigung von Belastungen und Krisen;
• angemessenes System medizinisch-pflegerischer und sozialer Unterstützung«.

(Kruse, 2010, S. 88)

Gesundheitsbezogene Gemeinwesenarbeit bei Demenz

Gemeinwesenarbeit im oben genannten umfassenden Sinne ist ein zielführendes und zeitgemäßes Instrument zur Versorgungsoptimierung auch bei Pflegebedürftigkeit und gerontopsychiatrischen Krankheitsbildern wie Demenz. Es werden drei Dimensionen bzw. Ansätze von Gemeinwesenarbeit unterschieden (▶ Tab. 13.12).

Tab. 13.12: Dimensionen von Gemeinwesenarbeit

Dimensionen von Gemeinwesenarbeit
• *Geografische, territoriale Dimension* (Bezugnahme auf geografisch begrenztes Gemeinwesen in seiner Gesamtheit)
• *Funktionale Dimension* (Bezugnahme auf Gemeinschaften hinsichtlich Binnenintegration, Gemeinschaftsgefühl und Zusammenwirken)
• *Kategoriale Dimension* (Bezugnahme auf Subgruppen mit gemeinsamen Merkmalen wie Alter, Problemlage, Herkunftsgeschichte, Erkrankung etc.)

(vgl. May, 2011, S. 1519)

Die Aussage »Gesundheit wird von Menschen in ihrer alltäglichen Umwelt geschaffen und gelebt: dort, wo sie spielen, lernen, arbeiten, lieben« (Trojan & Süß, 2010, S. 336), verdeutlicht den Stellenwert von Gemeinwesenarbeit mit von Demenz betroffenen Personen. So subsumiert Franzkowiak gesundheitsbezogene Gemeinwesenarbeit unter die Handlungsstrategie »Schaffung gesundheitsfördernder lokaler Lebens- und Arbeitswelten« (Franzkowiak, 2006, 70). Die methodische Umsetzung in der Praxis erfordere u. a. Bürgerbeteiligung, Anwaltschaft für Gesundheit, Quartiersmanagement und Gesundheitsförderung in den Settings Arbeitswelt, Schule und Hochschule sowie Krankenhaus und Pflegeeinrichtung (vgl. ebd.). Er führt aus: »Lebenswelt- und Gemeindeorientierung zählen zu den grundlegenden Strategien in Prävention und Gesundheitsförderung« (ebd., S. 71). Deutlich wird hieran der konsequente Bezug auf die Lebenswelten der im Fokus stehenden Personen- bzw. Risikogruppen (▶ Kap. 13.5).

Netzwerkarbeit

Eine essentielle Zielsetzung von Gemeinwesenarbeit besteht in der Beseitigung oder Minderung von sozialen Benachteiligungen und Chancendisparitäten. Grundsätzlich sind hierzu die Etablierung und Förderung personaler und institutioneller bzw. primärer und sekundärer Netzwerke von entscheidender Bedeutung (vgl. Trojan & Süß, 2010, 337). Akteure im Netzwerk sind die Adressaten bzw. Zielgruppen selber sowie Vereine, Verbände, Wohnungsbaugesellschaften, Planungsstellen, medizinische Versorgungseinrichtungen etc. Netzwerkarbeit wird daher als wesentliches Element von Gemeinwesenarbeit gewichtet.

Breites Methodenrepertoire

Gesundheitsbezogene Gemeinwesenarbeit enthält ein breites Methodenrepertoire. Alle Interventionen basieren dabei auf zentralen Prinzipien wie Inklusion, Integration, Partizipation (▶ Kap. 13.3.2) und Selbsthilfe (▶ Kap. 13.2.6). Zu den zielführenden Methoden gehören Befragungen, Organisationen von Runden Tischen, thematische oder auf Zielgruppen bezogene Versammlungen, Stadtteilfeste, kulturelle Veranstaltungen etc. aber auch strukturelle Instrumente wie z. B. Pflege- und Gesundheitskonferenzen. Im Rahmen gesundheitsbezogener Gemeinwesenarbeit nimmt Gesundheitsbildung als Präventionsmaßnahme einen wichtigen Stellenwert ein. Akteure der Erwachsenenbildung und Selbsthilfe, Wohlfahrtsverbände, kommunale Stellen etc. nehmen in unterschiedlichen Gewichtungen diese Aufgabe wahr.

Spezifische Programme

Gesundheitsbezogene Gemeinwesenarbeit im Kontext mit dem Krankheitsbild Demenz nimmt Bezug auf den demografischen Wandel. Zentrale Fragen lauten dabei: Wie entwickeln sich Wohnquartiere, Gemeinden oder Stadtviertel durch die veränderte Altersstruktur? Welche Bedarfe entstehen bzw. wachsen? Finden Veränderungen eher einheitlich oder regional bzw. stadtteilbezogen disparat statt? Handlungsfelder Sozialer Arbeit entstehen durch alterskorrelierte Bedarfe auf unterschiedlichen gesellschaftlichen Ebenen und oftmals im Zusammenhang mit spezifischen Programmen. Exemplarisch kann bezüglich der Bundesebene der aktuelle Siebte Altenbericht ›Sorgende Kommunen – zukunftsfähige Gemeinschaften‹ genannt werden, der sich explizit auf altersbedingte Bedarfe und Potenziale im näheren Sozialraum bezieht (https://www.siebter-altenbericht.de/). Ebenso mit bundesweiter Reichweite wird das Programm ›Lokale Allianzen für Menschen mit Demenz‹ vom Bundesministerium für Familie, Senioren, Frauen und Jugend durchgeführt (http://www.lokale-allianzen.de/). Als drittes nationales Beispiel kann das Konzept ›Menschen mit Demenz in der Kommune‹ (http://www.bosch-stiftung.de/content/language1/html/20834.asp) der Robert-Bosch-Stiftung angegeben werden.

13.5 Eine Basis Sozialer Arbeit: Die Lebenswelt

Ein elementarer Ansatz für einen zielgruppengerechten Zugang zu Adressaten in der Sozialen Arbeit ist die ›Lebensweltorientierung‹. Sie charakterisiert auch eine Haltung gegenüber den Unterstützung suchenden Personen.

13.5.1 Lebensweltbezug in der Gerontologie

Die Lebensweltperspektive gehört zu den langjährigen Leitbildern in der Betreuung demenziell Erkrankter wie auch in der Angehörigenarbeit. Die Begriffe ›Lebensweltorientierung‹ oder ›Lebensweltansatz‹ werden allerdings nicht einheitlich und oftmals ohne theoretische Herleitung verwendet. Ansatz übergreifend basiert der Lebensweltbezug auf einer stringenten Orientierung am subjektiven Bezugsrahmen der Adressaten, ihren individuellen Normsetzungen und persönlichen Relevanzen. In der beruflichen Praxis der Verfasserin dieser Veröffentlichung wurde die methodische Orientierung an der Lebenswelt der Betroffenen stets als adäquat und zielführend erlebt.

Lebensweltorientierung im Kontext von Demenz und Altenarbeit

Die ›Zeitschrift für Gerontologie und Geriatrie‹ schildert die Lebensweltperspektive im Kontext von Demenz als innovativen Ansatz in der Betreuung demenziell Erkrankter und kommentiert den lebensweltbezogenen Ansatz als einen, »in dem Fragen nach der Lebensqualität und -kontinuität in einem gleichgewichtigen Kontext zu Aspekten notwendiger Pflege gesehen werden« (Buhl & Entzian, 2002, S. 181). Im wegweisenden Handbuch ›Soziale Gerontologie‹ (Jansen et al., 1999) schreiben Jansen und Klie zur Versorgung im Kontext demenzieller Veränderungen: »Den vielen Fassetten von Haus und Häuslichkeit, des Alltags auch mit Pflege, ist jedoch eine lebensweltorientierte [...] Perspektive am ehesten angemessen« (Jansen & Klie, 1999, S. 534). Karl sieht für den gesamten Bereich der Sozialen Altenarbeit einen Bedarf an der Orientierung an einer lebensweltlichen Perspektive, einem »Zugehen auf Lebenswelten« (Karl, 1999, S. 380).

Begriff Lebenswelt

Nach Kaiser (2003) bezeichnet der Begriff ›Lebenswelt‹ nicht einfach die Umgebung, d.h. das Lebensumfeld einer Person, sondern den »räumlichen, zeitlichen, physikalischen, sozialen und kulturellen Kontext, zu dem sich der Mensch selbst intentional in eine Beziehung setzt, wobei ihm diese Relation durch kommunikative Interaktion, soziale Integration und personale Identitätsbildung ermöglicht wird« (Kaiser, 2003, S. 31). Lebensumwelten wiederum zeigen Teilbereiche von Lebenswelten der einzelnen Akteure, wie z.B. die private Häuslichkeit oder relevante Institutionen. Überschneidungen existieren mit dem Begriff Lebenslage, unter dem die beiden Dimensionen der subjektiven und der objektiven Lebenslage ebenso dazu dienen, die konkrete Situation des jeweiligen Subjekts zu erfassen. Nach Kaiser werden weiterhin die Konzepte ›Lebensstil‹ und ›Milieu‹ tangiert, denn diese beinhalten die »subjektiven Ausformungen von Lebenswelten« (ebd.) in Abgrenzung zu weiteren Individuen bzw. Gruppierungen (vgl. ebd.). Nach der Erfahrung der Autorin dieses Bandes kann der Lebensweltbezug zu einer Arbeitshaltung auf der Basis von Akzeptanz, Respekt und größerem Verständnis beitragen. Gerade wenn Menschen mit Demenz symptombedingt durch herausforderndes Verhalten ein hohes Maß an sozial-kommunikativen Kompetenzen einfordern, oder wenn pflegende Angehörige trotz erheblicher Überforderung überfällige Interventionen ablehnen, ist die lebensweltorientierte Haltung ein wirksamer Zugangskanal.

13.5.2 Lebensweltorientierung als Handlungskonzept Sozialer Altenarbeit

Frank beschreibt die Lebenswelt als zentrale Grundlage allen sozialen Handelns. »Mit Lebenswelt wird in der sozialen Arbeit heute überwiegend die alltägliche Wirklichkeitserfahrung eines verlässlichen, soziale Sicherheit und Erwartbarkeit bietenden primären Handlungszusammenhangs (Familie, Nachbarschaft, Gemeinwesen, bestimmte Gruppen, soziokulturelle Milieus etc.) bezeichnet. In der Lebenswelt wird in einer stillschweigenden, gemeinsamen Unterstellung bzw. Auslegung der Geltung sozialer Regeln, Strukturen und Abläufe die Grundlage sozialen Handelns gelegt« (Frank, 2011, S. 561). Durch eine Fokussierung auf Lebenswelten erhält Soziale Arbeit einen universellen Zugang zu allen Zielgruppen.

Kunden- statt Lebensweltorientierung?

Hildebrandt führt zur Lebensweltorientierung folgende Überlegungen an. Einerseits werde in der Literatur konstatiert, das Konzept der Lebenswelt habe mit der Bezugnahme auf den Alltag zunehmend an Bedeutung gewonnen; andererseits werde besorgt beobachtet, dass der lebensweltliche Zugang verstärkt vom Konzept der Kundenorientierung verdrängt wird. Insgesamt habe im Vergleich zu weiteren Handlungsfeldern Sozialer Arbeit, wie der Jugendhilfe oder dem Allgemeinen Sozialen Dienst, gerade im Bereich der Sozialen Altenarbeit der Ansatz der Lebensweltorientierung bislang nur wenig Aufmerksamkeit gefunden (vgl. Hildebrandt, 2012, S. 252). Nach ihrer Meinung fordert Lebensweltorientierung ein, »die (alten) Menschen in ihren lebensweltlichen Kontexten wie Biografien, Ressourcen und Perspektiven wahrzunehmen und dabei ihren objektiven Lebenszusammenhängen sowie subjektiven Erlebenssituationen Rechnung zu tragen« (ebd., S. 255).

Hildebrandt überträgt grundsätzliche Handlungsmaximen für eine lebensweltbezogene Vorgehensweise auf das gerontologische Handlungsfeld in psychosozialen Arbeitsbereichen. Ihr Referenzpunkt nach Thiersch lautet dabei folgendermaßen: »Lebenswelt als Ausgangspunkt Sozialer Arbeit verweist so auf die Notwendigkeit einer konsequenten Orientierung an den Adressat/innen mit ihren spezifischen Selbstdeutungen und Handlungsmustern in den gesellschaftlichen und individuellen Bedingungen und den sich für sie daraus ergebenden Schwierigkeiten und Optionen« (Thiersch, 2002, S. 129, zitiert in: Hildebrandt, 2012, S. 252). Folgende Dimensionen beinhaltet die lebensweltorientierte Soziale Arbeit im Kontext von Altenarbeit und Altenhilfe:

Prävention

Nach Hildebrandt erfordert es vor allem die Stärkung der ambulanten Strukturen mittels der Bereitstellung der die Lebenswelt alter Menschen flankierenden präventiven Angebote. Das Spektrum umfasst sowohl rehabilitative als auch sozial-kulturelle Segmente (vgl. Hildebrandt, 2012, S. 255).

Alltagsnähe

Alltagsnähe ist charakterisiert durch den Abbau von Zugangsbarrieren. Angebote müssen z. B. bezogen auf den Aktivitätsradius alter Menschen mit Beeinträchtigungen formal-strukturell erreichbar sein. Aber auch inhaltlich ist eine Ausrichtung an Alltagserfordernissen und Fragen des täglichen Lebens erforderlich. Die private Häuslichkeit mit dem unmittelbaren Wohnumfeld stellt hierfür die zentrale Lebensdimension dar, um Autonomie und selbstbestimmte Lebensführung zu ermöglichen (vgl. ebd.).

Integration

Gemeinschaftsbildung auf der Basis von Vielfalt und Verschiedenheit kann insbesondere durch eine Ausrichtung an individuellen Ressourcen und Bedarfen der alten und hilfebedürftigen Personen erfolgen. Integration tangiert eine Vielzahl von Gestaltungsdimensionen, z. B. die soziale Lebenslage sowie kultursensible und generationenspezifische Aspekte, jeweils mit den Prämissen Wertschätzung und gegenseitiger Respekt (vgl. ebd., S. 255 f).

Partizipation

Zur methodischen Orientierung an der Lebenswelt gehört der möglichst hohe Grad an Selbstbestimmung der adressierten Individuen sowie ihre Einbeziehung bei der Konzeptionierung und Durchführung von Interventionen. Die Ausgestaltung von Partizipation sollte nicht für, sondern mit den betroffenen alten Menschen erfolgen (vgl. ebd., S. 256).

Dezentralisierung und Vernetzung

Nach dem Motto ›ambulant vor stationär‹ sollten alltagsnahe, gemeinwesenbasierte Vernetzungsstrukturen zu einer Förderung von dezentralen Wohn- und Lebensmodellen beitragen (vgl. ebd.).

Positionierung

Nach dem Lebensweltansatz von Thiersch wird sich, so Hildebrandt, Soziale (Alten-)Arbeit »zunehmend kritisch in die verschiedenen Facetten der (Sozial-)Politik einzubringen haben, so z. B. durch Ressort übergreifende Initiativen in Bereichen wie Sozial-, Gesundheits-, Wohnungs-, Verkehrs- und Wirtschaftspolitik« (ebd.). Dabei gilt es, den »Prozess der Ausgrenzung selbst und die Möglichkeiten der Veränderung ursächlicher Strukturen in der Gesellschaft« (ebd.) zu thematisieren.

13.5.3 Lebensweltperspektive als sozialwissenschaftlicher Zugang

Hintergrund

Sozialwissenschaftlich ist die phänomenologische Ausrichtung von Alfred Schütz (1899–1959) für den Lebensweltansatz bedeutsam. Schütz hat die Philosophie und Soziologie maßgeblich beeinflusst. Ausgehend von den Arbeiten Max Webers (1864–1920) sah er das Nachvollziehen des subjektiven Sinns der jeweiligen sozialen Handlung eines Individuums als zentrales Problem an (vgl. Abels, 2004, 57 ff).

Die Phänomenologie gilt als eine zentrale wissenschaftstheoretische Basis der qualitativen Sozialforschung. Mittels dieser erkenntnistheoretischen Position wird die Zielsetzung verfolgt, wissenschaftlich begründete Aussagen über den jeweiligen Forschungsgegenstand treffen zu können (vgl. Lamnek, 2005, S. 47). Phänomenologische Ansätze wie die Lebensweltorientierung von Alfred Schütz werden einer übergeordneten Position im Feld soziologischer Theorien zugeordnet und als »Protosoziologie« (Abels, 2004, S. 79) oder »metatheoretische Position« (ebd., S. 48) bezeichnet. Schütz hat als Wegweiser zahlreiche nach ihm kommende Theorien der verstehenden oder interpretativen Soziologie beeinflusst.

Phänomenologisches Verstehen bedeutet, einen Gegenstand in seiner konkreten Erscheinung so objektiv und vorurteilsfrei wie möglich zu erfassen (vgl. ebd., S. 48). Das Ziel ist die Erkenntnis über Wesensstrukturen und das Erfassen des Invarianten, des unveränderlichen Kerns von Phänomenen (vgl. ebd., S. 58). Die Phänomenologie fragt nach »dem Zugang des Menschen zur Wirklichkeit, in der er lebt« (Abels, 2004, S. 62). Diese selbstverständliche Wirklichkeit wird als alltägliche Lebenswelt bezeichnet (vgl. ebd., S. 68).

Definition Lebenswelt nach Schütz

Die Lebenswelt thematisiert den Ausschnitt der Welt, die als fraglos gegeben scheint. Schütz definiert Lebenswelt wie folgt: »Unter alltäglicher Lebenswelt soll jener Wirklichkeitsbereich verstanden werden, den der wache und normale Erwachsene in der Einstellung des gesunden Menschenverstandes als schlicht gegeben vorfindet. Mit schlicht gegeben bezeichnen wir alles, was wir als fraglos erleben, jeden Sachverhalt, der uns bis auf weiteres unproblematisch ist« (Schütz & Luckmann, 2003, S. 29). Nur in dieser alltäglichen Lebenswelt könne sich nach Schütz und Luckmann »eine gemeinsame Umwelt« (ebd.) ausgestalten. Folglich sei sie die »vornehmliche und ausgezeichnete Wirklichkeit« (ebd.) der Person.

Erfahrungen und subjektive Relevanzsetzungen

An zentraler Stelle stehen bei Schütz Erfahrungen, wobei er damit von allen »reflexiven Zuwendungen« (Schütz, 1932, S.104; zitiert in Abels, 2004, S.64) des Subjekts auf seine »abgelaufenen Erlebnisse« (ebd.) spricht. Die Bezugnahme neuer Erfahrungen auf frühere Erlebnisse führt zu Verallgemeinerungen und zur Herstellung einer bestimmten Ordnung: »Lebensgeschichtlich entsteht so ein subjektives Relevanzsystem« (Abels, 2004, S.65).

Erfahrungen können gut, positiv, bereichernd etc., oder aber schlecht, belastend, problematisch usw. sein. Darüber hinaus können sie auch einen eher sachlichen, wertneutralen Charakter haben, d.h. zu den lebensweltlichen Selbstverständlichkeiten zählen.

Beispielsweise kann bei langjähriger aufwendiger Pflege und Betreuung

- die pflegerische Leistung als positiv hervorgehoben werden,
- die Überlastung als problematische Erfahrung im Vordergrund stehen,
- die Pflegeübernahme als ›fraglos-gegeben‹ ohne besondere Bewertung empfunden werden.

Sinnsetzungen innerhalb der Lebenswelt

Nach Schütz werden Wahlhandlungen bzw. Sinnsetzungen demnach innerhalb der Grenzen der Lebenswelt vollzogen.

Rahmen für Entscheidungen sind z.B. Erfahrungs- und Wissensvorräte, aber auch lebensweltliche Selbstverständlichkeiten. Diese führen zu lebensweltlichen Deutungsmustern. Wesentlich ist dabei, dass ein bewusstes Abwägen oft nur in neuen Situationen stattfindet und dass ein einzelner Aspekt nicht zu jeder Zeit in gleichem Maße relevant ist (vgl. Philipp-Metzen, 2008a, S.189f).

Lebensweltorientierung als Analyseinstrument

Was ist bei einer lebensweltlichen Analyse zu beachten? Nach Schütz ist das vorherrschende Anliegen in den Sozialwissenschaften, in objektiver Weise die subjektiven Bedeutungen des Handelns der Individuen nachzuvollziehen. Fach- und Wissenschaftskategorien müssen konsistent zum Alltag der Adressaten und folglich mit dem gesunden Menschenverstand nachvollziehbar sein (vgl. ebd., S.190f). Die Sinnzusammenhänge der Adressaten werden berücksichtigt, indem »die wissenschaftlichen ›Konstruktionen zweiter Ordnung‹ auf den alltagsweltlichen ›Konstruktionen erster Ordnung‹ aufbauen müssen« (Eberle, 2000, S.15). Dies bedeutet, dass die fachliche Systematik und die Begriffswelt im Handlungsfeld Sozialer Arbeit sowie die Interpretationen im Forschungsprozess der ursprünglichen Intention und Bewertung des Individumms nahekommen müssen. Für diese Annäherung an lebensweltliche Relevanzsetzungen der Adressaten bedarf es der Offenheit und Reflexion der Fachkräfte bzw. der Forschenden.

Drei Postulate zum Fremdverstehen

Drei Postulate von Schütz dienen als Handlungsanleitung zum Fremdverstehen und Interpretieren sowohl für Forschungsvorhaben als auch für ein praktisches, lebensweltorientiertes Vorgehen (vgl. Philipp-Metzen, 2008a, S. 191):

Tab. 13.13: Postulate nach Alfred Schütz zum lebensweltbezogenen Verstehen und Interpretieren

Postulate nach Alfred Schütz zum lebensweltbezogenen Verstehen und Interpretieren
1. Das Postulat der logischen Konsistenz
Die Deutungen der Äußerungen und Handlungen der Individuen durch außenstehende Personen, z. B. Forschende, müssen logisch widerspruchsfrei bzw. nach formaler Logik klar nachvollziehbar sein (vgl. Eberle, 2000, S. 145).
2. Das Postulat der subjektiven Interpretation
Diese Deutungen bzw. Interpretationen bezogen auf das Handeln einer Person müssen in verständlicher Beziehung zum selbst erlebten Sinn des Individuums stehen. Dessen subjektives Erleben eines Ereignisses oder Phänomens steht im Vordergrund (vgl. ebd.).
3. Das Postulat der Adäquanz
Die Interpretationen durch Außenstehende im Sinne eines Fremdverstehens müssen angemessen und üblich sein. Begriffe im wissenschaftlichen Modell müssen für den Akteur bzw. das soziale Umfeld mit dem gesunden Menschenverstand der alltäglichen Lebenswelt nachvollziehbar sein (vgl. ebd.).

(vgl. Philipp-Metzen, 2008a, S. 191)

Konkrete Fragen als Zugang zu Menschen mit Demenz

Für lebensweltorientierte Interpretationen, sowohl im Rahmen von Forschungsvorhaben als auch in der praktischen Beratungsarbeit, sind u. a. zwei Fragen zentral:

1. *Welche Erfahrungen macht der von Demenz betroffene Mensch?* Erlebt er z. B. Unterstützung, Wertschätzung und soziale Partizipation? Oder sind Interaktionen geprägt von Abhängigkeitsempfinden und einseitiger Orientierung an Defiziten?
2. *Welche Bilanzierungen bzw. Bewertungen nimmt die Person vor? Und welche subjektiven Relevanzsetzungen werden dabei deutlich?* Wird bei einem erfahrenen Verlust an Lebensqualität mit Resignation bzw. Rückzugstendenzen oder mit dem Einfordern von Unterstützung reagiert? Rufen bestimmte Handlungen oder Gegebenheiten Wohlbefinden hervor (beispielsweise ein Spaziergang) oder werden diese Situationen als bedrohlich und beängstigend erlebt (z. B. aufgrund der Angst vor Orientierungsverlust)?

13.5.4 Lebensweltbasierte Haltung bei der Beratung von pflegenden Angehörigen

Ziel: Gelingender Alltag

Familienangehörige mit Pflegeverantwortung sind, wie in Kap. 10 verdeutlicht, eine heterogene Gruppe mit vielfältig ausgestalteten Lebenswelten: Nicht nur die unterschiedlichen Pflegebedarfe der zu betreuenden Personen, auch das Geschlecht, das Alter, die Art und Größe des sozialen Netzes, die soziale Lage etc. sowohl von pflegenden als auch von gepflegten Menschen führen zu interpersonal differierenden Unterstützungsbedarfen und -prioritäten (vgl. Barkholdt & Lasch, 2004, S. 30). Zunehmend wird in der Fachliteratur daher die Dringlichkeit eines neuen Wahrnehmungs- und Handlungsparadigmas in der Angehörigenarbeit betont. Dabei wird neben der quantitativen Erweiterung der Versorgungsangebote eine modernisierte inhaltliche Ausrichtung auf »Möglichkeiten konsequenter Stützung der Selbstbestimmung und Kundenmacht gepflegter und pflegender Menschen« (Jansen, 1999, S. 608) gefordert. In dieser Anpassung wird auch Potenzial zur Optimierung der Schnittstelle von professioneller und informeller Pflege gesehen. Lebensweltorientierung ermöglicht für beide Seiten eine Interaktion basierend auf Wertschätzung und Respekt und kann so zur Reduktion von Kommunikationsproblemen beitragen. Problematische Interaktionssequenzen werden oftmals durch die strukturellen Differenzen zwischen dem informellen und dem formellen Unterstützungssystem ausgelöst. Daher sagt Thiersch: »Lebensweltorientierte Soziale Beratung sucht in ihrer methodischen Strukturierung und professionellen Kompetenz die Nähe zu Alltagserfahrungen der AdressatInnen. Sie agiert in ihrer Lebenswelt, um von da aus Möglichkeiten eines gelingenden Alltags zu finden« (Thiersch, 2007, S. 707).

Prozess- und Ressourcenorientierung

Auch für Zemann stellen Interaktionskomplikationen eine der Ursachen der Schnittstellenproblematik zwischen professionellen Kräften und Angehörigen dar. Er beschreibt die Konsequenzen lebensweltlicher Deutungsmuster von Angehörigen im Nexus mit professionellen Interventionen folgendermaßen: »Eine typische Strategie der Minimierung von Störungen von lebensweltlicher Normalität durch Pflegebedürftigkeit ist die Begrenzung der kompensatorischen Interventionen (z. B. beruflicher Helfer), um ein Maximum der gewohnten Abläufe und Rahmenbedingungen zu erhalten« (Zemann, 1997, S. 97). Somit wird die Inanspruchnahme von entlastenden Maßnahmen oftmals auf ein Minimum begrenzt oder vollkommen abgelehnt, obwohl aus fachlicher Sicht dringender Interventionsbedarf gegeben wäre. Auch in einer solchen Situation behält die lebensweltorientierte Arbeit ihren beständigen und prozessorientierten Duktus bei. Ihre Zielsetzung besteht darin, Potenziale zu identifizieren und auf funktionale Netze und Ressourcen zu fokussieren: »In einer Zeit des zunehmenden Zerfalls der Lebenswelt, d. h. insbesondere auch der Auflösung primärer sozialer

Hilfeerwartungen und -beziehungen, stellt sich – so die Schlussfolgerung in diesem Denkmodell – für soziale Arbeit die Aufgabe, noch funktionierende soziale Zusammenhänge der Lebenswelt durch Aktivierung vorhandener Ressourcen zu entwickeln, zu stützen und durch geeignete Hilfeangebote zu ergänzen. Lebensweltorientierte Ansätze der sozialen Arbeit unterscheiden sich in diesem Sinne von kontrollierend-intervenierenden Konzepten« (Frank, 2011, S. 561). Die subjektiven Sinnsetzungen der Adressaten bleiben auch hier entscheidend.

Konkrete Fragen als Zugang

Die für lebensweltorientiertes Verstehen und Interpretieren zentralen Fragen werden nachfolgend exemplarisch am Handlungsfeld Angehörigenberatung veranschaulicht:

- *Welche Erfahrungen machen die familial Pflegenden?* Sind sie mit einer hohen oder niedrigen Stundenanzahl pro Tag eingebunden? Erleben sie Konflikte oder Gemeinsamkeiten mit den zu pflegenden Menschen oder weiteren Familienmitgliedern im Rahmen ihrer Sorgearbeit?
- *Welche Bilanzierungen bzw. Bewertungen nehmen sie vor? Und welche subjektiven Relevanzsetzungen werden dabei deutlich?* Werden die Prozesse dominiert von Belastungserfahrungen oder aber der Zunahme von Wissen und Kompetenz?

Ein verstärkter Einbezug individueller Sichtweisen und familialer Alltagskontexte in ambulanten Pflege- und Hilfesettings kann zu zielführenderen und passgenaueren Angeboten und folglich zu einer höheren Akzeptanz aufseiten der pflegenden Bezugspersonen führen.

Literaturverzeichnis

Abels, Heinz (2004): Interaktion, Identität, Präsentation. Kleine Einführung in interpretative Theorien der Soziologie. 3. Aufl., Wiesbaden: VS Verlag für Sozialwissenschaften.
Altgeld, Thomas & Kolip, Petra (2010): Konzepte und Strategien der Gesundheitsförderung. In: Hurrelmann, Klaus; Klotz, Theodor & Haisch, Jochen (Hrsg.): Lehrbuch Prävention und Gesundheitsförderung. Bern: Verlag Hans Huber, S. 45–56.
Aner, Kirsten & Karl, Ute (Hrsg.) (2010): Handbuch Soziale Arbeit und Alter. Wiesbaden: VS Verlag für Sozialwissenschaften.
Aner, Kirsten (2008): Bürgerengagement Älterer aus sozialpolitischer und biografischer Sicht. In: Aner, Kirsten & Karl, Ute (Hrsg.): Lebensalter und Soziale Arbeit. Ältere und alte Menschen. Baltmannsweiler: Schneider Hohengehren (Basiswissen Soziale Arbeit, Band 6), S. 203–216.
Backes, Gertrud & Clemens, Wolfgang (2013): Lebensphase Alter: Eine Einführung in die sozialwissenschaftliche Alternsforschung. 4., überarb. und erw. Aufl., Weinheim, München: Juventa-Verlag (Grundlagentexte Soziologie).
Barkholdt, Corinna & Lasch, Vera (2004): Vereinbarkeit von Pflege und Erwerbstätigkeit. Expertise für die Sachverständigenkommission für den 5. Altenbericht der Bundesregierung. Dortmund, Kassel.
Bartholomeyczik, Sabine; Holle, Daniela & Halek, Margareta (2013): Herausforderndes Verhalten bei Menschen mit Demenz verstehen. Weinheim [u. a.]: Beltz Juventa.
Becker, Stefanie; Kaspar, Roman & Kruse, Andreas (2011): H.I.L.DE. – Heidelberger Instrument zur Erfassung der Lebensqualität Demenzkranker. Bern: Verlag Hans Huber.
Becker, S., Kruse, A., Schröder, J. & Seidl, U. (2005): Heidelberger Instrument zur Erfassung von Lebensqualität bei demenzkranken Menschen. In: Zeitschrift für Gerontologie und Geriatrie, 38, S. 108–121.
Behrens, Johann (2008): Ökonomisches, soziales und kulturelles »Kapital« und die soziale Ungleichheit in der Pflege. In: Bauer, Ullrich & Büscher, Andreas (Hrsg.): Soziale Ungleichheit und Pflege. Beiträge sozialwissenschaftlich orientierter Pflegeforschung. Wiesbaden: VS Verlag für Sozialwissenschaften.
Bengtson, Vern L. & Roberts, Robert E. L. (1991): Intergenerational Solidarity in Aging Families: An Example of Formal Theory Construction. In: Journal of Marriage and the Family, 53, p. 856–870.
Bertheau, Imme-Kathrin (2011): Hospizbewegung und Altenarbeit. In: Zippel, Christian & Kraus, Sibylle (Hrsg.): Soziale Arbeit für alte Menschen. Ein Handbuch. 2., erw. und überarb. Aufl., Frankfurt am Main: Mabuse, S. 230–248.
Bertram, Hans (2000): Die verborgenen familiären Beziehungen in Deutschland: Die multilokale Mehrgenerationenfamilie. In: Kohli, M. & Szydlik, M. (Hrsg.): Generationen in Familie und Gesellschaft. Opladen: Leske + Budrich Verlag.
Bickel, Horst (2014): Das Wichtigste 1. Die Häufigkeit von Demenzerkrankungen. In: Informationsblätter der Deutschen Alzheimer Gesellschaft. 6/2014. (http://www.deutsche-alzheimer.de/unser-service/informationsblaetter-downloads.html, Zugriff am 14.07.2014).
Biggs, S., Manthorpe, J., Tinker, A., Doyle, M. & Erens, B. (2009): Mistreatment of older people in the United Kingdom. In: Journal of Elder Abuse & Neglect. 21. Jg., Heft 1, p. 1–14.

Bischof, Kurt (2006): Erfolgsbedingungen in der Betreuung Demenzerkrankter. Eine Untersuchung zu kritischen Erfolgsfaktoren in stationären Pflegeeinrichtungen. Kassel: Kassel Univ. Press.

BMFSFJ & BMG – Bundesministerium für Familie, Frauen, Senioren und Jugend & Bundesministerium für Gesundheit (Hrsg.) (2014): Charta der Rechte hilfe- und pflegebedürftiger Menschen. Berlin. (http://www.pflege-charta.de/, Zugriff am 14.07.2014).

BMFSFJ – Bundesministerium für Familie, Senioren, Frauen und Jugend (Hrsg.) (2006): Siebter Familienbericht: Familie zwischen Flexibilität und Verlässlichkeit. Perspektiven für eine lebenslaufbezogene Familienpolitik. Berlin. (http://www.bmfsfj.de/doku/¬Publikationen/familienbericht/haupt.html, Zugriff am 14.07.2014).

BMFSFJ – Bundesministerium für Familie, Senioren, Frauen und Jugend (Hrsg.) (2005): Fünfter Bericht zur Lage der älteren Generation in der Bundesrepublik Deutschland. Potenziale des Alters in Wirtschaft und Gesellschaft. Der Beitrag älterer Menschen zum Zusammenhalt der Generationen. Berlin.

BMFSFJ – Bundesministerium für Familie, Senioren, Frauen und Jugend (Hrsg.) (2002): Vierter Bericht zur Lage der älteren Generation in der Bundesrepublik Deutschland. Risiken, Lebensqualität und Versorgung Hochaltriger – unter besonderer Berücksichtigung demenzieller Erkrankungen. Berlin.

BMG – Bundesministerium für Gesundheit (Hrsg.) (2011): Abschlussbericht zur Studie »Wirkungen des Pflege-Weiterentwicklungsgesetzes«. München: TNS Infratest Sozialforschung und Berlin.

Bold, Stefanie & Deußen Marina (2013): Vereinbarkeit von Beruf und Pflege. München und Mering: Rainer Hampp Verlag (Praxisorientierte Personal- und Organisationsforschung, 16).

Bonillo, Marion; Heidenblut, Sonja; Philipp-Metzen, H. Elisabeth; Saxl, Susanna; Schacke, Claudia; Steinhusen, Constanze; Wilhelm, Inka & & Zank, Susanne. (2013): Gewalt in der familialen Pflege. Prävention, Früherkennung, Intervention – ein Manual für die ambulante Pflege. Stuttgart: Kohlhammer Verlag.

Bortz, Jürgen & Döring, Nicola (2003): Forschungsmethoden und Evaluation. Berlin: Springer.

Bruder, Jens; Matter, Christa & Wolff, Birgit (2009): Bundesarbeitsgemeinschaft Alten- und Angehörigenberatung e.V. (BAGA). In: Psychotherapie im Alter, 6 (1), S. 107–110.

Bubolz-Lutz, Elisabeth & Kricheldorff, Cornelia (2006): Freiwilliges Engagement im Pflegemix. Freiburg im Breisgau: Lambertus.

Buchholz, Thomas & Schürenberg, Ansgar (2005): Lebensbegleitung alter Menschen. Basale Stimulation in der Pflege alter Menschen. 2., vollst. überarb. und erw. Aufl., Bern: Huber.

Buhl, A. & Entzian, H. (2002): Wandel gestalten – Wege zu lebensweltbezogenen Unterstützungsformen für gerontopsychiatrisch erkrankte Menschen und ihre Angehörigen / Tagung der Deutschen Gesellschaft für Gerontologie und Geriatrie, September 2001, Kiel. In: Zeitschrift für Gerontologie und Geriatrie, 3/2002.

Bundesgesetzblatt (2012): Gesetz zur Neuausrichtung der Pflegeversicherung. Pflege-Neuausrichtungs-Gesetz – PNG. In: Bundesgesetzblatt Jahrgang 2012 Teil I Nr. 51, ausgegeben zu Bonn am 29. Oktober 2012. (http://www.uni-heidelberg.de/md/bfc/pflege-neu¬ausrichtungs-gesetz-_png_.pdf, Zugriff am 14.07.2014).

Celdrán, Montserrat; Triadó, Carme & Villar, Feliciano (2011): »My Grandparent Has Dementia«. In: Journal of Applied Gerontology, 30 (3), p. 332–352.

Corbett, J. A. (1979): Psychiatric morbidity and mental redardation. In: Games, F. E. & Snaith, R. P. (ed.): Psychiatric illness and mental handicap. London: Gaskill Press, S. 11–25.

De Donder, L.; Luoma, M.-L.; Penhale, B.; Lang, G.; Santos, A. J.; Tamutiene, I.; Koivusilta, M.; et al. (2011): European map of prevalence rates of elder abuse and its impact for future research. European Journal of Ageing, 8, p. 129–143.

DEGAM – Deutsche Gesellschaft für Allgemeinmedizin und Familienmedizin (2008): Demenz-DEGAM-Leitlinie Nr. 12. OP-omikron publishing. Düsseldorf. (http://www.de¬

gam.de/files/Inhalte/Leitlinien-Inhalte/Dokumente/DEGAM-S3-Leitlinien/LL-12_Langfassung_TJ_03_korr_01.pdf, Zugriff am 18.04.2014).

Demirci, Silva & Grieger, Dorothea (2011): Interkulturelle Soziale Arbeit mit älteren Migrantinnen und Migranten. In: Zippel, Christian & Kraus, Sibylle (Hrsg.): Soziale Arbeit für alte Menschen. Ein Handbuch. 2., erw. und überarb. Aufl., Frankfurt am Main: Mabuse, S. 203–217.

Deutmeyer, Melanie (2008): Töchter pflegen ihre Eltern: Traumatisierungspotenziale in der häuslichen Elternpflege – Indizien für geschlechtstypische Ungleichheit? In: Bauer, Ullrich & Büscher, Andreas (Hrsg.): Soziale Ungleichheit und Pflege. Beiträge sozialwissenschaftlich orientierter Pflegeforschung. 1. Aufl., Wiesbaden: VS Verlag für Sozialwissenschaften.

Deutsche Alzheimer Gesellschaft (2014): Das Wichtigste 13. Ambulant betreute Wohngemeinschaften für Menschen mit Demenz. In: Informationsblätter der Deutschen Alzheimer Gesellschaft. 4/2012. Berlin. (http://www.deutsche-alzheimer.de/unser-service/informationsblaetter-downloads.html, Zugriff am 14.07.2014).

Deutsche Alzheimer Gesellschaft (2009a): Prävention, Therapie und Rehabilitation für Demenzkranke. Praxisreihe der Deutschen Alzheimer Gesellschaft e. V., Band 9. Berlin.

Deutsche Alzheimer Gesellschaft e. V. (2009b): Empfehlungen zur Begleitung von Demenzkranken in der Sterbephase. Berlin. (http://www.deutsche-alzheimer.de/unser-service/informationsblaetter-downloads.html, Zugriff am 14.07.2014).

Deutscher Ethikrat (Hrsg.) (2012): Demenz und Selbstbestimmung. Stellungnahme. Berlin. (http://www.ethikrat.org/dateien/pdf/stellungnahme-demenz-und-selbstbestimmung.pdf, Zugriff am 15.3.2014).

Deutscher Verein für öffentliche und private Fürsorge e. V. (2011a): Fachlexikon der sozialen Arbeit. Baden-Baden: Nomos Verlag.

Die Zeit (2003): Der Rat der Greise. Im Alter kommt mancher Mensch auf weise Gedanken. Paul Baltes forscht, um diese Gabe nutzbar zu machen. Von Sabine Etzold. Die Zeit Nr. 33/2003, 7. August 2003.

Duden (2010): Das Fremdwörterbuch, 10. Aufl., Mannheim [CD-ROM].

Eberle, Thomas Samuel (2000): Lebensweltanalyse und Handlungstheorie. Beiträge zur Verstehenden Soziologie. Konstanz: UVK.

Ehrhardt, T. et al. (1997): Psychologische Therapieansätze bei Demenz. In: Zeitschrift für Gerontopsychologie und -psychiatrie, 10, 1997, Heft 2, S. 85–98.

Eichenseer, Birgit & Gräßel, Elmar (2011): Aktivierungstherapie für Menschen mit Demenz. München: Urban & Fischer.

Eitner, Caroline & Naegele, Gerhard (2012): Ältere Menschen als Konsumenten. In: Wahl, Hans-Werner; Tesch-Römer, Clemens & Ziegelmann, Jochen Philipp (Hrsg.): Angewandte Gerontologie. Interventionen für ein gutes Altern in 100 Schlüsselbegriffen. 2., vollst. überarb. und erw. Aufl., Stuttgart: Kohlhammer Verlag, S. 589–595.

Engel, Sabine (2012): Alzheimer und Demenzen. Die Methode der einfühlsamen Kommunikation; Unterstützung und Anleitung für Angehörige - auch auf DVD. 2., vollst. überarb. Aufl., Stuttgart: TRIAS.

Engel, Sabine (2007): Belastungserleben bei Angehörigen Demenzkranker aufgrund von Kommunikationsstörungen. Münster: Lit (Erlanger Beiträge zur Gerontologie, Band 7).

Engels, Dietrich (2008): Demografischer Wandel, Strukturwandel des Alters und Entwicklung des Unterstützungsbedarfs alter Menschen. In: Aner, Kirsten & Karl, Ute (Hrsg.): Lebensalter und Soziale Arbeit. Hohengehren: Schneider Verlag.

Enquête-Kommission »Zukunft des bürgerschaftlichen Engagements« (Hrsg.) (2002): Bericht der Enquête-Kommission: Bürgerschaftliches Engagement. Auf dem Weg in eine zukunftsfähige Bürgergesellschaft. BT-Drs. 14/8900 vom 3.6.2002, Berlin. (http://dip21.bundestag.de/dip21/btd/14/088/1408800.pdf, Zugriff am 14.07.2014).

Eschweiler, Gerhard W.; Leyhe, Thomas; Klöppel, Stefan & Hüll, Michael (2010): Neue Entwicklungen in der Demenzdiagnostik. Deutsches Ärzteblatt – Dtsch Arztebl Int 2010; 107(39): S. 677–683.

Farran, Carol J.; Keane-Hagerty, Eleanora; Salloway, Sandra; Kupferer, Sylvia & Wilken, Carolyn S. (1991): Finding meaning: An Alternative Paradigm for Alzheimer's Disease Family Caregivers. In: The Gerontologist, 31, (4), 483–489.

Förstl, Hans & Kleinschmidt, Carola (2009): Das Anti-Alzheimer-Buch. Ängste, Fakten, Präventionsmöglichkeiten. München: Kösel.
Frank, Gerhard (2011): Lebenswelt. In: Deutscher Verein für öffentliche und private Fürsorge e. V.: Fachlexikon der sozialen Arbeit. Baden-Baden: Nomos Verlag, S. 144–145.
Franzkowiak, Peter (2006): Präventive Soziale Arbeit im Gesundheitswesen. München [u. a.]: Reinhardt (Soziale Arbeit im Gesundheitswesen, Band 9).
Görgen, Thomas; Herbst, Sandra; Kotlenga, Sandra; Nägele, Barbara & Rabold, Susann (2012): Kriminalitäts- und Gewalterfahrungen im Leben älterer Menschen. Zusammenfassung wesentlicher Ergebnisse einer Studie zu Gefährdungen älterer und pflegebedürftiger Menschen. Berlin. (http://www.bmfsfj.de/BMFSFJ/Service/Publikationen/publikationsliste,did=121348.html; Zugriff am 14.07.2014).
Görgen, Thomas (Hrsg.) (2010): Sicherer Hafen oder gefahrvolle Zone? Kriminalitäts- und Gewalterfahrungen im Leben alter Menschen. Frankfurt am Main: Verlag für Polizeiwissenschaften.
Gräßel, Elmar & Schirmer, Barbara (2006): Freiwillige Helferinnen und Helfer zur Entlastung der Angehörigen demenzkranker Menschen. Ergebnisse einer prospektiven Verlaufsuntersuchung zu den Erwartungen und Erfahrungen in Bezug auf Schulung und professionelle Begleitung. In: Zeitschrift für Gerontologie und Geriatrie, 39, S. 217–226.
Gräßel, E. & Leutbecher, M. (1993): Häusliche Pflege-Skala HPS zur Erfassung der Belastung bei pflegenden oder betreuenden Personen. Ebersberg: Vless.
Gunzelmann, Thomas & Oswald, Wolf D. (2005): Gerontologische Diagnostik und Assessment. In: Grundriss der Gerontologie, Band 15, Stuttgart: Kohlhammer Verlag.
Gusset-Bährer, Sinikka (2012): Demenz bei geistiger Behinderung. München [u. a.]: Reinhardt.
Gutzmann, Hans & Zank, Susanne (2005). Demenzen. Medizinische und psychosoziale Interventionsmöglichkeiten. In: Grundriss der Gerontologie, Band 17, Stuttgart: Kohlhammer Verlag.
Haberstroh, Julia; Neumeyer, Katharina & Pantel, Johannes (2011): Kommunikation bei Demenz. Ein Ratgeber für Angehörige und Pflegende. Berlin, Heidelberg: Springer.
Haberstroh, J.; Ehret, S.; Kruse, A.; Schröder, J. & Pantel, J. (2008): Qualifizierungsmaßnahmen zur Steigerung der Lebensqualität demenzkranker Menschen über eine Förderung der Kommunikation und Kooperation in der ambulanten Altenpflege (Quadem). In: Zeitschrift für Gerontopsychologie & -psychiatrie, 21 (3), S. 191–197.
Haberstroh, J.; Neumeyer, K. & Schmitz, B. (2006): Kommunikations-TAnDem. Entwicklung, Durchführung und Evaluation eines Kommunikations-Trainings für pflegende Angehörige von Demenzpatienten. In: Zeitschrift für Gerontologie und Geriatrie, 39 (5), S. 358–364.
Haller, Fabian & Gräser, Horst (2012): Selbsthilfegruppen. Konzepte, Wirkungen und Entwicklungen. Weinheim, Basel: Beltz Juventa (Edition Sozial).
Hartogh, Theo & Wickel, Hans Hermann (2008): Musizieren im Alter: Arbeitsfelder und Methoden. Mainz: Schott Music GmbH.
Haupt, Martin (2012): Das Wichtigste 3. Die Diagnose der Alzheimer-Krankheit und anderer Demenzerkrankungen. In: Informationsblätter der Deutschen Alzheimer Gesellschaft. 2/2012. (http://www.deutsche-alzheimer.de/unser-service/informationsblaetter-downloads.html, Zugriff am 14.07.2014).
Hildebrandt, Johanna (2012): Lebensweltorientierte Soziale (Alten-)Arbeit. In: Kleiner, Gabriele (Hrsg.): Alter(n) bewegt. Perspektiven der Sozialen Arbeit auf Lebenslagen und Lebenswelten. Wiesbaden: Springer VS, S. 249–259.
Hoedt-Schmidt, Sibylle (2010): Aktives Musizieren mit der Veeh-Harfe. Ein musikgeragogisches Konzept für Menschen mit dementiellen Syndromen. Münster [u. a.]: Waxmann.
Höwler, Elisabeth (2008): Herausforderndes Verhalten bei Menschen mit Demenz. Erleben und Strategien Pflegender. Stuttgart: Kohlhammer Verlag (Pflegepraxis).
Hofmann, H. (2012): Leitliniengerechte Diagnose der Demenzätiologie. In: Zeitschrift für Gerontologie und Geriatrie, 8/2012, S. 761–771.

Hurrelmann, Klaus; Klotz, Theodor & Haisch, Jochen (2010): Krankheitsprävention und Gesundheitsförderung. In: Hurrelmann, Klaus; Klotz, Theodor & Haisch, Jochen (Hrsg.): Lehrbuch Prävention und Gesundheitsförderung. Bern: Verlag Hans Huber, S. 13–23.

Jaeger, Ulrike (2011): Soziale Arbeit in ambulanten Pflegediensten und betreuten Wohngemeinschaften. In: Zippel, Christian & Kraus, Sibylle (Hrsg.): Soziale Arbeit für alte Menschen. Ein Handbuch. 2., erw. und überarb. Aufl., Frankfurt am Main: Mabuse, S. 336–346.

James, Ian Andrew (2013): Herausforderndes Verhalten bei Menschen mit Demenz. Einschätzen, verstehen, behandeln. Aus dem Englischen von Elisabeth Brock. Bern: Verlag Hans Huber, Hogrefe.

Jansen, Birgit (1999): Informelle Pflege durch Angehörige. In: Jansen, Birgit; Karl, Fred; Radebold, Hartmut & Schmitz-Scherzer, Reinhard (Hrsg.) (1999): Soziale Gerontologie. Ein Handbuch für Lehre und Praxis. Weinheim, Basel: Beltz-Verlag, S. 604–628.

Jansen, Birgit; Karl, Fred; Radebold, Hartmut & Schmitz-Scherzer, Reinhard (Hrsg.) (1999): Soziale Gerontologie. Ein Handbuch für Lehre und Praxis. Weinheim, Basel: Beltz-Verlag.

Jansen, Birgit & Klie, Thomas (1999): Häuslichkeit. In: Jansen, Birgit; Karl, Fred; Radebold, Hartmut & Schmitz-Scherzer, Reinhard (Hrsg.) (1999): Soziale Gerontologie. Ein Handbuch für Lehre und Praxis. Weinheim, Basel: Beltz-Verlag, S. 521–539.

Kaiser, H. J. (2003): Lebenswelten im Alter und gerontologische Theorien. In: IAAG e. V. (Interdisziplinäre Arbeitsgemeinschaft für angewandte Gerontologie e. V.), Rundbrief Nr. 9, Oktober 2003, Institut für Psychogerontologie, Nürnberg-Erlangen.

Karl, Fred (2008): Interdisziplinarität und Internationalisierung in der Befassung mit Altern und Alter. In: Aner, Kirsten & Karl, Ute (Hrsg.): Lebensalter und Soziale Arbeit. Hohengehren: Schneider Verlag, S. 270–282.

Karl, Fred (1999): Sozialarbeitswissenschaft/Sozialpädagogik. In: Jansen, Birgit; Karl, Fred; Radebold, Hartmut & Schmitz-Scherzer, Reinhard (Hrsg.) (1999): Soziale Gerontologie. Ein Handbuch für Lehre und Praxis. Weinheim, Basel: Beltz-Verlag, S. 370–382.

KDA – Kuratorium Deutsche Altershilfe (Hrsg.) (2006): Apfelsinen in Omas Kleiderschrank. Filme und didaktisches Begleitmaterial für Schulen unter Mitarbeit von Ralf Schnabel und Wilma Dirksen. Köln: KDA.

Kessler, Eva Maria (2012a): Veränderung von Altersbildern. In: Wahl, Hans-Werner; Tesch-Römer, Clemens & Ziegelmann, Jochen Philipp (Hrsg.): Angewandte Gerontologie. Interventionen für ein gutes Altern in 100 Schlüsselbegriffen. 2., vollst. überarb. und erw. Aufl., Stuttgart: Kohlhammer Verlag, S. 614–619.

Kessler, Eva Maria (2012b): Suizidprävention. In: Wahl, Hans-Werner; Tesch-Römer, Clemens & Ziegelmann, Jochen Philipp (Hrsg.): Angewandte Gerontologie. Interventionen für ein gutes Altern in 100 Schlüsselbegriffen. 2., vollst. überarb. und erw. Aufl., Stuttgart: Kohlhammer Verlag, S. 205–211.

Kickbusch, Ilona (2003): Gesundheitsförderung. In: Schwartz, Friedrich Wilhelm (Hrsg.): Das Public Health Buch. München, Jena: Urban & Fischer.

Kienzle, Theo (2008): Vorbeugung ist besser als Verteidigung. In: pflegen:Demenz 6/2008, S. 33–35.

Kitwood, Tom (2000): Demenz. Der personzentrierte Ansatz im Umgang mit verwirrten Menschen. Bern: Huber.

Klie, Thomas; Krahmer, Utz & Plantholz, Markus (Hrsg.) (2014): Sozialgesetzbuch XI. Soziale Pflegeversicherung. Lehr- und Praxiskommentar. Unter Mitarbeit von Jörn Bachem. 4. Aufl. Baden-Baden: Nomos (NomosKommentar).

Klie, Thomas (2009): Rechtskunde. Das Recht der Pflege alter Menschen. Lehrbuch Altenpflege. 9. Aufl., Hannover: Vincentz Network.

Klie, Thomas (2001): Demenz – Ethische und juristische Aspekte. In: Tagungsreihe der Deutschen Alzheimer Gesellschaft e. V., Band 2, Berlin. S. 671–686.

Koeppe, Armin; Maly-Lukas, Nicole; Mausberg, Dorothee & Reichert, Monika (2003): Zur Lebenslage pflegender Angehöriger psychisch kranker alter Menschen. Eine empirische Untersuchung. Herausgegeben vom Diözesan-Caritasverband für das Erzbistum Köln e. V. Münster: Lit (Sozialpsychiatrie und psychosoziale Versorgung Band 6).

Kramer, David (2011): Demografische Grundlagen: Die Entjungung des Wohlfahrtsstaats geht weiter. In: Zippel, Christian & Kraus, Sibylle (Hrsg.): Soziale Arbeit für alte Menschen. Ein Handbuch. 2., erw. und überarb. Aufl., Frankfurt am Main: Mabuse, S. 17–43.

Kraus, Sibylle & Hegeler, Hildegard (2011): Soziale Arbeit in der Geriatrie. In: Zippel, Christian & Kraus, Sibylle (Hrsg.): Soziale Arbeit für alte Menschen. Ein Handbuch. 2., erw. und überarb. Aufl., Frankfurt am Main: Mabuse, S. 77–93.

Krug, E. G.; Dahlberg, L.; Mercy, J. A.; Zwi, A. B. & Lozano, R. (2002): World report on violence and health. Genf: WHO.

Kruse, Andreas & Wahl, Hans-Werner (2010): Zukunft Altern. Individuelle und gesellschaftliche Weichenstellungen. Heidelberg: Springer Spektrum Akademischer Verlag.

Kruse, Andreas (2010): Prävention und Gesundheitsförderung im hohen Alter. In: Hurrelmann, Klaus; Klotz, Theodor & Haisch, Jochen (Hrsg.): Lehrbuch Prävention und Gesundheitsförderung. Bern: Verlag Hans Huber, S. 88–98.

Kurz, Alexander & Grimmer, Timo (2012): Das Wichtigste 5. Die medikamentöse Behandlung der Demenz. In: Informationsblätter der Deutschen Alzheimer Gesellschaft. 6/2012. (http://www.deutsche-alzheimer.de/unser-service/informationsblaetter-downloads.html, Zugriff am 14.07.2014).

LaFontaine, Jenny & Harper, Sarah (n. d.): Managing Together, Keeping Connected. Oxford Institute of Ageing & Alzheimer's Society UK.

Lamnek, Siegfried (2005): Qualitative Sozialforschung. Lehrbuch. 4., vollst. überarb. Aufl., Weinheim: Beltz Verlag.

Lang, Frieder R. & Rupprecht, Roland (2012): Interventionsrelevante Konzepte der lebenslangen Entwicklung. In: Wahl, Hans-Werner; Tesch-Römer, Clemens & Ziegelmann, Jochen Philipp (Hrsg.): Angewandte Gerontologie. Interventionen für ein gutes Altern in 100 Schlüsselbegriffen. 2., vollst. überarb. und erw. Aufl., Stuttgart: Kohlhammer Verlag, S. 66–71.

Lauterbach, Wolfgang (2004): Die multilokale Mehrgenerationenfamilie. Zum Wandel der Familienstruktur in der zweiten Lebenshälfte. Würzburg: Ergon.

Leipold, Bernhard; Schacke, Claudia & Zank, Susanne (2006): Prädiktoren von Persönlichkeitswachstum bei pflegenden Angehörigen demenziell Erkrankter. In: Zeitschrift für Gerontologie und Geriatrie, 39 (3), S. 227–232.

Livingston, Gill; Johnston, Kate; Katona, Cornelius; Paton, Joni & Lyketsos, Constantine G. (2005): Systematic Review of Psychological Approaches to the Management of Neuropsychiatric Symptoms of Dementia. In: The American Journal of Psychiatry, 162 (11), S. 1996–2021.

Loef, Martin (2013): Moderner Lebensstil und Demenzrisiko. Empirische Untersuchungen. Essen: Natur und Medizin (Kultur – Medizin – Gesellschaft).

Lüscher, Kurt & Liegle, Ludwig (2003): Generationenbeziehungen in Familie und Gesellschaft. Konstanz: UVK Verlagsgesellschaft GmbH.

Maurer, Konrad & Maurer, Ulrike (2001): Alzheimer und Kunst – »Wie aus Wolken Spiegeleier werden«. Nürnberg: NOVARTIS Verlag.

May, Michael (2011): Sozialraumbezogene Methoden. In: Otto, Hans-Uwe & Thiersch, Hans (Hrsg.): Handbuch Soziale Arbeit. 4., völlig neu bearb. Aufl., München: Reinhardt (Handbuch), S. 1517–1526.

MDS – Medizinischer Dienst des Spitzenverbandes Bund der Krankenkassen e. V. (Hrsg.) (2009): Grundsatzstellungnahme »Pflege und Betreuung von Menschen mit Demenz in stationären Einrichtungen«. Essen. (http://www.mds-ev.de/media/pdf/Grundsatzst-Demenz.pdf, Zugriff am 15.07.2014).

MDS – Medizinischer Dienst des Spitzenverbände der Krankenkassen e. V. (Hrsg.) (2006): Richtlinien der Spitzenverbände der Pflegekassen zur Begutachtung von Pflegebedürftigkeit nach dem XI. Buch des Sozialgesetzbuches. Essen. (http://www.mdk.de/media/pdf/BRi_Pflege_090608.pdf, Zugriff 1.7.2014).

Merchel, Joachim (2004): Qualitätsmanagement in der Sozialen Arbeit. Ein Lehr- und Arbeitsbuch. Weinheim, München.

Moss, S. & Patel, P. (1997): Dementia in older people with intellectual disability: symptoms of physical and mental illness, and levels of adaptive behaviour. Journal of Intellectual Disability Research, Vol. 41 (1), S. 60–69.

Moyle, Wendy; Venturto, Lorraine; Griffiths, Susan; Grimbeek, Peter; McAllister, Margaret; Oxlade, Debbie & Murfield, Jenny (2011): Factors influencing quality of life for people with dementia: A qualitative perspective. In: Aging & Mental Health 15 (8), S. 970–977.

Müller, C. Wolfgang (2013): Gemeinwesenarbeit. In: Kreft, Dieter & Mielenz, Ingrid (Hrsg.): Wörterbuch Soziale Arbeit. Aufgaben, Praxisfelder, Begriffe und Methoden der Sozialarbeit und Sozialpädagogik. 7., vollst. überarb. und aktual. Aufl., Weinheim [u. a.]: Beltz Juventa, S. 355–358.

Naegele, Gerhard (2011): Alter. In: Otto, Hans-Uwe & Thiersch, Hans (Hrsg.): Handbuch Soziale Arbeit. 4., völlig neu bearb. Aufl., München: Reinhardt (Handbuch), S. 32–47.

Nave-Herz, Rosemarie (2013): Ehe- und Familiensoziologie. Eine Einführung in Geschichte, theoretische Ansätze und empirische Befunde. Weinheim, München: Beltz Juventa.

Nave-Herz, Rosemarie (2002): Family Changes and Intergenerational Relationships in Germany. In: Nave-Herz (ed.): Family Change and Intergenerational Relations in Different Cultures. Würzburg: Ergon.

Nebauer, Flavia & Groote, Kim de (2012): Auf Flügeln der Kunst. Ein Handbuch zur künstlerisch-kulturellen Praxis mit Menschen mit Demenz. München: kopaed (Kulturelle Bildung, 24).

Neumann N. U. & Frasch, K. (2008): Neue Aspekte zur Lauftherapie bei Demenz und Depression – klinische und neurowissenschaftliche Grundlagen. In: Deutsche Zeitschrift für Sportmedizin, 59 (2), S. 28–33.

Nickel, W.; Born, A.; Hanns; S. & Brähler, E. (2011): Welche Informationsbedürfnisse haben pflegebedürftige ältere Menschen und pflegende Angehörige? In: Zeitschrift für Gerontologie und Geriatrie, 44, (2), S. 109–114.

Okken, P.; Spallek, J. & Razum, O. (2008): Pflege türkischer Migranten. In: Bauer, U. & Büscher, A. (Hrsg.): Soziale Ungleichheit und Pflege. Wiesbaden: VS Verlag für Sozialwissenschaften, S. 396–422.

Osborn, Caroline; Schweitzer, Pam & Trilling, Angelika (2012): Erinnern. Eine Anleitung zur Biographiearbeit mit alten Menschen. 2., rev. Aufl., Freiburg im Breisgau: Lambertus.

Otto, Hans-Uwe & Thiersch, Hans (Hrsg.) (2011): Handbuch Soziale Arbeit. 4., völlig neu bearb. Aufl., München: Ernst Reinhardt Verlag.

Palesch, Anja (2013): Pflegebedürftig?! Das Angehörigenbuch. Informationen, Tipps, Formulare, Checklisten. Stuttgart: Kohlhammer Verlag.

Perel-Levin, S. (2008): Discussing screening for elder abuse at primary health care level. Genf: WHO.

Perrar, Klaus Maria (2008): Medikamentöse Behandlung von aggressiven Symptomen bei Menschen mit Demenz. In: pflegen:Demenz 6/2008, S. 22–25.

Perrar, Klaus Maria (2005): Angehörige als Partner im multiprofessionellen Team – Fallkonferenzen in der Altenpflege. In: Tagungsreihe der Deutschen Alzheimer Gesellschaft e. V., Band 5, Berlin. S. 231–236.

Piechotta-Henze, G.; Jostles, E.; Jakob, R. & Gauß, M. (2011): Ein Zaun kennt viele Farben. Plädoyer für eine kreative Kultur der Begegnung mit Menschen mit Demenz. Frankfurt am Main: Mabuse Verlag.

Piercy, Kathleen W. (1998): Theorizing about Family Caregiving: The Role of Responsibility. In: Journal of Marriage and the Family, 60 (1), p. 109–118.

Philipp-Metzen, H. Elisabeth; Fey, Tilman; Nieding, Beate; Sroka, Maria (2013): Vereinbarkeit von Pflege und Beruf beim Krankheitsbild Demenz. Situation der Angehörigen und Handlungspotenziale für Betriebe. In: Tagungsreihe der Deutschen Alzheimer Gesellschaft e. V., Band 9, Berlin. S. 393–398.

Philipp-Metzen, H. Elisabeth; Schacke, Claudia & Zank, Susanne (2012): Gewalt in der häuslichen Pflege. Lösungsansätze des Projekts PURFAM. In: Pro Alter – Kuratorium Deutsche Altershilfe, 2, S. 58–62.
Philipp-Metzen, H. Elisabeth (2011a): Die Enkelgeneration in der familialen Pflege bei Demenz. In: Zeitschrift für Gerontologie und Geriatrie, 44 (6), S. 397–404.
Philipp-Metzen, H. Elisabeth (2011b): Wenn die Großmutter demenzkrank ist. Hilfen für Eltern und Kinder. In: Deutsche Alzheimer Gesellschaft (Hrsg.): Praxisreihe Band 11, 2. Auflage. Berlin.
Philipp-Metzen, H. Elisabeth (2008a): Die Enkelgeneration im ambulanten Pflegesetting bei Demenz. Ergebnisse einer lebensweltorientierten Studie. Mit Online-Extras. Wiesbaden: VS Verlag für Sozialwissenschaften.
Philipp-Metzen, H. Elisabeth (2008b): Die Enkelgeneration im ambulanten Pflegesetting bei Demenz. Ergebnisse einer lebensweltorientierten Studie – Weitere Fallanalysen in der Langfassung. Wiesbaden: VS Verlag für Sozialwissenschaften. Online-Extras auf der Homepage des Verlages Springer VS. (http://www.springer.com/springer+vs/soziologie/familiensoziologie/book/978-3-531-16118-1, Zugriff am 21.06.2014).
Philipp-Metzen, H. Elisabeth (2006): Handlungsempfehlungen und Perspektiven. In: Kröger, Christiane; Philipp-Metzen, H. Elisabeth & Caritasverband Tecklenburger Land e. V. (Hrsg.): Gewinnung Schulung und Begleitung von freiwilligen Helferinnen und Helfern zur Entlastung pflegender Angehöriger von Menschen mit Demenz. Abschlussbericht des Modellprojektes »Kompass«. Kuratorium Deutsche Altershilfe. Reihe Vorgestellt, Band 74. Köln, S. 81–85.
Philipp-Metzen, H. Elisabeth (2004): Freiwilliges Engagement in häuslichen Pflegearrangements bei Demenz – Erfahrungen im Modellprojekt KOMPASS. In: NDV (Nachrichtendienst des Deutschen Vereins für öffentliche und private Fürsorge), 11/2004, S. 378–381.
Pohlmann, Stefan (2011): Sozialgerontologie. München [u. a.]: Reinhardt.
Pohlmann, Stefan (2005): Die ethische Dimension der Generationensolidarität. In: Zeitschrift für Gerontologie und Geriatrie, 38, (4), S. 233–241.
Prasher, V. P. (2004): Review of donepezil, rivastigmine, galantamine and memantine for the treatment of dementia of Alzheimer's disease in adults with Down syndrome: implications of the intellectual disability population. In: International Journal of Geriatric Psychiatry, 19, S. 509–515.
Richard, Nicole (2010): Integrative Validation nach Nicole Richard »Sie sind sehr in Sorge«: Die Innenwelt von Menschen mit Demenz gelten lassen. In: Curaviva 2/10, S. 4–8.
Rohra, Helga (2011): Aus dem Schatten treten. Warum ich mich für unsere Rechte als Demenzbetroffene einsetze. Frankfurt am Main: Mabuse.
Rosenberg, Martina (2012): »Mutter, wann stirbst du endlich? Wenn die Pflege der kranken Eltern zur Zerreißprobe wird.« Berlin: Blanvalet Verlag.
Schäfers, Bernhard (Hrsg.) (2001): Grundbegriffe der Soziologie. Opladen: Leske u. Budrich.
Schaeffer, D. & Kuhlmey, A. (2008): Pflegestützpunkte – Impuls zur Weiterentwicklung der Pflege. In: Zeitschrift für Gerontologie und Geriatrie, 41, S. 81–85.
Schäufele, Martina; Köhler, Leonore; Teufel, Sandra & Weyerer, Siegfried (2006): Betreuung von demenziell erkrankten Menschen in Privathaushalten: Potenziale und Grenzen. In: Schneekloth, Ulrich & Wahl, Hans Werner (Hrsg.): Selbstständigkeit und Hilfebedarf bei älteren Menschen in Privathaushalten. Pflegearrangements, Demenz, Versorgungsangebote. Stuttgart: Kohlhammer Verlag, S. 103–145.
Schmidt, Roland (2010): Soziale Arbeit in der pflegerischen Versorgung. In: Aner, Kirsten & Karl, Ute (Hrsg.): Handbuch Soziale Arbeit und Alter. Wiesbaden: VS Verlag für Sozialwissenschaften, S. 173–183.
Schneekloth, Ulrich (2006a): Entwicklungstrends bei Hilfe- und Pflegebedarf in Privathaushalten – Ergebnisse der Infratest Repräsentativerhebung. In: Schneekloth, Ulrich & Wahl, Hans Werner (Hrsg.): Selbstständigkeit und Hilfebedarf bei älteren Menschen in Privathaushalten. Pflegearrangements, Demenz, Versorgungsangebote. Stuttgart: Kohlhammer Verlag, S. 57–102.

Schneekloth, Ulrich (2006b): Entwicklungstrends und Perspektiven in der häuslichen Pflege. Zentrale Ergebnisse der Studie Möglichkeiten und Grenzen selbständiger Lebensführung (MuG III). In: Zeitschrift für Gerontologie und Geriatrie, 39 (6), S. 405–412.

Schneider, Sabine & Heidenreich, Thomas (2011): Therapie und Soziale Arbeit. In: Hans-Uwe Otto und Hans Thiersch (Hrsg.): Handbuch Soziale Arbeit. 4., völlig neu bearb. Aufl., München: Reinhardt.

Schneider-Schelte, Helga & Deutsche Alzheimer Gesellschaft e. V. (2011): Demenz. Praxishandbuch für den Unterricht. Berlin.

Schütz, Alfred & Luckmann, Thomas (2003): Strukturen der Lebenswelt. Konstanz: UVK Verl.-Ges. (UTB Sozialwissenschaften, Philosophie, 2412).

Schultz, Oliver (2013): Auf Abwegen. Wie die künstlerische Arbeit mit Menschen mit Demenz neue Sichtweisen eröffnet. In: Tagungsreihe der Deutschen Alzheimer Gesellschaft e. V., Band 9, Berlin. S. 325–331.

Schulz-Nieswandt, Frank (2006): Sozialpolitik und Alter. Reihe Grundriss Gerontologie, Band 5. Stuttgart: Kohlhammer Verlag.

Schweppe, Cornelia (2005): Alter und Sozialpädagogik – Überlegungen zu einem anschlussfähigen Verhältnis. In: Cornelia Schweppe (Hrsg.): Alter und Soziale Arbeit. Theoretische Zusammenhänge, Aufgaben- und Arbeitsfelder. Baltmannsweiler: Schneider Verlag Hohengehren (Grundlagen der sozialen Arbeit, Band 11), S. 32–46.

Smith, Peggie R. (2004): Elder Care, Work, and Gender: The Work-Family Issue of the 21st Century. Berkley Journal of Employment and Labor Law, Vol. 25, 2004. (Available at SSRN: http://ssrn.com/abstract=1087688, Zugriff am 15.07.2014).

Statistische Ämter des Bundes und der Länder (Hrsg.) (2010): Demografischer Wandel in Deutschland. Heft 2. Auswirkungen auf Krankenhausbehandlungen und Pflegebedürftige im Bund und in den Ländern. Wiesbaden.

Statistisches Bundesamt (Hrsg.) (2013): Pflegestatistik 2011. Pflege im Rahmen der Pflegeversicherung. Deutschlandergebnisse. Wiesbaden.

Streibel, Reinhard (2010): Verwirrt in der Fremde. Demenzkranke Menschen nicht-deutscher Herkunft. In: pflegen: Demenz, 14, S. 8–13.

Tesch-Römer, Clemens (2012): Einsamkeit. In: Wahl, Hans-Werner; Tesch-Römer, Clemens & Ziegelmann, Jochen Philipp (Hrsg.): Angewandte Gerontologie. Interventionen für ein gutes Altern in 100 Schlüsselbegriffen. 2., vollst. überarb. und erw. Aufl., Stuttgart: Kohlhammer Verlag, S. 435–440.

Thiersch, Hans (2007): Lebensweltorientierte Soziale Beratung. In: Nestmann, Frank; Engel, Frank & Sickendiek, Ursel (Hrsg.):Das Handbuch der Beratung. Band 2 Ansätze, Methoden und Felder. Tübingen: dgvt-Verlag, S. 699–709.

Trojan, Alf & Süß, Waldemar (2010): Prävention und Gesundheitsförderung in Kommunen. In: Hurrelmann, Klaus; Klotz, Theodor & Haisch, Jochen (Hrsg.): Lehrbuch Prävention und Gesundheitsförderung. Bern: Verlag Hans Huber, S. 336–346.

Türke, Änne (2011): 4 Pfoten für Sie – Hunde-Besuchsdienst für Menschen mit Demenz. In: Tagungsreihe der Deutschen Alzheimer Gesellschaft e. V., Band 8, Berlin, S. 121–123.

UNFPA & Help Age International (ed.) (2012): Ageing in the Twenty-First Century: A Celebration and A Challenge. United Nations Population Fund, New York.

Vincentz Network (2007): Erinnerungspflege mit demenziell Erkrankten. Reihe ›Therapeutische Intervention‹, DVD. Hannover. Begleitheft.

Voß, T. (2007): Organische Psychosen. In: Schanze, C. (Hrsg.): Psychiatrische Diagnostik und Therapie bei Menschen mit Intelligenzminderung. Stuttgart: Schattauer Verlag, S. 43–50.

Walesch, C. W. (2012): Die Psychiatrie und Psychopathologie von Menschen mit geistiger Behinderung. In: Fortschritte der Neurologie-Psychiatrie 80 (3), S. 80–129.

Walter, Gernot; Nau, Johannes & Oud, Nico (Hrsg.) (2012): Aggression und Aggressionsmanagement. Praxishandbuch für Gesundheits- und Sozialberufe. Bern: Verlag Hans Huber, Hogrefe.

Walter, Ulla & Schwartz, Friedrich Wilhelm (2003): Prävention. In: Schwartz, Friedrich Wilhelm (Hrsg.): Das Public Health Buch. München, Jena: Urban & Fischer, S. 189–214.

Weidekamp-Maicher, M. (2013): Nichtpharmakologische Therapieansätze: ihr Einfluss auf die Lebensqualität Demenzkranker und die Rolle der Messinstrumente. Zeitschrift für Gerontologie und Geriatrie, 46, S. 134–143.

Wendt, Wolf Rainer (2010): Case Management im Sozial- und Gesundheitswesen. Eine Einführung. 5. überarb. Aufl., Freiburg: Lambertus.

Weyerer, Siegfried (2005): Altersdemenz. In: Robert Koch Institut (Hrsg.): Gesundheitsberichterstattung des Bundes, Heft 28, Berlin.

Wickel, Hans Hermann & Hartogh, Theo (Hrsg.) (2011): Praxishandbuch Musizieren im Alter: Projekte und Initiativen. Mainz: Schott Music GmbH.

Willig, Simone & Gellrich, Susanne (2013): »Wir sind schon Freunde!« – Ein generationenübergreifendes musiktherapeutisches Projekt der evangelischen Kindertagesstätte »Schatzkiste« und Musik auf Rädern – ambulante Musiktherapie. In: Tagungsreihe der Deutschen Alzheimer Gesellschaft e. V., Band 9, Berlin, S. 301–305.

Winkel, Gerhard (2006): Zwischen den Welten. Die Begleitung einer Demenzerkrankten durch Gedichte, Bilder und Texte. Unter Mitarbeit von Esther Gerster. Stuttgart: Verl. Urachhaus.

Wißmann, Peter (2010): Demenz – ein soziales und zivilgesellschaftliches Phänomen. In: Aner, Kirsten & Karl, Ute (Hrsg.): Handbuch Soziale Arbeit und Alter. Wiesbaden: VS Verlag für Sozialwissenschaften, S. 339–346.

Wißmann, Peter & Gronemeyer, Reimer (2008): Demenz und Zivilgesellschaft – eine Streitschrift. Frankfurt am Main: Mabuse.

World Health Organization & Alzheimer's Disease International (2012): Dementia. A publich health priority. Geneva: WHO. (http://www.who.int/mental_health/publications/dementia_report_2012/en/, Zugriff am 15.3.2014).

Wurm, Susanne (2012): Gesundheit und Krankheit. In: Wahl, Hans-Werner; Tesch-Römer, Clemens & Ziegelmann, Jochen Philipp (Hrsg.): Angewandte Gerontologie. Interventionen für ein gutes Altern in 100 Schlüsselbegriffen. 2., vollst. überarb. und erw. Aufl., Stuttgart: Kohlhammer Verlag, S. 78–83.

Zank, Susanne, Schacke, Claudia & Leipold, Bernhard (2006): Berliner Inventar zur Angehörigenbelastung – Demenz (BIZA-D). In: Zeitschrift für klinische Psychologie und Psychotherapie, 35 (4), S. 296–305.

Zemann, Peter (1997): Häusliche Altenpflegearrangements – Interaktionsprobleme und Kooperationsperspektiven von lebensweltlichen und professionellen Helfersystemen. In: Braun, Ute & Schmidt, Roland (Hrsg.): Entwicklung einer lebensweltlichen Pflegekultur. Regensburg.

Zimmermann, Christian & Wißmann, Peter (2011): Auf dem Weg mit Alzheimer. Wie sich mit einer Demenz leben lässt. Frankfurt am Main: Mabuse.

Zippel, Christian & Kraus, Sibylle (2011): Soziale Arbeit für alte Menschen. Ein Handbuch. 2., erw. und überarb. Aufl. Frankfurt am Main: Mabuse.

Internetquellen

AG-LDS NRW – Arbeitsgruppe »Qualitätskriterien der Beratung« der Landesinitiative Demenz-Service Nordrhein-Westfalen (2014): Demenzspezifische Fachberatung Qualitätskriterien für Aufbau und Weiterentwicklung. (http://www.demenz-service-nrw.de/tl_files/Landesinitiative/Die%20Landesinitiative/Ergebnisse%20der%20Arbeitsgruppen/AG%205/Qualitaetskriterien_Demenzberatung-LDS-2014.pdf, Zugriff am 8.7.2014).

Alter und Soziales e. V. (Hrsg.) (2012): Qualitätshandbuch der Pflege- und Wohnberatung. Produkte, Leistungen und Qualitätsstandards. Ahlen. (http://www.alter-und-soziales.de/fileadmin/pdf/Qualitaetshandbuch_PuW_2012_01_zwV.pdf, Zugriff am 8.7.2014).

Alter und Soziales e.V. (Hrsg.) (2007a): Abschluss- und Ergebnisbericht 2004 bis 2007 zum Modellprojekt »Evaluation der Effektivität und Effizienz eines integrierten Versorgungssystems für ältere hilfe- und pflegebedürftige Menschen am Beispiel der Pflege- und Wohnberatung in Ahlen«. (https://www.gkv-spitzenverband.de/media/dokumente/pflegeversicherung/forschung/projekte_unterseiten/evaluation/Gesamtbericht_VDAK_Ahlen_2004_bis_2007.pdf, Zugriff am 8.7.2014).

Alter und Soziales e.V. (Hrsg.) (2007b): Abschluss- und Ergebnisbericht zum Modellprojekt »Evaluation der Effektivität und Effizienz eines integrierten Versorgungssystems für ältere hilfe- und pflegebedürftige Menschen am Beispiel der Pflege- und Wohnberatung Ahlen. Anlage 3: Institut für Medizinische Soziologie, Institut für Biometrie und Klinische Epidemiologie der Charité Universitätsmedizin Berlin. Ahlen. (https://www.gkv-spitzenverband.de/media/dokumente/pflegeversicherung/forschung/projekte_unterseiten/evaluation/Gesamtbericht_VDAK_Ahlen_2004_bis_2007.pdf, Zugriff am 8.7.2014).)

Alzheimer Gesellschaft Baden-Württemberg (o.J.): Verständniskärtchen für Menschen mit einer beginnenden Demenz. (http://www.alzheimer-bw.de/infoservice/infomaterial/detailansicht/kategorie/verstaendniskarten/produkt/verstaendniskaertchen-fuer-menschen-mit-einer-beginnenden-demenz/, Zugriff am 25.5.2014).

Alzheimer's Society UK (2013): Understanding and respecting the person with dementia. Factsheet. (http://www.alzheimers.org.uk/site/scripts/documents_info.php?documentID=84, Zugriff am 25.5.2014).

BDK – Bundesdirektorenkonferenz (o.J.): Arbeitskreis Geistige Behinderung. Spezialbereiche für geistig Behinderte mit psychischen Störungen in Deutschland. (http://www.bdk-deutschland.de/arbeitskreise/ak-geistige-behinderung/ak-geistige-behinderung-kliniken, Zugriff am 23.07.2014).

Berufundfamilie gGmbH (Hrsg.) (2009): Eltern pflegen. 2. Aufl. 2009. In Zusammenarbeit mit Prognos. Frankfurt. (http://www.beruf-und-familie.de/system/cms/data/dl_data/77cde79397c75ae40112a6deec471760/fuer_die_praxis_01_Eltern_pflegen.pdf, Zugriff: 8.7.2014).

BMG – Bundesministerium für Gesundheit (Hrsg.) (2014): Ratgeber zur Pflege. 12., aktualisierte Auflage. Berlin. (http://www.bmg.bund.de/fileadmin/dateien/Publikationen/Pflege/Broschueren/Broschuere_Ratgeber_zur_Pflege_Alles_was_Sie_zur_Pflege_wissen_muessen.pdf, Zugriff 11.07.2014).

BMG – Bundesministerium für Gesundheit (Hrsg.) (2006): Rahmenempfehlungen zum Umgang mit herausforderndem Verhalten bei Menschen mit Demenz in der stationären Altenhilfe. (https://www.bundesgesundheitsministerium.de/fileadmin/dateien/Publikationen/Pflege/Berichte/Bericht_Rahmenempfehlungen_zum_Umgang_mit_herausforderndem_Verhalten_bei_Menschen_mit_Demenz_in_der_stationaeren_Altenhilfe.pdf, Zugriff am 8.7.2014).

BMG – Bundesministerium für Gesundheit (o.J.): Die Pflegestärkungsgesetze. (http://www.bmg.bund.de/pflege/pflegestaerkungsgesetze.html, Zugriff am 8.7.2014).

Bundesarbeitsgemeinschaft Wohnungsanpassung e.V. (o.J.): Wohnberatung. Website der Bundesarbeitsgemeinschaft Wohnungsanpassung. (http://www.bag-wohnungsanpassung.de/wohnberatung.html, Zugriff am 8.7.2014).

Bundesministerium der Justiz und für Verbraucherschutz (o.J.a): Gesetze im Internet. (http://www.gesetze-im-internet.de/index.html, Zugriff am 15.3.2014).

Bundesministerium der Justiz und für Verbraucherschutz (o.J.b): SGB XII (http://www.gesetze-im-internet.de/sgb_12/, Zugriff 8.7.2014).

Deutscher Verein für öffentliche und private Fürsorge e.V. (2011b): Empfehlungen des Deutschen Vereins zur Unterstützung und Betreuung demenziell erkrankter Menschen vor Ort. Berlin. (http://www.deutscher-verein.de/05-empfehlungen/empfehlungen_archiv/2011/DV%2012-11.pdf, Zugriff 8.7.2014).

DGCC – Deutsche Gesellschaft für Care und Case Management (o.J.): Website der Deutschen Gesellschaft für Care und Case Management e.V. (http://www.dgcc.de/service/literatur/, Zugriff am 8.7.2014).

DGPPN – Deutsche Gesellschaft für Psychiatrie, Psychotherapie und Nervenheilkunde & DGN – Deutsche Gesellschaft für Neurologie (Hrsg.) (2009): S3-Leitlinie »Demenzen«

(Langversion 23.11.2009). (http://www.dgppn.de/fileadmin/user_upload/_medien/download/pdf/kurzversion-leitlinien/s3-leitlinie-demenz-lf.pdf, Zugriff am 23.7.2014).

Dieckmann, F., Giovis, C., Schäper, S., Schüller, S. & Greving, H. (2010). Vorausschätzung der Altersentwicklung von Erwachsenen mit geistiger Behinderung in Westfalen-Lippe. Erster Zwischenbericht zum BMBF-Forschungsprojekt »Lebensqualität inklusiv(e): Innovative Konzepte unterstützten Wohnens älter werdender Menschen mit Behinderung« (LEQUI). Münster: Landschaftsverband Westfalen-Lippe / KatHO NRW (http://www.katho-nrw.de/uploads/media/Projekt_LEQUI_Altersvorausberechnung_Onlineversion_01.pdf, Zugriff am 23.07.2014).

DIMDI – Deutsches Institut für Medizinische Dokumentation und Information (o.J.): Homepage. (https://www.dimdi.de/static/de/index.html, Zugriff am 29.06.2014).

Emme von der Ahe, Hartmut & Mehwald, Marco (o.J.): Die Lotsen fürs Leben mit Demenz. Erfahrungsbericht zum Modellvorhaben Ambulante Basisversorgung Demenz im Lotsentandem (LOTTA). Anlage 15: Zielgruppenspezifische Themen in der Demenzfachberatung. (http://psmi.paritaet-nrw.org/content/e692/e5957/e735/e6869/index_ger.html, Zugriff am 8.7.2014).

GKV-Spitzenverband (Hrsg.) (2012): Pflegeberatung. Schriftenreihe Modellprogramm zur Weiterentwicklung der Pflegeversicherung Band 10, Berlin. (http://www.gkv-spitzenverband.de/media/dokumente/presse/publikationen/schriftenreihe/Schriftenreihe_Pflege_Band_10.pdf, Zugriff am 8.7.2014).

GKV Spitzenverband (Hrsg.) (2008): Empfehlungen des GKV-Spitzenverbandes nach § 7a Abs. 3 Satz 3 SGB XI zur Anzahl und Qualifikation der Pflegeberaterinnen und Pflegeberater vom 29. August 2008. Berlin. (http://www.gkv-spitzenverband.de/pflegeversicherung/richtlinien_vereinbarungen_formulare/richtlinien_vereinbarungen_formulare.jsp, Zugriff am 8.7.2014).

Hirsch, R. D. (2005): Prävention statt Gewalt – Überforderung von Angehörigen verringern. In: Kerner, H. J. & Marks, E. (Hrsg.). Internetdokumentation Deutscher Präventionstag. Hannover. (http://www.praeventionstag.de/html/GetDokumentation.cms?XID=111, Zugriff am 22.06.2014).

Katholische Fachhochschule Mainz (o.J.): Effektivität und Effizienz des Case Managements in der ambulanten, sektorübergreifenden Basisversorgung Demenzkranker; Anlage 2 zum Abschlussbericht. In: Emme von der Ahe, Hartmut; Mehwald, Marco (Hrsg.): Die Lotsen fürs Leben mit Demenz. Erfahrungsbericht zum Modellvorhaben Ambulante Basisversorgung Demenz im Lotsentandem (LOTTA), Minden. (http://psmi.paritaet-nrw.org/content/e692/e5957/e735/e6869/index_ger.html, Zugriff am 8.7.2014).

Ministerium für Inneres und Kommunales des Landes Nordrhein-Westfalen (2014): Gesetz zur Umsetzung des Pflege-Versicherungsgesetzes (Landespflegesetz Nordrhein-Westfalen – PfG NW). In: recht.nrw.de- bestens informiert. Geltende Gesetze und Verordnungen (SGV. NRW.) mit Stand vom 1.7.2014. (https://recht.nrw.de/lmi/owa/br_bes_text?anw_nr=2&gld_nr=8&ugl_nr=820&bes_id=3867&aufgehoben=N, Zugriff am 8.7.2014).

Rektor der Universität zu Köln (Hrsg.) (2012): 10. KölnerKinderUni. Programmheft. Köln: Koellen Druck. (http://www.kinderuni.uni-koeln.de/fileadmin/templates/koost/012_KinderUniBuch_web_xs.pdf, Zugriff: 21.06.2014).

Riesner, Christine (2005): Dementia Care Mapping (DCM) – ein Instrument zur Einschätzung der Pflegequalität bei Demenz. In: Kuratorium Deutsche Altershilfe (Hrsg.) (2005): »Wie geht es Ihnen?« Konzepte und Materialien zur Einschätzung des Wohlbefindens von Menschen mit Demenz. Köln: Kuratorium Deutsche Altershilfe. Originalausgabe: Bradford Dementia Group (2002): Well-Being Profiling. University of Bradford, Bradford. (http://www.demenz-service-nrw.de/files/bilder/vereoffentlichungen/Band_3.pdf, Zugriff am 15.07.2014).

Romero Barbara (2013): Das Konzept der Selbsterhaltungstherapie (SET): Evidenzbasiertes Beispiel einer integrierten ressourcenorientierten Demenzbehandlung. (www.forum-demenz-wiesbaden.de/downloads/SET.pdf, Zugriff 25.5.2014).

Schacke, Claudia & Zank, Susanne (2009): Das Berliner Inventar zur Angehörigenbelastung – Demenz (BIZA-D). Manual für die Praxisversion (BIZA-D-PV). Schriftenreihe des Zentrums für Planung und Evaluation Sozialer Dienste der Universität, Nr. 23. Siegen: Universität Siegen. (http://www.hf.uni-koeln.de/data/gerontologie/File/BIZA-D-PV%20mit%209%20Items.pdf, Zugriff am 28.4.2014).

Seidel, M. (Hrsg.) (2005): Die stationär-psychiatrische Versorgung von psychisch erkrankten Menschen mit geistiger Behinderung. Materialien der DGSGB – Deutsche Gesellschaft für seelische Gesundheit bei Menschen mit geistiger Behinderung Band 10. Berlin: DGSGB. (http://www.dgsgb.de/downloads/band%2010.pdf, Zugriff am 23.07.2014).

Zank, Susanne & Schacke, Claudia (2007): Projekt Längsschnittstudie zur Belastung pflegender Angehöriger von demenziell Erkrankten (LEANDER) – Abschlussbericht Phase 2: Längsschnittergebnisse der LEANDER Studie. Siegen: Universität Siegen. (http://www.hf.uni-koeln.de/data/gerontologie/File/Leander II - vollstaendiger Bericht.pdf; Zugriff am 24.09.2014).